KB145333

빅데이터와 SNS 시대의
소셜 경험 전략 2판

Copyright ⓒ acorn publishing Co., 2016. All rights reserved.

이 책은 에이콘출판(주)가 저작권자 배성환, 김동환, 곽인호, 송용근과 정식 계약하여 발행한 책이므로
이 책의 일부나 전체 내용을 무단으로 복사, 복제, 전재하는 것은 저작권법에 저촉됩니다.
저자와의 협의에 의해 인지는 붙이지 않습니다.

빅데이터와 SNS 시대의
소셜 경험 전략 2판

배성환 · 김동환 · 곽인호 · 송용근 지음

i!i
에이콘

끊임없이 카카오톡을 하고 있는 딸아이를 보면서, 저 모든 행위들이 빅데이터로 수렴되고, 이는 다시 총체적인 변화의 동력으로 축적되고 있다는 점을 실감하게 된다. 저자들은 이러한 소셜미디어와 빅데이터의 긍정적 피드백positive feedback을 '경험의 확산'이라는 관점에서 조명한다. 이는 경쟁력을 강화하려 노심초사하고 있는 많은 기업에게 완전히 새로운 차원의 고민거리를 제시한다.

Better Understanding, More Money. 새롭지 않다고? 고객에 대한 이해나 사람에 대한 이해는 인류의 역사가 태동하며 함께 한 것이지만, 소셜 경험은 소셜 미디어와 빅데이터가 생겨나면서 더 크게 부각된 것이기에 비슷하면서도 다른, 전혀 새로운 접근이다. 저자들은 '아주 오래된 미래'를 친절하고도 세심하게 우리에게 보여준다. 차분히 읽어볼 만한 가치가 있다.

— 박영훈 / 액센츄어 코리아 경영컨설팅 대표

빅데이터가 새로운 키워드로 떠오르고 있다. 하지만 빅데이터가 가지는 진정한 의미가 무엇인지, 왜 중요한지, 무엇보다도 어떻게 이용해야 하는지에 대한 명쾌한 답은 찾기 어려운 실정이다.

이 책은 빅데이터가 단순한 대용량 자료의 처리를 넘어 소셜 미디어 시스템과 결합했을 때 어떠한 파괴력을 보일 수 있을지 여러 가지 실증적인 예를 통해 쉽게 설명하며, 빅데이터의 진정한 의미를 컴퓨터를 전공하지 않은 사람도 쉽게 이해할 수 있게 쓰여졌다. 빅데이터와 소셜 시스템이 여는 새로운 세상을 엿보고 싶은 사람들에게 입문서로서 추천하는 바이다.

— 서봉원 / 서울대학교 융합과학기술대학원 교수

정보기술의 발달이 가져온 심오한 변화 중의 하나가 사회적 소통이다. 여기서 쏟아져 나오는 엄청난 양의 데이터는 사회현상을 분석하거나 예측하는 데도, 마케팅 전략을 세우는 데도 활용될 수 있다. 이 책은 빅데이터 시대의 사회적 의미에 관한 흥미로운 해석과 함께 새로운 비즈니스 전략의 방향을 제시한다. 재미있고 유익한 책이다.

— 유종일 / KDI 교수

배성환 facebook.com/cake.strategy

연세대학교 Global MBA 졸업 후 LG전자에서 사업과 마케팅의 기획 및 전략 업무를 거쳐 현재 SK플래닛에서 HCI^{Human Centered Innovation} 업무를 담당하고 있다. 경영 활동과 콘텐츠의 접목에 관심이 많으며, 디자인 씽킹과 서비스 디자인을 통한 혁신 활동을 다양한 영역에 소개하고 있다. Project Management Professional이며, 경험 디자인과 사회적 관계 기반 활동의 연결에 주목해 TEDxSeoul, UXCampSeoul 등 자발적 행사의 오거나이저와 사물인터넷 및 글로벌 기술 컨퍼런스의 기획 운영자로 활동했다. 미래디지털가전창작제, 게임개발경진대회, 디지털영상공모전 등에서 수상하며 얻은 경험과 생각을 정리한 『서태지 키드가 스펙 세대에게』(책든사자, 2009), 소셜 네트워크 서비스에 대한 실무적 고민과 고객과의 소통에 대해 정리한 『SNS 파워 마케팅』(명진출판, 2011), 사용자 경험을 다양한 관점에서 살펴본 『스토리텔링으로 풀어보는 UX 디자인』(에이콘출판사, 2011) 등을 저술했으며, 『멀티 디바이스 UX 디자인』(한빛미디어, 2014) 등을 감수하였다.

김동환 facebook.com/dongwhan

카네기 멜론 대학교 HCI 석사과정을 마친 후 뉴욕의 교육서비스 회사에서 인포메이션 아키텍트, LG전자의 스마트폰 UX 디자이너로 다년간 근무하며 경험 디자이너로서의 경력을 쌓았다. 이후 서울대학교 언론정보학과에서 박사과정을 이수하며, 인간의 개입 없이 알고리즘으로 뉴스 기사를 만드는 '로봇 저널리즘' 연구를 국내 최초로 발표하며 정보 콘텐츠를 사회문화적인 경험으로 만드는 방향으로 관심 연구 영역을 확장했다. 현재는 서울대학교, 연세대학교, 중앙대학교에서 서비스 디자인, 커뮤니케이션, 사회학자를 위한 프로그래밍 기술과 같은 UX 및 사회과학 분야의 강사로 활동하고 있으며, 스타트업의 UX 멘토링, 로봇 저널리즘 기술을 활용한 정보 서비스 사업 등 다양한 영역에서 활동 중이다. 저서로는 배성환 저자와 공저한 『스토리텔링으로 풀어보는 UX 디자인』(에이콘출판사, 2011)과 출판업체가 고민해야 할 UX의 기본 개념을 담은 『e리딩을 위한 UX 디자인의 이해』(민음사, 2013)가 있다

곽인호 facebook.com/inho.kwak

성균관대학교에서 산업공학을 전공하고, 12년째 삼성SDS에서 끈질기게 근무 중인 평범한 회사원이다. PLM^Product Lifecycle Management과 스마트 팩토리 분야에서만 IT개발/운영/기획 업무를 이어가고 있지만 아직 전문가 취급은 받지 못하는 애송이 단계다. TEDxSeoul 초창기 기획과

행사 주최를 하다가 머리가 빠지는 스트레스 끝에 많은 사람과 세상의 이야기가 주는 즐거움을 접하고는, 더 넓은 경험에 대한 가치를 몸소 느끼기 위해 노력 중이다.

송용근

POSTECH 컴퓨터공학과를 다녔고, 일본 히로시마 대학에서 의학과학 석사 학위를 받았다. ㈜사이람에서 SNA연구와 소프트웨어 개발을 했고, TEDxSeoul 오거나이저와 마가진^{magazyn} 엔지니어, 리켄 뇌과학연구소 연구생을 거쳐 현재 디메이저^{dmajor}의 데이터 엔지니어로 일하고 있다. 복잡한 시스템을 관계로 풀어내는 데 관심을 두고 있으며, 특히 사람 간의 소통과 관계를 연구한다. 『Visualize This 비주얼라이즈 디스』(에이콘출판사, 2012), 『데이터 마이닝 개념과 기법』(에이콘출판사, 2015), 『구글 애널리틱스로 모아보는 데이터』(에이콘출판사, 2016) 등을 번역 출간했다.

목 차

___ 변화의 시대, 지금 당신이 가진 경쟁 전략은 무엇인가?

그 어느 때보다 빠른 최근의 변화와 새로운 흐름은 많은 사람들을 고민하게 만들고 있다. 시장은 점점 더 빠르게 변하고 있으며 예측할 수 없는 경쟁 상황 역시 지속적으로 만들어지고 있다. 스마트폰 같은 기존에 없던 이동성과 성능을 갖춘 스마트 기기의 등장은 새로운 생활 방식을 만들기 시작했고, 이와 맞물려 사회 환경과 문화 역시 급변하고 있다.

소셜 미디어를 기반으로 한 새로운 연결을 통해 사람들은 더 이상 기업이 일방적으로 제공하는 정보를 무조건적으로 신뢰하지 않게 됐다. 자발적인 정보의 축적과 활용에 의한 빅데이터 시대와 함께 거리나 시간 같은 물리적 경계가 사라진 지금의 소비자는 확대된 인프라를 통해 스스로 기업 평판을 만들고 이를 다른 소비자에게 유통시킬 수 있는 힘을 갖게 됐다.

기업을 믿지 않게 된 소비자는 이제 개인적인 관계에 의한 정보를 네트워크에서 공유하며 새로운 신뢰 관계를 만들고 있다. 비즈니스상에서의 진정성을 원한 소비자는 자신과 관계를 가진 또 다른 소비자를 통해 이를 찾기 시작했다. 그리고 일부는 소셜에서 구축된 새로운 신뢰 관계를 하나의 해답으로 판단한다.

___ 최근 다양한 영역에서 사용되는 '소셜'이란 말은 어떤 의미인가?

현재 우리에게 소셜Social이라는 단어가 주는 의미에는 여러 가지가 있다. 소셜 네트워크, 소셜 커머스, 소셜 펀딩에 이르기까지 다양하고 새로운 영역에서 소셜은 큰 흐름이 되고 있다.

특히 기업의 입장에서 소셜은 새로운 트렌드인 '경험'과 만나 더 큰 시너지 효과를 내고 있다. 경험이란 개념은 최신 스마트 기기의 발전과 맞물려 비즈니스의 중요한 측면으로 다뤄진다. 많은 기업의 경영목표가 제품이나 서비스의 사용자에게 최고의 경험을 제공하는 것에 맞춰지고 있다. 이때 소셜이란 흐름이 경험이라는 영역과 만나서 만드는 시너지와 새로운 가능성에 주목할 필요가 있다.

기존 경쟁 환경에서 기술적 우위에 있던 기업이 고객 (또는 사용자) 경험에 기반한 새로운 경쟁력을 가진 기업에 의해 추격 당하고, 다시 기존 기업이 새로운 경쟁 요소를 준비해 반격하는 시장의 상황이 빠르고 복잡하게 만들어지고 있다. 이처럼 불확실성이 높아진 시장 환경에 적극적으로 대응하기 위해 고객에 대한 더욱 정밀한 정보와 한발 앞선 전략적 판단이 점점 더 필요해졌다.

특히 정밀한 소셜 분석을 통해 깊이 있는 고객 경험을 만들기 위한 고민은 급변하는 현대 사회에 기업이 대응하는 전략적 방향을 잡는 중요한 길잡이가 된다. 결국 이런 노력은 기업에게 생존에 직결된 시장 적응력의 차이를 불러올 것이며 나아가 기존에 없던 새로운 가치를 만드는 비즈니스 모델을 정의하는 중요한 기반이 될 것이다.

___ 기업이 진정성을 지니려면 무엇이 필요한가?

"소비자들이 진정으로 원하는 것은 무엇인가?" 앞으로 기업이 고민해야 할 경영의 기반엔 진정성이 자리해야 하며 이는 이미 다양한 비즈니스 사례를 통해 가시화되고 있다.

진정성은 일방적인 소통으로 이뤄지지 않는다. 소비자들은 기업의 일방적인 소통에 거부감을 느끼고 그들의 진정성에 의문을 가지게 됐다. 다양한 특성을 가진 소셜 미디어의 발전과 다양한 계층으로 확산되는 스마트 기기를 통해 이미 새로운 변화가 발견된다. 소비자는 '소셜 커머스'와 '소셜 펀딩' 같이 사람과 사람의 관계에 의한 신뢰를 바탕으로 확산된 새로운 형태의 상거래 활동을 탄생시켰고 활성화시키고 있다. 또한 사회와 환경을 위한 작은 기여라는 소비의 자의식적인 측면을 다시 생각해 '윤리'라는 의식적인 개념이 포함된 '윤리적 소비'라고 불리는 새로운 패턴을 만들었다.

이러한 변화를 바탕으로 이 책에선 소셜과 경험이라는 큰 축을 통해 '소셜 경험 전략'을 구성하게 될 것이다. 소셜 경험은 이제 단순한 트렌드를 넘어 기업이 살아남기 위해 가장 중요하게 고려해야 할 비즈니스의 전략이자 방향성으로 거듭나고 있다. 소비자가 원하는 진정성에 대한 해답도 여기에 있다.

___ 독자들에게 하고 싶은 말

이 책은 빅데이터 시대를 맞아 소셜과 경험에 관심 있고 이를 접목해 만드는 기업과 조직의 전략적 방향성에 대해 고민하는 독자들을 염두에 두고 정리됐다. 새로운 고객 경험을 만들려는 제품/서비스 기획자나 마케팅 담당자, 신사업 관련 전략 담당자와 의사 결정자, 장기적 관점에서 비즈니스 트렌드를 궁금해하는 R&D 연구인력, 빅데이터와 소셜 미디어에 관심이 있는 모든 사람에게 도움이 될 것이다.

따라서 현재 화두가 되는 빅데이터와 소셜 미디어, 고객/사용자 경험과 윤리적 소비를 포함한 다양한 트렌드가 보여주는 사회적인 현상을 포괄적으로 다룬다. 그리고 언제 어디서나 접근 가능한 넘쳐나는 정보들과 기업의 전략적 판단을 돕는 정보 분석 같은 과제들에 대한 설명과 사례들을 통해 기업이 직면한 문제를 해결하기 위한 기반을 마련해볼 수 있을 것이다.

이 책이 새로운 비즈니스 성장의 방향을 찾는 많은 사람들에게 기여할 수 있기를 바란다.

SNS가 우리 생활에 깊숙이 자리하고 데이터가 기하급수적으로 팽창하는 빅데이터가 화두로 올랐던 2012년 『소셜경험전략』이 첫 선을 보였다. 그 후로 4년의 시간이 지났다. 결코 짧다고는 할 수 없는 시간이며 오늘날처럼 빠르게 변화하는 시대에는 더더욱 그렇다. 저자 각 개인에게도 여러 변화가 있었지만, 시장의 변화는 그야말로 눈부시다.

 그동안 많은 비즈니스 영역에서 데이터를 좀 더 적극적으로 활용하거나 도입하기 시작했으며, 각자 나름대로의 전략을 펼치면서 여러 부침을 겪고 다양한 결과를 내놓았다. 국제적으로는 중국이 놀라운 발전을 일궈내면서 알리바바와 샤오미 등이 새로운 강자로 떠올랐다. 구글의 알파고가 바둑에서 한국의 이세돌 9단을 이긴 후로는 데이터 모델링과 인공지능, 딥러닝이 다시 한 번 주목 받는 계기가 마련되었다. 대형 소셜 네트워크 서비스인 인스타그램은 페이스북에, 링크드인은 마이크로소프트에 인수 합병되었다. 야후는 세월의 뒤안길로 물러났고 유니콘 스타트업으로 손꼽히던 트위터와 에버노트는 위기를 겪고 있다. 그러나 이러한 뉴스 기사보다 더 중요한 사실은, 이제 더 이상 빅데이터를 활용하는 방향으로 전략을 짜는 일이 군이 세세하게 설명할 필요가 없을 만큼 보편화되었다는 점이다. 경험 디자인 역시 마찬가지다. 조셉 파인과 제임스 길모어가 '고객 체험의 경제학The Experience economy' 에서 소개한 체험 경제 시대를 맞아 이제 단순히 제품이나 서비스를 가치 있게 만드는 부분에 대한 접근뿐만 아니라 고객에게 인상적인 경험을 제공해 가치를 높이는 일이 무엇보다 중요해졌다. 다양한 산업 영역이 기대하는 진정한 차별화는 고객들이 기억할 만한 더 좋은 경험을 만들어 그들의 변화를 이끌어낼 때 가능하다.

"그것이 중요하다는 것은 누구나 다 안다. 진행형인 변화 속에 어떻게 활용해야 할지에 대한 더 깊은 고민이 여전히 필요하다." 그래서 2012년 저자들의 걱정 속에 소개된 『소셜경험전략』은 그때보다 지금 더 적절한 책이 되어줄 것이다.

2016년, 새롭게 선보이는 『소셜경험전략 2판』은 달라진 시장 상황에 따라 필요한 내용과 사례를 추가했다. 특히 주요 시장으로 급부상한 데이터 전략 시장의 흐름, 인공지능과 로봇 저널리즘, 사물인터넷이 가져온 변화, 데이터 기반의 비즈니스 성장, 고객의 새로운 경험을 위한 경험 전략 사례 등 새로운 내용을 통해 달라지고 있는 시장의 변화를 이해하는 데 도움이 되길 바란다.

시간 앞에선 모든 것이 변해가지만 그럼에도 본질은 여전하다. 사람은 다른 사람과 함께 살아가는 사회적인 동물이며, 사람을 행복하게 할 수 있는 것은 여전히 사람이다. 사람 중심의 접근이 가장 중요하다. 데이터, 기술, 경험 디자인, 마케팅, 비즈니스 전략 등은 그러한 본질 위에서 각자의 관점에서 방법을 고민할 뿐이다. 2판에서도 본질을 다룬 내용은 크게 변하지 않았다. 무엇이 달라지고, 또 무엇은 달라지지 않았는가? 무엇이 본질이며, 또 무엇이 수단인가? 그것을 비교하여 찾아보는 것도 또 하나의 즐거움일지 모른다.

1장

빅데이터 시대의
새로운 가능성,
소셜 경험

___ 소셜 경험이 전략이 되기까지

변화는 이미 우리 가까이에 와있다. 지금 페이스북과 트위터의 타임라인만 살펴봐도 알 수 있다. 지금 내 친구가 어떤 감정 상태인지, 어디에서 무얼 하고 있는지, 앞으로 무엇을 할 것이고 또 어떤 일에 관심이 있는지는 그들이 올린 글과 사진, 체크인, 리트윗을 보면 어렵지 않게 예측해볼 수 있다. 이처럼 네트워크상에 존재하는 무수한 정보들을 분류해 그 안에서 내가 필요로 하는 내용을 찾고 분석해 활용할 수 있는 능력은 점점 더 중요해지고 있다. 바로 소셜 기반의 활동이 최근 주목받는 이유다.

이런 분석을 기업에 적용해 고객이 원하는 새롭고 놀라운 경험을 만들 수 있도록 전략을 수립하는 일은 앞으로 기업이 나아가야 할 방향을 설정하는 데 꼭 필요하다. 기존의 일방적인 소통방식으로는 차별화가 점점 힘들어지며 이제까지 생각하지 않았던 새로운 가치와 경험을 반영해 변화하는 시장에 제공해야 하는데 이 일에 대한 답이 '소셜'에 있다고 할 수 있다.

과거 엔터프라이즈 영역에서 일부의 사람들 사이에서만 언급되던 빅데이터가 소셜 미디어의 시대를 맞아 대중에게 확산되고 있다. 전략, 기획과 마케팅의 관점에선 소셜 데이터의 분석을 통해 원하는 타깃 정보를 더욱 손쉽게 얻을 수 있고, 전체 비즈니스 측면의 업무 효과성이라는 관점에선 실시간으로 통찰력을 확보할 수 있어 더 빠르고 정확한 의사 결정을 내리는 데 직접적인 도움을 주는 일이 가능해졌다.

빅데이터 기반의 소셜 분석을 거치면 마케팅 같은 기업 활동, 주가 변화 같은 경제의 흐름, 선거 결과 예측 같은 사회적 활동 등 다양한 분야에서 인사이트를 얻을 수 있다. 그리고 고객들 본인도 인지하지 못하는 니즈를 발견하는 데 한 걸음 더 다가서게 된다. 이제 더 늦기 전에 이러한 변화에 대응해 기업과 조직이 나아갈 방향을 제시할 새로운 전략을 수립하는 일이 불가피해졌다.

다양한 관점의 소셜이 녹아 들다

트위터에서 오르내리는 이야기들만 가만히 봐도 지금 사회적 이슈가 되는 일은 무엇인지, 유명인에게 어떤 일이 생겼는지, 바깥의 날씨가 어떤지 알 수 있다. 누군가는 최근 사회를 위해 좋은 일을 한 기업과 그 활동에 대한 내용을 자세히 블로그에 소개하기도 한다. 맛있는 음식을 먹기 전 촬영해 페이스북에 올려두면 식사가 끝나기도 전에 거기가 어디냐고 묻는 친구의 댓글이 달리는 일도 이제 자연스러운 일이다.

이처럼 사람들 간에 이뤄지는 사회적 확산은 최근 들어 점점 더 다양한 모습을 보인다. 물론 이는 정치적인 의미를 가진 변화만을 이야기하는 것은 아니다. 제품과 서비스에 대한 접근 또한 변화하고 있다. 사람들은 소셜 미디어를 통해 쏟아지듯 소개되는 정보를 접하고 이를 소비와 연결시키고 있다. 페이스북을 통해 새로운 제품을 알게 되고 트위터를 통해 관심 있는 서비스에 대한 주변의 평가를 얻기도 한다. 소셜 미디어의 종류에 따라 다른 모습을 보이기도 하지만 소통 속에서 관계가 만들어지고 그 안에서 활동이 이뤄진다는 점에서 항상 공통점을 가진다.

'소셜'의 사전적 의미는 사회와 그에 속한 구성원이 관계를 맺는 것을 의미한다. 그리고 최근 빠르게 발전하는 모바일 기반의 네트워크 환경은 지금까지 사람들이 인맥이라 말하던 부분을 '소셜'이란 용어로 대치시켰다. 뿐만 아니라 최근 들어서는 사회적 관계망을 의미하는 용어로 사람들 간의 관계에서 발생하는 변화에 주목하는 표현인 소셜 네트워크, 다양한 사회적 관계망을 구축하고 이의 관리를 도와주는 서비스로 최근엔 온라인 기반의 인맥 구축 중심의 서비스를 지칭하는 소셜 네트워크 서비스[SNS], 그리고 사회적 참여에 의한 생성과 공유의 새로운 온라인 매체를 지칭하기 위해 주로 사용되는 소셜 미디어 등에 대해서도 큰 테두리 안에서 '소셜'이라고 줄여 말하는 경우를 자주 접하게 된다.

이 책에서는 앞에서 언급한 용어들에 대한 구분과 그 의미를 전체 또는 일부 다루게 될 것이다. 하지만 이 책의 전반에 걸쳐 사용되는 '소셜'이라는 용어는 최근 유행하는 모든 트렌드를 포함하는 다양한 관점을 지닌 넓은 의미에서의 용어로 사용되고 있음을 알린다. 더 나아가 소셜로 지칭되거나 관계가 있는 비즈니스에서의 의미와 방향성은 무엇인지 확인하고, 이를 통해 다양한 흐름들을 짚어보고 각자의 인사이트를 발굴하는 데 도움을 얻고자 했다.

우리는 지금부터 '소셜'을 '경험'으로 풀어내어 조직의 전략으로 활용하는 방안에 대해서 함께 고민해보려 한다. 앞으로 진행될 이야기의 중심엔 소셜 미디어를 통해 생성되는 실시간 정보와 다양해지고 방대해지는 빅데이터, 그리고 사람과 관계를 중심으로 생각하는 소셜 분석과 소셜 경험이라는 새로운 내용이 등장하게 된다. 이런 다양한 현상이 더해져 형성되는 더 큰 트렌드를 해석하기 위해선 이야기의 중심 주제가 되는 개념들을 짚고 넘어갈 필요가 있다.

물론 지난 몇 년간 소셜 네트워크 서비스SNS, Social Network Service, 사용자 경험UX, User eXperience, 빅데이터가 세상의 주목을 받으며 마치 모든 것을 해결할 수 있는 절대적인 도구처럼 일부 소개되었던 것도 사실이다. 당연한 얘기지만 이 책은 그런 관점에서 이들 주제를 다루려는 것이 아니다. 어떤 도구라도 각각의 장단점은 있기 마련이며, 우리가 사용하려 고민하는 도구의 가치와 장단점을 분명하게 이해하고 이를 적절하게 사용하는 태도가 필요하다.

'사람들 사이에서 이뤄지는 관계'라는 소셜의 큰 테두리는 언제나 변함이 없다. 하지만 그 안에서는 지속적으로 새로운 서비스가 생겨나며, 또 사람들과 관계를 형성하는 방법과 목적이 다양해지고 있다. 소통의 새로운 방법을 제시하는 소셜 미디어에서도, 새로운 구매 패턴인 소셜 커머스에서도, 함께 사는 가치를 강조하는 소셜 여행에서도, 우리는 소셜이란 동일한 용어 아래 다양한 가치들이 생겨나고 공유되고 있음을 확인할 수 있다. 소셜은 분명 진화하는 중이다.

　온라인 기반의 활동이 일상화되고 그러한 흔적들이 모두 기록되고 활용할 수 있게 되면서, 이제 '소셜의 시대'라는 말은 곧 엄청난 양의 정보와 데이터가 범람하는 빅데이터의 시대를 의미하게 됐다. 아직까지는 빅데이터의 가능성에 대한 이야기를 들으면 많은 부분이 마치 마법 같은 현상처럼 여겨지기도 한다. 하지만 이는 벌써 우리 가까이에 와있다. 그 개념과 현상에 대해 이해하지 못한다면 앞으로도 계속 뜬구름일 수밖에 없을 것이다. 빅데이터 시대, 진화하는 소셜은 어떤 모습이 될까?

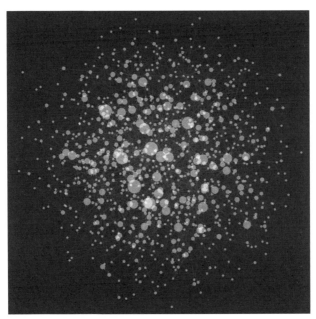

그림 1-1 네트워크 시각화 도구 사이토스케이프(cytoscape)로 그린 네트워크 모델 (원작자: Keiono, 출처: 위키미디어 커먼스)

빅데이터란 무엇인가?

기업들이 고객 정보, 매출 정보 등의 데이터베이스를 관리하는 이유는 개개의 데이터가 비즈니스를 위한 기반 데이터로서 중요한 의미를 갖기 때문이다. 이러한 데이터는 하나하나가 정확한 값을 가져야 하고 유실되거나 유출되지 않도록 안전하게 보존되어야 한다. 이러한 데이터를 비즈니스 데이터라고 부르며 제조업에서는 설계정보, 자재명세서 BOM, Bill Of Material, 물류, 재고, 금융업에서는 계좌, 대출, 자산, 서비스업에서는 고객, 판매, 시장조사정보 등이 이에 속한다.

이러한 비즈니스 데이터는 동일한 데이터를 다수의 관리자가 동시에 사용해도 데이터 값이 일관적이어야 하고 안전하게 보관, 관리되어야 한다. 그리고 개개의 데이터가 중요한 만큼 계속해서 장기보관하는 것 역시 필요하므로 아무리 비용이 커도 기업들은 데이터베이스를 유지하는 데 지속적으로 투자해야 한다.

기존 기업들은 자신들이 관리하는 영역 밖에서 생성되는 데이터는 철저하게 관리하지 않았다. 하지만 최근 많은 정보들이 소셜에서 발생하면서, 이런 대량의 데이터를 어떻게 분석해서 사용하는가가 기업 활동에 미치는 영향이 커지고 있다. 데이터의 절대량이 많아진 빅데이터 Big Data의 시대가 온 것이다.

빅데이터의 가치가 데이터 그 자체에 있지는 않다. 개개의 데이터가 아닌 대량의 데이터 안에서 어떠한 경향이나 새로운 정보를 발견할 가능성이 있기 때문이다. 예를 들면 웹페이지의 방문자 정보나 백화점 매장의 고객 이동 경로 등은 한 사람의 정보보다는 전체를 모아서 분석할 경우 생기는 웹페이지 방문의 유입경로나 백화점의 관심 층과 매장에 대한 이용자 선호도 정보가 더 중요한 경우가 많다. 최근 활성화되는 SNS를 통한 고객의 소리VOC, Voice Of Customer나 만족도 분석 등은 빅데이터가 사용되는 주요 사례다.

소셜을 통해 정보가 확산되고 재생산되는 과정에서 소셜 미디어가 불러오는 변화와 새로운 기회에 대해 최근 많은 사람들이 그 중요성을 실감하고 있으며, 이에 맞춰 소셜의 다음 단계로 빅데이터의 활용을 강조하는 기업이 늘어나고 있다. 엄청난 양의 데이터가 우리 앞에 놓이게 될 것이며, 어떤 전문가들은 이를 제대로 활용할 수 없다면 해당 기업은 위기에 처할 수밖에 없다고 이야기한다.

하지만 그들 중 많은 이들이 빅데이터는 무엇이며 그 출발점은 어디인지, 그리고 이를 활용하기 위한 방법이나 연계할 만한 사례들은 무엇인지 등에 대해 설명하거나 제시하는 일은 여전히 부족해 보인다. 이는 과거 우리가 많이 경험했던 신기술 트렌드의 형성 과정과 크게 다르지 않다. 새로운 시장을 빠르게 형성시켜 그 시장에서 우위를 점하려는 기업들이 시장의 전후 상황에 대한 이해가 아직 부족한 상황에서 중요성만을 성급하게 강조하는 경우가 적지 않기 때문이다.

빅데이터가 앞으로의 변화를 예측하는 데 빠져서는 안 되는 중요한 요소라는 점은 분명하다. 하지만 빅데이터를 활용하지 않더라도 고객과 시장을 이해하기 위한 여러 가지 방법은 이미 존재한다. 단순히 소셜 미디어로 인해 증가한 데이터의 분석이라는 단면만을 의미하는 것이라면 대다수의 사람들에겐 그리 중요하지 않은 현상일지 모른다. 뿐만아니라 SNS를 기반으로 하는 소셜 분석은 완전히 검증되었다기보다 아직까지는 판단을 돕는 자료로 활용되는 경우를 더 쉽게 발견할 수 있다. 물론 그 동안 사람들이 해오던 대량의 데이터에 대한 반복적인 단순 검토 같은 부분은 손쉽게 대체할 수 있고 그 안에서 새로운 비즈니스 인사이트를 찾을 수도 있다.

결국 우리에게 중요한 사실은 빅데이터가 많은 사람에게 주목받고 있다는 것이 아니라, 시장의 환경과 그 흐름 안에서 더 많은 관심을 기울여야 할 부분은 무엇이며 이를 어떻게 활용할지에 대해 찾아내는 일이다.

대부분의 의사결정에 필요한 것은 데이터Data가 아니라 정보Information 다. 데이터를 가공해 정보를 뽑아내고, 정보를 축적하여 노하우Know-how로 만든다는 경영의 전통적인 방식은 빅데이터 시대에는 더욱 중요한 맥락이 된다. 빅데이터 시대의 데이터 분석 활동은 데이터 자체의 양 뿐만 아니라 그 안에서 실시간으로 활용할 수 있는 정보를 뽑아낼 수 있는 속도 또한 필요한 역량이 된다.

전통적인 통계분석 방법을 사용한 의사결정 과정은 대략 다음과 같다. 대상의 모수를 산정하고 그 안에서 신뢰성 있는 샘플을 뽑아낸다. 조사와 분석을 진행한 후 그 분석 결과를 가지고 다시 샘플의 대상을 현장에서 검증하는 복잡하고도 정확도가 떨어지는 과정을 거쳐야만 했다. 그래서 기업의 신제품이나 서비스 개발이 시장 조사를 바탕으로 하는 경우 전통적인 통계는 한계가 있을 수 있다. 철저한 조사는 시간이 오래 걸리기 때문에 변화하는 시장에서 무의미해지고, 빠르게 진행되는 경우에는 정확도가 떨어지기 때문이다.

컴퓨터와 데이터 관리 기술의 발전을 이야기하는 것을 넘어서서, 최근 빅데이터 시대의 데이터 특징은 어떤 기관이나 기업의 조사를 통해서 나오는 정보보다 조사 대상이 되는 사람들이 적극적으로 제공한 정보를 활용하고 있다는 점이다. 각종 SNS나 웹서비스를 통한 사용자들의 실시간 정보는 그대로 온라인상에 남아 흐르는 정보가 되어 누구든 접근할 수 있다. 거대한 네트워크와 활발해지는 개인활동, 자기 표현의 사회상이 시장 전체의 데이터를 자연스럽게 증가시키고 공개해 주는 셈이다.

물론 기업이나 조사기관이 그 데이터의 흐름에서 의사결정에 필요한 정보를 뽑아내는 분석이 말처럼 쉽지는 않지만 그러한 작업을 가능하게 하는 환경과 기술은 이미 마련돼 있다.

빅데이터가 단순하게 대량의 데이터 저장에 대한 이야기라면 IT에 대한 이야기로 그칠 수 있다. 데이터를 효율적으로 저장하고 사용하는 이야기라면 IT 전문가들의 몫일지도 모른다. 하지만 이를 비즈니스 관점에서 어떻게 해석하고 활용할지에 대해 깊이 고민한다면 이야기가 달라진다. 비즈니스에 대한 인사이트를 끌어내어 기업 전략을 위한 새로운 방향을 제시하는 일은 IT 전문가들의 노력만으로 가능한 일은 아니기 때문이다. 분석된 데이터를 비즈니스 관점에서 올바르게 바라보는 것은 중요한 일이며, 여기서부턴 경영, 경제는 물론 인문 사회, 문화, 통계 등 다양한 배경을 지닌 사람들의 노력이 필요하다.

수많은 정보 속에서 필요한 부분을 찾아내고 분석해서 더욱 의미 있는 결과로 바꾸는 작업에 대한 관심이 날로 높아지고 있다. 결국 중요한 건 데이터 자체가 아니라 어떻게 해석해서 전략적으로 활용하고 이를 통해 사람들에게 다가갈 수 있는가에 대한 것이다. 그리고 이와 관련해 최근 많은 사람들이 관심을 가지고 주목하는 해답은 바로 적절한 경험의 제공에 대한 부분이다.

___ 빅데이터의 시대가 오다

글자 그대로 정보가 넘쳐나는 시대다. 대형할인매장 월마트에서 시간당 저장되는 거래 기록은 100만 건 이상이며 2008년까지 약 2,500TB의 정보를 축적했다고 알려져 있다. 이미 예전부터 접해오던 생활 환경 안에서 이러한 활동이 이뤄지고 있다.

특히 정보의 소비자로서만 존재했던 개인이 생산자로서의 역할도 하게 되는 웹 2.0의 개념은 세계적으로 유행하는 소셜 미디어와 스마트폰을 포함한 모바일 기기의 보급을 통해 전성기를 맞이하고 있으며, 이는 빠르게 증가하는 정보의 주요한 배경이 되고 있다. 하루가 다르게 증가하는 데이터의 양은, 흔히 말하는 데이터의 홍수라는 말이 무색할 정도로 폭증하고 있다. 물론 정보의 양이 단순히 많고 크기만 한 것은 아니다.

대량의 데이터가 실시간으로 끊임없이 다양한 형태로 들어오고 있으며 이처럼 다룰 수 없을 정도로 방대한 양의 데이터를 가리켜 '빅데이터^{Big Data}'라 부른다. 빅데이터는 2012년 10대 전략기술로 「가트너」가 선정했으며, 구글에서 이를 검색했을 경우 2012년 7월 기준으로 약 2억 4,000만 개의 웹 문서를 얻을 수 있을 만큼 빠르게 주목받고 있는 흐름이다. 특히 이는 개인뿐만 아니라 기업에도 중요한 변화다.

이제 방대한 양의 데이터 속에서 필요한 정보를 수집하고 분류, 이를 분석해 의사결정에 활용하는 노력이 그 어느 때보다 절실히 필요해졌다. 컨설팅 기업 맥킨지는 빅데이터 보고서 「Big Data: The next frontier for innovation, competition, and productivity」를 통해 빅데이터 속에서 누가 먼저 가치를 추출해 내느냐에 따라 기업의 성패가 나뉠 것이라고 언급한 바 있다. 그리고 빅데이터를 통해 다양한 분야에서 불가능을 가능으로 만들 수 있다고 이야기한다. 이제 빅데이터 시대에 대한 준비는 모든 기업들이 필수적으로 갖춰야 할 역량이 된 것이다.

왜 빅인가?

빅데이터라는 용어는 2001년 메타^{Meta} 그룹(현재의 가트너)의 애널리스트 더그 래니^{Doug Laney}의 연구로부터 정의됐다고 알려졌다. 특히 대량^{Volume}, 빠른 속도^{Velocity}, 다양한 형태^{Variety}의 3가지 요소로 구성된 3V 모델은 현재도 빅데이터를 설명하기 위해 흔히 사용된다.

현재 빅데이터의 정의에 사용되는 개념과 용어가 2000년경부터 시작됐다는 이야기는 인터넷이 전 세계적으로 활성화된 직후부터 대량의 데이터를 분석하고자 하는 관심이 계속되어왔음을 의미한다. 대량의 '데이터'를 분석해 '정보'로 만든다는 아이디어의 중요성은 누구라도 공감하는 내용이다.

하지만 왜 이제 와서 굳이 '빅Big'이라는 단어를 더해 유행하게 된 것일까? 최근 사람들의 관심이 집중되고 활용 또한 급속히 늘고 있는 각종 소셜 미디어와 모바일 기기의 보급, 소위 모바일 빅뱅이라 불리는 변화로 인해 데이터의 양이 폭발적으로 증가했고 그로 인해 이러한 부분이 주목받게 되었다는 내용이 설득력 있게 다가온다.

그렇다면 과연 얼마나 크기에, 빅이라는 말을 붙여 데이터를 표현할까?

크다 또는 방대하다라는 표현이 특정 용량을 지칭하는 것은 아니다. 이는 산업 분야에 따라 상대적이며 계속 변화하는 주관적인 개념으로, 기존 방식으로는 다루기 힘든 큰 규모의 데이터임을 말한다. 시장조사기업인 IDC의 조사에 따르면 2010년 전 세계에서 생성되거나 복제된 디지털 데이터양은 제타바이트ZB, 즉 1조 기가바이트를 넘어섰다고 한다. 특히 2011년에는 1.9제타바이트를 넘어선 것으로 추정하고 있다.

표 1-1 데이터의 단위

단위(기호)	용량	
킬로바이트 (KB)	10^3	1,000
메가바이트 (MB)	10^6	1,000,000
기가바이트 (GB)	10^9	1,000,000,000
테라바이트 (TB)	10^{12}	1,000,000,000,000
페타바이트 (PB)	10^{15}	1,000,000,000,000,000
엑사바이트 (EB)	10^{18}	1,000,000,000,000,000,000
제타바이트 (ZB)	10^{21}	1,000,000,000,000,000,000,000
요타바이트 (YB)	10^{24}	1,000,000,000,000,000,000,000,000

사용자가 데이터를 증가시킨다

그렇다면 이처럼 감당할 수 없을 만큼 쏟아져 나오는 정보는 어디에서 나온 것일까? 단순히 데이터의 절대적인 양이 늘어났다는 것이 빅데이터를 의미하지는 않는다. 가용한 출처Source의 거대한 규모와 데이터 형태의 셀 수 없는 다양성을 가리키면서, 무엇보다 데이터의 대부분이 사용자들에 의해 생성된 이른바 UGCUser Generated Contents(사용자 손수 저작물)라는 사실이 중요하다. 우리나라에서 일반적으로 사용되는 UCCUser Created Contents라는 용어와 구분 짓는다면, 실제로 콘텐츠를 생산Create하는 사용자도 크게 증가했지만 대부분의 사용자는 이미 생성된 콘텐츠를 편집하고 변형하고 재생산하는, 한마디로 발생Generate한다는 의미가 더 강조된다는 점에 차이가 있다.

테렌스 크레이그Terence Craig와 메리 러드로프Mary E. Ludloff가 저술한 『프라이버시와 빅데이터Privacy and Big Data』(O'REILLY, 2011)에 따르면, 현재 디지털 데이터의 약 70%가 이메일과 소셜 미디어를 통해 사용자가 생성한 정보라고 한다. 이외에도 누구나 접근할 수 있는 공공 데이터, 대학과 연구기관들의 데이터, 위치정보를 포함한 지구 전체 범위의 지리 정보 데이터, 글로벌 경제 데이터, 국가별 센서스 데이터 등이 소리 없이 급증하고 있다.

소셜 미디어는 어떻게 데이터를 폭증시키는가?

• 매일 500년 분량의 유튜브 동영상이 페이스북을 통해 시청되고 있다.

• 매분 700개 이상의 유튜브 동영상이 트위터에서 공유된다.

• 300억 개 이상의 누적 트윗이 존재한다.

• 매일 2억 5천만 건 이상의 트윗이 발생한다.

• 페이스북에는 매일 2억장 이상의 사진이 업로드된다.

(출처: 페이스북/유튜브 공식 통계, 테크크런치(http://techcrunch.com), 2011년 10월 기준)

더 중요해지는 분석능력

그러나 위에서 언급한 대량의 데이터에 대한 지표들은 그 자체만으론 극히 의미 없는 숫자라는 데 주목할 필요가 있다. 지금 이 순간에도 데이터는 급격히 증가하고 있으며, 그 속도도 빨라지고 있다. 조사하는 시점에 따라 급격하게 달라지는 데이터의 양에 대해서 집중하는 것은 단지 '크다'는 개념 외엔 특별한 의미를 발견하긴 힘들다. 정말 중요한 사실은 그렇게 생성되는 막대한 데이터의 활용법이다.

데이터 저장장치 및 솔루션 기업인 EMC는 2011년 12월에 비즈니스 의사결정, 경쟁우위 확보, 생산성 증대 촉진, 혁신의 추진이나 고객의 파악을 위해 빅데이터와 분석을 사용하는 기업은 전체의 3분의 1 정도밖에 되지 않는다는 연구결과를 발표했다. 급속도로 쌓이는 다양한 대량의 데이터를 분석하기 위한 방법이나 연구인력들이 충분하지 않다는 것이 그 이유다.

또한 컨설팅회사 맥킨지는 빅데이터가 새로운 유형의 기업자산으로 자리잡을 것이라고 전망했다. 웹과 모바일의 정보를 활용한 네트워크형 기업이 고객과의 소통, 마케팅 전략 및 시장 선점에서 우위를 가질 수 있다는 이유에서다. 액센츄어Accenture 역시 기업 시장에 변화를 가져올 '6대 액센츄어 테크놀로지 비전 2012'를 발표하며 데이터 아키텍처 융합을 강조했는데 이는 빅데이터 분석을 위한 데이터 간 구조적 융합을 의미한다. HP, 오라클Oracle, IBM 등이 이러한 예측에 의해 각종 솔루션과 방법론을 제시하고 있으며, 빅데이터 시대를 선점하기 위해 발 빠르게 움직이고 있다.

뿐만 아니라 최근 미국에서는 이들 빅데이터로부터 가치를 찾아내는 '데이터 과학Data Science'이 주목받고 있다. 데이터 과학자Data Scientist라 불리는 이 분야의 전문인력이 2018년까지 20~30만 명 필요해질 것이라고 경제 전문지 「비즈니스위크」는 예측한다. 그만큼 수많은 데이터에 숨겨진 정보와 패턴을 찾아내려는 수요는 계속해서 성장할 것이며 관련 분야 역시 주목받게 될 것이다.

앞서 언급한 바와 같이 빅데이터는 단지 크다는 단순한 의미가 아니다. 대량의 데이터를 기반으로 내용을 분석해 이를 바탕으로 맥락을 고려한 비즈니스의 방향성을 제시할 수 있는 지점까지 고려하고 있다. 이제 과거에는 가능할 수 없었던 수많은 정보들을 활용해 새로운 가치를 찾아내길 원한다. 결국 빅데이터에 대한 올바른 분석과 이를 고려한 비즈니스 방향성의 제시가 함께 이뤄져야 한다.

사물인터넷과 빅데이터 2.0의 결합

빅데이터가 IT 트렌드의 중심축 중 하나로 회자된 지도 수년이 지났지만, 여전히 빅데이터의 '빅big'이라는 단어를 단순히 양적인 개념으로 받아들이는 경향이 있다. 빅데이터의 배경에는 모바일 빅뱅이라고 불리는 현상으로 인한 데이터의 양적 폭증, 네트워크와 컴퓨팅 자원 등 IT 인프라의 발전이 있다. 그 가치는 단순히 데이터를 수집하는 활동을 넘어 데이터를 발생 시키는 대상을 이해할 수 있는 일련의 정보로 그 가능성을 제시했다는 데 있다. 이제는 의사 결정의 적극적인 도구로써 활용 가능하도록 데이터의 수집·분석을 통해 최적의 정보로 가치 창출까지 고려하여 빅데이터2.0이라 부르고 있다. 기존의 빅데이터 모델을 설명하기 위해서 흔히 사용되는 것이 앞에서 언급한 3V^{Volume, Variety, Velocity}인데, 빅데이터 2.0에 와서는 그 개념이 점점 발전하여 가치^{Value}를 추가한 4V모델로 표현한다. 그리고 기업과 학계의 연구가 지속되면서 누군가는 정확성^{Veracity}를 추가한 5V로 설명하기도 한다. 3V가 4V로 표현되고 다시 5V가 언급되듯, 빅데이터 1.0 또는 빅데이터 2.0이라는 용어 역시 시간에 따라 변화되고 확장될 수 있다. 당연한 이야기지만 결국 데이터를 기반으로 가능해진 새로운 가치를 확인하고 산업 전체의 흐름에서 어떻게 활용되는지를 이해하는 것이 더욱 중요하다.

새로운 가치를 만들어내기 위한 학계와 기업의 연구가 계속되며 빅데이터는 IoT라는 용어로 익숙해진 사물인터넷 영역과 결합하여 B2B 영역에서 가장 먼저 가시적인 성과를 내고 있다. 사물인터넷^{Internet of}

Things, IoT은 RFID연구 그룹이던 Auto-ID Labs의 케빈 애쉬튼Kevin Ashton 에 의해 도입된 개념이다. 그는 이를 '인간과 사물, 서비스의 세 가지 분산된 환경요소에 대해 인간의 명시적 개입 없이 상호 협력적으로 센싱sensing, 네트워킹, 정보 처리 등 지능적 관계를 형성하는 사물 공간 연결망'으로 정의하였다. 최근에는 '인터넷에 연결된 기기가 사람의 개입 없이 능동적이고 지능적으로 상호 간에 정보를 주고 받는 서비스 및 기술'이라는 보편적인 의미로 사용되고 있다. 사물인터넷은 전력, 생산시설 등 각종 산업에 쓰이는 초소형 센서에서부터 스마트폰, 웨어러블 기기, 스마트 기기, 자율 주행 자동차, 산업용 로봇에 이르는 다양한 사물의 데이터들을 추적해 각종 유무선 네트워크 기술을 통해 게이트웨이를 거쳐 데이터센터에 저장, 분석하는 생태계를 의미한다. 따라서 기본적으로 사물인터넷은 센서와 같은 각종 기기 및 장비와 데이터를 수집하고 분석하기 위한 애플리케이션, 그리고 분석된 데이터를 정제하여 의사결정을 돕는 서비스 분야에서 가치를 창출할 수 있다.

가트너Gartner 그룹의 2014년도 하이프 커브Hype Curve에 따르면 사물인터넷 기술은 현재 시장 기대치의 최고 정점에 이렀을 정도로 전 세계적인 관심이 대단하다. 가트너에 따르면, 2003년에 인터넷에 연결된 사물의 수는 5억 개에 불과했으나 2015년 한 해 소비자, 기업, 제조사 및 각종 시설들에서 인터넷에 연결된 상품들이 약 49억대 정도 될 것이라고 한다. 또한 이 수치는 2020년에는 250억 대로 증가할 것으로 예측하고 있다. 시스코는 한발 더 나아가 2020년에는 인터넷에 연결된 사물의 수가 500억 개에 다다를 것으로 예상하고 있으며 2014년부터 2022년까지 10년간 사물인터넷 기술이 14조 4천 달러의 경제적 가치를 창출할 것으로 기대하고 있다.

사물인터넷 기술은 그 개념 자체만으로도 상당히 혁신적이지만 그 기술이 국가경제 및 산업 전반에 몰고 올 파급효과는 훨씬 크다. 존 체임버스John Chambers 시스코 회장은 CES 2014에서 "모든 사물이 네트워크로 연결되는 사물인터넷 시대에는 이를 어떻게 활용하느냐에 따라 기업과 국가의 성패가 갈릴 것이다."라고 주장했고, 영국IBM의 개리 라일리Gerry Reilly는 "사물인터넷 가치사슬 내에는 반도체, 통신, 플랫폼, 솔루션 등 다양한 업체가 있고 규모도 스타트업에서 대기업까지 천차만별이다."라고 언급하였다.

사물인터넷의 영역을 분석해보면 기술적 아키텍처를 제공하기 위한 수직적인 축과 비즈니스적 접근의 수평적인 축으로 구분하여 생각해 볼 수 있다. 수직적인 축에는 하드웨어, 통신, 소프트웨어 플랫폼, 서비스 솔루션이 있다. 사물인터넷 기술이 구현되기 위해서는 센서 및 제어 기술, 반도체, 통신, 플랫폼, 소프트웨어 등 다양한 전문 기술 분야가 필요하다. 또한, 수평적인 축에는 기존의 가전을 포함하는 스마트 홈, 정부 기관 등의 공공 정보, 스마트 영역의 기간시설, 모니터링과 감시, 헬스케어, 물류, 그리고 현재 가장 빠르게 성장하고 있는 스마트 팩토리 등이 존재한다. 이러한 영역들이 활성화되기 위해 스타트업에서 대기업에 이르기까지 다양한 형태의 비즈니스를 서로 연계하는 네트워크가 구축되고 있고 이런 추세는 앞으로 더욱 심화될 것이다.

현재 사물인터넷 기술들의 적용 사례는 개인 입장의 B2C^{Business to Customer}영역에서는 단지 개인이 사용하는 스마트폰과 연계된 사물들의 연결이 주를 이루고 있고 그로 인한 가시적인 효과나 가치 창출에 대한 실적이 뚜렷하게 나타나고 있지 않다. 하지만, 기업 입장의 B2B^{Business to Business}영역에서는 사물인터넷 기술이 빅데이터와 결합하여 막강한 가치를 창출해 내고 있다. 각각의 생산 기계로부터 수집된 실시간 데이터를 취합하여 공장 전체의 실시간 생산량을 조절하고, 이에 따라 시장 상황에 적극적으로 대응할 수 있게 될 수도 있으며, 다양한 계측 도구로부터 쌓이는 수 TB의 분석결과로부터 유의미한 데이터를 추출하여 생산에 필요한 최적값을 빠르게 찾아낼 수도 있게 되는데, 독일의 인더스트리 4.0 Industry 4.0으로 대변되는 스마트 팩토리 영역이 그 대표적인 사례다.

앞으로는 개인의 영역에서도 단순히 사물과 개인간의 단순한 네트워크를 넘어, 더 나은 개인의 삶을 위한 사물들 간의 네트워크 연계로 정보를 주고 받게 되고, 보다 고차원적인 정보와 지식을 융합 생산하는 서비스가 만들어질 것이다. 또한 사물인터넷에 연결되는 사물의 성격에 따라 1차, 2차, 3차 산업 전반, 개인, 조직, 사회의 삶 전반에 큰 변화를 몰고 올 것이다. 사물과 사물들의 네트워크에 사람의 교류가 어떤 형태로 이루어지느냐에 따라, 그 전에는 생각해 볼 수 없었던 전혀 새로운 형태의 산업이 생겨날 수도 있다.

사물인터넷의 규모와 전망

지금까지 센서나 각종 장비에서 생산되는 데이터들은 IT(Information Technology)가 아닌 OT(Operations Technology) 분야에서 따로 다루어지고 있었다. OT 담당 부서는 이 데이터를 관리, 분석하기는 했지만 그 활용 범위는 각 기기 단위나 공장 단위에만 머물렀다. 사물인터넷은 이런 데이터 활용 범위를 OT에서 IT로 확장시키고 있다. 기업들은 이 데이터를 분석함으로써 인사이트를 도출하고 기존 비즈니스에서의 경쟁력을 확보하며 새로운 비즈니스 기회를 포착할 수 있다.

• 각종 시장조사기관은 2020년에는 네트워크와 연결된 기기가 200억~500억 개에 달하며, 시장 규모는 7조 달러에 이를 것이라고 예측하고 있다. 이런 수치는 빅데이터가 그랬던 것처럼 많은 기업들로 하여금 사물인터넷에 관심을 갖도록 하고 있으며, 이를 도입하기 위해 실행에 나선 기업들의 경쟁도 점차 심화되고 있다.

• IDC는 제조(manufacturing) 분야를 가장 큰 시장으로 보고 있으며, 공공, 교통, 헬스케어, 에너지 분야에서의 성장을 예측하고 있다. 가트너(Gartner)는 2014년 37.5억대로 추정되는 IoT 기기가 2020년에는 250억대에 이를 것으로 전망하고 있다. 특히 2020년 IoT 기기의 절반 이상이 소비자 부문에서 발생할 것으로 전망하고 있다. 시스코(Cisco)는 2020년에 이르면 25억명의 사람과 370억 개 이상의 사물이 인터넷으로 연결되고, 2030년에는 500억 개의 사물들이 연결되는 IoE(Internet of Everything, 만물인터넷)로 진화할 것으로 예측한다. 가장 보수적으로 시장을 전망하고 있는 마키나(Machina)는 2013년 이후 2022년까지 세계 IoT 시장 규모가 연 평균 21.8% 성장할 것으로 전망하고 있다. 부문 별로는 어플리케이션/서비스 부문이 90%, 시스템 오퍼레이터 부문이 66.1%의 높은 CAGR(Compound Annual Growth Rate, 연평균 성장률)을 보일 것으로 전망한다.

• 2022년 기준, 부문별로 세부 항목이 차지하는 비중을 보면, 기기 부문에서는 단말이 전체의 약 83%를 차지하고, 네트워크 부문에서는 LTE가 약 51%를, 시스템 오퍼레이터 부문에서는 시스템 인테그레이터가 40%를, 어플리케이

션/서비스 부문에서는 카텔레매틱스 및 가전이 각각 42%, 33%를 차지할 것으로 전망한다.
- 세부 항목별 연평균 성장률 CAGR(2013년~2022년)에서는 가전이 119.5%로 가장 높은 성장률을 보이고, 카텔레매틱스, 고정무선통신 등도 80% 이상의 높은 성장률이 기대되는 등 어플리케이션/서비스 부문의 성장률이 가장 높을 것으로 전망된다.

소셜 경험의 가능성

제품과 사양 중심으로 형성되는 기존의 경쟁 구도는 사람들이 느끼는 가치에 대한 경쟁으로 변화하고 있다. 그로 인해 고객이 느끼게 될 경험을 어떻게 효과적으로 전달할지 고민하는 일은 기업의 전략 방향을 설정하는 데 있어 반드시 고려해야 할 전제 조건이 됐다. 특히 함께 사는 사회가 더욱 강조되면서, '경험'은 내 선택에 대한 비교적 작은 범주의 만족에서 다른 사람들이 인정해주고 공감하는 더 큰 사회적인 경험으로 점차 확산해가고 있다. 한 사람의 경험이 모두의 경험으로 공유되는 소셜 경험의 시대가 다가온 것이다. 그렇다면 모두에게 가치 있는 경험은 어떻게 만들어질 수 있을까?

기업의 총체적인 이미지에 대한 공감
하드웨어나 소프트웨어 같은 기술 단위에 익숙한 사람들에겐 경험이나 소셜 같은 감성적이고 간접적인 요소들이 그리 중요하지 않게 느껴질 수 있다. 그리고 마찬가지 관점에서 그러한 부분을 기업이 제품이나 서비스를 제공하는 과정에서 반드시 고려해야 할 필수적인 부분으로 생각하지 않을지도 모른다.

하지만 2011년부터 이어진 애플과 삼성 간의 분쟁 이슈에서 계속 언급되는 트레이드 드레스^{Trade Dress}라는 개념을 살펴본다면 그러한 관점이 조금은 바뀔 수 있다. 국내에서 '상품외장'이라는 용어로 불리기도 하는 트레이드 드레스는 다른 상품과 구분되는 비기능성^{Non-functionality}의 총체적인 이미지나 종합적인 외형에 대한 권리다.

트레이드 드레스는 특정 상품을 연상시키는 모든 요소를 포함하는 새로운 지적 재산권의 하나로, 고유의 콜라병 모양으로 자사 제품을 연상시키게 만든 코카콜라 사가 대표 사례다. 이는 별도의 승인이나 등록 절차 없이 발생하는 권리이나 이를 통해 금지나 손해배상을 청구할 수 있다는 점에서 절대 가볍게 볼 수만은 없다. 결국 애플은 제품 디자인이나 유저 인터페이스 같은 비물리적 가치에 대한 트레이드 드레스를 강조해 삼성을 상대로 판매 금지를 요청했다.

이제 더 늦기 전에 모든 기업들은 기업브랜드와 제품의 총체적인 이미지를 형성하는 추상적인 요소에 대한 관심을 높여야 한다. 이제 기업 간 쟁점의 중심엔 상상력과 창의성이라는 요소가 포함된다. 단순히 특허전쟁을 위함이 아니더라도, 기업의 흥망을 좌우하는 기업브랜드에 상응하는 근본적이고 총체적인 이미지의 공유와 공감이 필요해지는 시점이다. 바로 경험이 가장 중요한 키워드로 부각되는 이유다.

경험이라는 요소가 제품과 브랜드 아이덴티티를 좌우하는 핵심 경쟁력으로 떠오르는 동안 소셜은 개인의 경험을 대중적인 신뢰와 사회적인 현상으로 확장시켰다. 시간과 공간의 한계가 사라지고 있는 모바일과 네트워크로 연결된 시대에 사람들의 경험은 더 이상 나 혼자 느끼는 감정이 아니라 내 주변의 친구들과 사회가 같이 느끼는 문화 현상과도 같다. 사회와 집단이 느끼는 동질적이고 확산적인 경험, 이것이 소셜 경험에 대한 더욱 깊은 고민이 필요해진 이유다.

고객은 이제 서비스와 제품과 관련된 모든 접점에서의 경험을 통해 소비하고 평가하며 공유한다. 제품 간의 차별점이 크게 없어도 포장과 패키지 구성의 차이에서 고객은 감동을 느끼기도 하고, 온라인과 오프라인 상의 지인들 간에 이뤄지는 긴밀한 연결 고리를 통해 새로운 호기심을 갖게 되기도 한다. 이제 고객과 소통하는 모든 접점에서의 경험에 대해 고민하고 디자인해야 하는 시대가 됐다.

최근 많은 사례를 통해 기업의 제품 또는 서비스의 성공이 경험, 특히 감성적인 부분에 의해 성립될 수 있음을 확인할 수 있다. 하지만 마케팅을 포함한 기존의 기업 활동은 정량화가 중요한 요소였으며 경험 같이 측정이 쉽지 않은 감성적인 부분은 소외되는 경향이 있었다. 그로 인해 기업에서도 경험을 어떻게 구성하고 전달할지 어려워하는 경우가 적지 않다. 분명한 사실은 단기적이고 일방적인 메시지와 같이 맥락이 부족한 활동은 더 이상 고객에게 받아들여지기 힘들다는 점이다.

소셜 기반의 고객 경험 적용

단순히 '경험을 바꾼다'라는 식의 접근으로는 기업 활동에 대한 변화를 이끌 수 없다. 그리고 전략적 방향성 또한 얻어내기 힘들다. 결국 새롭고 창조적인 인사이트를 포함하기 이전에 기본적인 흐름을 이해할 필요가 있다.

상품 중심에서 고객 중심으로 관점이 변화하면서 우리가 자주 접하게 된 용어 중의 하나가 바로 CRM^{Customer Relationship Management}, 즉 고객 관계 관리다. 하지만 CRM은 기업 입장에서 기계적으로 고객의 소비 패턴을 분석하는 방법으로, 딱딱하고 차가운 데이터베이스를 기반으로 하는 고객과의 관계에 주로 집중한 채 고객 접점에서 일어나는 심리적 변화를 제대로 반영하지 못한다.

이를 보완하는 개념으로 콜롬비아 비즈니스 스쿨의 번트 슈미트 교수가 제안한 방법이 바로 CEM^{Customer Experience Management}, 바로 고객 경험 관리다. 이는 기업이나 상품에 관련한 고객의 전반적인 경험을 전략적으로 관리하는 프로세스를 의미하며, 마케팅 컨셉이 아닌 고객 중심의 경영 전략으로 정의한다.

특히 CEM은 결과가 아닌 과정을 중요시한다. 고객의 정보를 단순히 기록하고 통계 내는 정량적인 해석만으로는 고객을 사로잡을 수 없기 때문이다. 비슷비슷한 경쟁 상황 속에서 고객에게 더욱 매력적이고 차별화된 제품과 서비스를 제공하기 위해선 고객과의 접점에서 일어나는 다양한 경험 요소를 반드시 고려해야 한다.

경험에 대한 전략적 고민은 이미 예전부터 진행돼 오던 것이다. 이처럼 기존에 존재하던 이러한 개념 위에 새롭게 주어진 변수는 바로 네트워크가 기반이 된 소셜이다. 소셜 경험의 관점에서는 기존에 고민하던 경험적 요소를 더 큰 흐름으로 볼 필요가 있다. 단순히 한 고객과의 접점에서 이뤄지는 과정이 전부가 아니라 구매를 고민하고 결정하고 실제로 써보고 평가하며 주변 사람들과 제품에 대한 가치를 공유하는 모든 과정이 이미 소셜이라는 관계에 녹아있기 때문이다.

소셜 기반의 고객 경험에 대한 다양한 모습을 살펴보자. 다양해진 스마트 기기 만큼이나 제품이나 서비스에 대한 정보를 얻고 비교해보며 친구들의 의견을 반영하는 일 역시 빈번해졌다. 성공적인 가상현실을 구축해 안방에서 브랜드를 체험할 수 있는 체험마케팅의 장이었던 세컨드라이프Second Life 게임, 그리고 소셜 서비스를 플랫폼으로 진화시키며 바이럴 마케팅의 절대 강자로 떠오른 페이스북과 트위터까지 다양하고 복잡한 채널들이 존재한다.

특히 이제 소셜 미디어의 친구 리스트 중에서 제품이나 기업의 이름을 찾는 일은 그 어느 때보다 자연스러운 일이 됐다. 이렇게 친구의 모습을 한 기업과 제품들은 소비자들과 더욱 적극적으로 소통하며 양방향의 관계를 만들어가려 노력한다. 그리고 이런 노력들이 직접적인 구매와 연결될 확률 역시 지속적으로 높아졌다. 최근 다양한 매체를 통해 주목받는 이러한 변화는 소셜이 가지는 파급력이 가장 직접적인 비즈니스의 형태로 드러나는 단계다.

앞에서 말했듯이 경험을 바라보는 관점은 어느 한 영역에 그치는 것이 아니라 고객과 소통하는 전체 과정에서 고민해야 한다. 차별화된 배송정책으로 경쟁 우위에 있는 아마존의 서비스 사례나 독보적인 패키지 디자인을 통해 제품을 개봉하는 일조차도 새롭고 감동적인 경험의 순간으로 만드는 애플의 제품 사례에서 알 수 있듯이, 제품과 서비스 그 자체는 물론 어떤 경로를 통해 전달받아 사용하게 되는지에 대한 과정과 그 경험 또한 무시하기 힘든 부분이 됐다.

사람과의 관계에 대한 고민은 더욱 친사회적이고 친환경적인 소비활동에 대한 관심으로 발전되기도 한다. 이런 윤리적인 소비에 대한 고려 또한 기업으로서는 지나칠 수 없는 부분이다.

제품의 탐색과 구매 단계에서 윤리적인 경로로 만들어진 제품에 대한 선호도가 높은 영향을 끼쳤다면, 이 소비자에게는 제품의 재활용 여부나 환경친화적인 폐기 방법 역시도 중요한 고려 요소가 될 것이다. 쓰레기통에 버리는 행위를 넘어서는 더 의미 있는 폐기 방법을 제시할 필요가 있다. 다양한 채널을 통해 그 선택권이 넓어진 만큼 기존에 고민하지 않았던 이런 부분 하나하나에 집중할 때 정말 차별화된 경험을 제공할 수 있다. 이제는 소비자가 제품을 손에 쥐고 처음 느끼게 될 경험부터 제품을 폐기하고 새로운 제품을 구매하는 모든 과정을 고려하지 않을 수 없게 됐다.

고객들이 실제로 제품이나 서비스를 사용하면서 느끼는 경험은 기업이 이해/관찰/분석/발상/제작의 5단계 사용자 경험 디자인 과정을 통해 만들려는 최종적인 결과물과 같다(참고: 『스토리텔링으로 풀어보는 UX 디자인』 에이콘출판사, 2011).

하지만 잘 짜인 일련의 과정들을 통해 만들어진 제품이라 해도 소비자에게 안겨주는 것만으로는 끝나지 않는다. 단순히 껍데기에 불과한 제품을 안겨주는 것보다 제품을 더욱 잘 활용할 수 있게 에코 시스템 속에 존재하게 만드는 방법에 대한 노력이 절실해지고 있다. 다양성과 확장성, 그리고 사용 편이성과 단순함의 경계에서 더욱 매력적인 경험을 전달하기 위해 소셜의 관점에서 경험과 가치의 공유를 더 자연스럽게 만들어주는 노력들이 필요해진다.

고객의 경험을 얘기하는 것은 고객 경험 관리의 개념에서도 알 수 있듯이 결과만이 아닌 과정에 대한 고민도 중요하다는 의미다. 그래서 단순히 데이터를 모으고 이를 분석해 활용하는 것은 기업에 차별화 요소를 가져다 주기 힘들다. 경험 전략이 함께 고려돼야 하며, 특히 빅데이터 시대의 흐름을 반영한 소셜 경험에 대한 고민이 함께 요구된다. 소비자가 구매와 소비 경험의 모든 단계에서 중심이 되어 맺게 되는 관계들에 주목해 더욱 지속적인 경험의 큰 흐름이 될 수 있도록 조절이 필요하다.

아주 오래된 소셜의 역사

수천년 전 아리스토텔레스는 "인간은 사회적 동물이다"라는 말을 했다. 과거에도 그러했지만 오늘날 전 지구가 하나로 연결된 세계에서 이 말은 더 깊은 의미로 다가오는 듯하다.

이는 비즈니스를 포함한 모든 영역에서 마찬가지다. 지금 내 앞에 있는 커피는 남미나 북아프리카에서 재배된다. 커피 한 잔은 커피를 재배하는 농민, 농장 카르텔, 도매업자, 선박 운송업자, 소매업자, 로스팅 공장, 카페 주인 등을 거쳐 내 앞에 도착한다. 단순히 돈을 지불하고 한 잔의 커피를 사 마신다고 생각하면 우리가 주목해야만 하는 소셜이라는 거대한 연결고리를 떠올릴 수 없다.

오늘날 세계는 과거 그 어느 때보다도 더 강하고 촘촘한 연결 고리들로 연결돼 있다. 우리가 요즘 자주 접하게 되는 소셜에 대한 고민의 시작은 바로 이 지점에 있다.

수천 개의 공이 쏟아지는 모습을 상상해 보자. 생각만으로도 어지러운 광경이다. 그러나 사실 개별적으로 하나하나의 공은 지극히 고전적인 충돌 방정식을 따르는 궤적을 그리고 있어 예측 가능하다.[1] 따라서 전체적인 사회를 보면 복잡하고 어지러울 수 있겠지만, 서로의 관계와 관계의 규칙은 그보다 훨씬 간단하며 예측 또한 가능해진다.

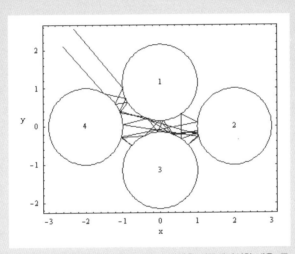

그림 1-2 핀볼 상자에 떨어지는 공의 궤적을 시뮬레이션한 내용. 두 개의 공이 장애물에 각각 부딪히며 복잡한 경로를 그린다. 하지만 공이 어떤 경로를 따르게 될지는 시작 시점에 완벽하게 예측할 수 있다.

(원작자: Iacovos Cyprianou, 출처: 울프람알파)

이런 생각을 떠올린 19세기의 사회학계는 사회 권위의 압력 실험으로 유명한 실험 사회학자 스탠리 밀그램을 중심으로 물리학의 복잡계(Complex Network System) 개념을 사회에 적용시키려 했다. 이것이 관계를 구조적으로 이해하는 소셜 네트워크의 등장이라 할 수 있다.

소셜 네트워크라는 단어는 1930년대에 사회학자 J. L. 모레노가 처음으로 사용하며 구체성을 갖게 되었지만 그 이전부터 질병의 확산, 자금의 흐름 등의 연구에서 방법론은 여러 방면으로 연구되고 있었다.[2]

소셜은 갑작스런 사건도, 그 동안 주목받지 못하던 내용도 아니다. 그리고 앞서 설명했듯 소셜 네트워크 역시 사람들의 생각보다 꽤 오래 전부터 존재해온 영역이다. 인터넷이 보편화되면서부터 사람들이 사회적으로 살기 시작한 것은 아니며 많은 사람들의 오해처럼 트위터와 페이스북이 있어서 소셜 네트워크라는 개념이 생긴 것은 아니라는 의미다.

인터넷과 트위터, 페이스북이 없던 시절에도 사람들은 사회적인 소통을 하고 관계를 맺으며 살아왔다. 분명한 점은 최근 주목받는 소셜 미디어의 등장 이후 사람들이 가진 생각과 정보의 교류, 확산이 전에 없이 새롭고 편리한 환경에서 이뤄진다는 점이다. 그리고 이를 통해 많은 양의 데이터가 교류되고 지식화된다.

사람은 누구나 관계를 맺고, 관계에 의지해서 살아간다. 소셜의 가치는 여기에서 출발한다. 오늘날 소셜이 주목받는 이유는 그 어떤 무엇보다 소셜이 사람에게 가치 있기 때문이다. 또한 우리는 드디어 관계를 이해할 빅데이터라고 불리는 도구를 갖게 되었다. 소셜은 분명 아주 오래됐지만, 다양한 이유로 최근의 소셜은 아주 새롭게 재해석되고 있다.

2장

소셜이 만드는
새로운
데이터 세상

___ 빅데이터 시대의 소셜 미디어

빅데이터는 비교적 새롭게 주목받고 있는 내용이다. 그에 앞서 조금 더 먼저 주목받은 키워드로 소셜 네트워크와 클라우드가 있다. 이들은 빅데이터 시대를 형성하는 구성요소이자 배경으로 자주 언급되곤 한다.[1]

구글에 의해 실체가 잡히지 않았던 자율 주행 차량 이야기가 익숙해지고, 에버노트와 트위터 등 한 때 유니콘 기업으로 불리던 회사의 기업 운영이 논란이 되기도 한다. 마이크로소프트는 구인구직을 위한 소셜 네트워크 서비스 '링크드인'을 인수했다. 2010년대 초반과 중반은 어찌 보면 간극이 그리 넓어 보이지 않는다. 하지만, 앞의 사례들처럼 IT 산업은 예측할 수 없는 속도로 바뀌고 있다. 2010년대 초반엔 '빅데이터'가 어떤 것이고 어떤 활용이 기대되는지에 대해 긴 설명이 필요하기도 했고, '빅데이터'라는 용어를 트렌드 키워드로 강조하는 경우도 있었다. 하지만, 분명한 건 점점 더 우리의 일상 밀접한 곳에서 '데이터'가 중요한 역할을 하기 시작했고 어떤 의미에선 일상을 지배하는 현실이 되어가고 있다. 데이터를 어떻게 활용할 것인가, 빅데이터란 무엇인가, 모바일 디바이스와 클라우드 시스템 등이 어째서 빅데이터와 연관되는가와 같은 질문은 이제 더 이상 일부 전문가의 전유물이 아니다.

그럼에도 '빅데이터'라는 단어는 일반적인 데이터 분석과 모델링 및 시각화, 데이터 마이닝, 기계 학습과 인공지능, 빅데이터 처리 기술을 비롯한 수많은 의의가 뒤섞인 채 하나의 기치처럼 여전히 인용되기도 한다. 따라서 한 번 정도 흐름과 의미를 짚어 볼 필요는 있을 것이다.

빅데이터에 대해 이야기를 하려면 하드웨어의 발전과 모바일 기기의 보급부터 살펴볼 필요가 있다. 스마트폰과 태블릿 PC 등을 포함한 스마트 기기의 발전과 모바일 환경의 개선을 통해 사람들은 상호 소통이 강조된 더욱더 열린 커뮤니케이션 환경을 갖게 되었다. 재스민 혁명 같은 사회적 변화에는 스마트 기기의 이동성을 기반으로 더 활성화된 소셜 미디어가 중심에 있었음이 자주 언급되고 있다. 사회적 변화뿐만 아니라 새로운 제품이나 좋은 콘텐츠가 비슷한 이유로 전 세계적으로 빠르게 확산돼 이슈가 되는 일은 이제 신기한 일이 아니다.

소셜 미디어는 사람과 사람을 연결하는 서비스로 최근 발생하는 IT 흐름의 중요한 부분을 차지한다. 시간이 지날수록 관점은 점점 다양화되고 있는데, 국내의 경우에는 사람 간의 소통을 돕는 긍정적인 부분에 더 집중해 논의되고 있다. 하지만 부정적인 시각 역시 늘어났다. 잘못된 정보와 개인 프라이버시를 침해한 내용들이 무작위로 확산돼 생기는 고통이나 단지 유행 맞추기에 급급해 어설프게 운영되어 오히려

반감만 사는 기업계정 등 소통의 속도를 높이고 비용을 낮출 수 있다는 장점만을 본 채 즉흥적이고 가볍게 접근하는 일이 얼마나 위험한 일인지 보여주는 사례도 적지 않게 확인된다.

2010년 개봉된, 페이스북을 다룬 영화 「소셜네트워크」의 국내 포스터와 미국 포스터를 확인해보면 이러한 현상을 바라보는 서로 다른 시각을 쉽게 확인할 수 있다. 국내 포스터는 5억 명(개봉시점 기준 사용자 수) 이상의 사용자를 가진 성공적인 서비스에 주목하는 데 반해, 미국 포스터는 친구와의 대립 없이 새롭게 만들어지기 힘들었던 관계에 주목한다. 사람과 관계가 바탕이 되는 소셜 미디어이기에 바라보는 시각도 다양할 수밖에 없다.

그림 2-1 마크 주커버그가 페이스북을 만드는 과정을 다룬 영화 「소셜네트워크」의 공식 포스터. 영문과 한글포스터가 담은 메시지의 차이를 한눈에 확인해볼 수 있다. (출처: 소니픽처스 공식 홈페이지(영문). 한글 공식 트위터 계정(한글))

개인 미디어의 세상

2010년 이후 세계적으로 주목받는 사회적인 변화들이 많이 있다. 그 중 가장 상징적인 것이 튀니지에서 2010년에 일어난 재스민 혁명이다.[2] 군부를 등에 업은 독재자가 민중을 괴롭히는 일은 지난 몇 년 동안에 일어난 일이 아니다. 이집트의 무바라크 대통령은 1981년부터 30년간, 리비아의 카다피 대통령은 1969년부터 자그마치 40년이 넘게 집권했다. 그렇다면 하필 최근 들어 전 세계에서 동시 다발적으로 이런 변화들이 일어나는 이유는 무엇일까? 다양한 이유가 있겠지만 그 중심엔 소셜 미디어가 있다.[3]

그림 2-2 2011년 이집트 혁명의 현장. 이집트는 인프라 설치 비용과 효율의 문제로 모바일 네트워크가 유선 네트워크보다 빨리 보급되었다. 2011년 시민혁명에는 이런 모바일 네트워크 인프라가 강력한 지지자로 작용했다. (원작자: Mariam Soliman(Cairo), 출처: 위키미디어 커먼스/플리커)

현상을 좀 더 자세히 들여다보기 위해 80년대에 있었던 쿠바 혁명을 먼저 생각해 보자. 당시 쿠바 외부에 있던 사람들이 혁명이 일어나는 현지 사정을 전달받는 거의 유일한 채널은 목숨을 걸고 혁명의 한가운데에 들어간 외신 기자들뿐이었다. 정보는 소규모 채널을 통해 거의 독점적으로 공급됐고, 전해진 내용에 대한 사실 파악이나 검증 또한 어려웠다. 그러한 이유로 사실상 거리감이 느껴지는 쿠바 외부의 사람들에게는 자신과는 상관 없는 먼 나라 이야기로만 여기는 경우가 많았다.

하지만 튀니지의 재스민 혁명은 다르다. 내용을 전달하는 채널이 과거와 달리 기존 매체에 속한 기자들에 의해 이루어지지 않았다. 혁명가들이, 또는 그 반대편에 선 사람들이, 그리고 그들의 이웃 국가 등에서 전세계에 상황을 알려왔기 때문이다. 정부군에서 한 가지 내용을 공표하면 다른 채널을 통해 반박 정보가 들어오고 확산됐다. 외교채널을 아무리 단속해도 혁명의 소용돌이 속에서 전해지는 그 많은 내용들을 모두 감출 수는 없었다. 전 세계는 혁명가들의 울분에 다 같이 분노했고 그들을 지지했다. 그리고 혁명은 성공했다.[4] 내가 지금 사용하는 소셜 미디어를 통해 전해오는 그들의 이야기는 더 이상 먼 나라의 이야기가 아니라 바로 나의 이웃에게 일어나고 있는 일이었다. 공감대가 형성된 것이다.

국내에서 만들어진 주목할 만한 사회적 흐름이 있다. 영화 「도가니」가 만든 사회의 공분이 바로 그것이다. 도가니 사건은 이미 십여 년 전의 일이고, 해당 실화를 바탕으로 유명 소설가 공지영이 쓴 책이 베스트셀러가 된 것도 수 년 전의 일이다.[5] 그러나 이 사건이 2011년 영화로 만들어져 공개되고 소셜 미디어를 통해 사람들 사이에 지속적으로 회자되면서 사회 전반적인 반성이 본격적으로 이어졌다.

물론 잘 만들어진 영화가 지닌 콘텐츠의 힘이란 측면을 간과할 수 없다. 그러나 최근 일어나는 이러한 일들이 갖는 더 중요한 부분은, 소통이 만들어주는 메시지의 자기강화, 즉 복잡계 연구에서 양성 피드백 고리Positive feedback loop라고 부르는 측면이 주효하게 작용한 것으로 판단된다. 재스민 혁명 사례와 마찬가지로, 여기에서도 주목해야 할 내용을 공유하고 확산시킬 수 있는 힘이 된 소셜 미디어의 역할을 쉽게 넘길 수 없다.

아주 오래된 격언 중에 '삼인성호三人成虎'라는 말이 있다. 세 사람이 똑같은 거짓말을 하면 없는 호랑이도 만들어 낸다는 뜻이다. 여기서 이야기하는 셋이란 숫자가 바로 중요한 열쇠다.[6] 셋은 주체와 대립, 그리고 견제의 균형을 만들 수 있는 숫자이기 때문이다. 두 사람까지는 서로 짜고 거짓말을 할 수 있다. 그러나 세 사람이라면 한 사람이 다른 두 사람을 견제해야 한다. 사람이 행동을 할 때에도 마찬가지다. 한 사람의 결심은 금방 지친다. 두 사람은 담합할 수 있다. 셋이 있을 때부터 균형과 지속이 시작된다. 이렇게 만들어진 행동의 지속이 변화를 만든다.

최근 일어나는 사회 변화의 이면에도 이러한 3의 법칙이 작용한다. 만약 소셜 미디어가 없었다면 자신이 생각하고 원하는 변화에 대한 내용을 친구들과의 술자리에서 이야기한 뒤 그 시간이 지나면 넋두리처럼 흘려 보냈을지도 모른다. 하지만 활성화된 소셜 미디어에 의한 소통을 통해 말하고 듣고 행동하는 전체적인 흐름을 자연스럽게 만들어

지속시킬 수 있었고, 이 지속이 결국 최근의 변화를 만들어 내고 있는 것이다.

비슷한 변화를 만드는 또 다른 사례가 있다. 과거 환경 단체나 시민 단체 같은 모임의 목소리가 그리 위협적이지 않았던 시절이 있었다. 그들은 문제가 있는 기업에 꾸준히 자신들이 발견한 문제점과 개선책을 제시했지만 대답조차 듣기 어려운 때가 많았다. 하지만 인터넷을 기반으로 한, 특히 최근 소셜 미디어를 활용한 그들의 목소리는 이제 영향력을 지닌 또 하나의 분명한 힘이 되어 기업이 반드시 경청해야 할 이야기가 되어가고 있다. 과거와 달리 그들의 목소리는 더욱 직접적으로 기업이나 브랜드 이미지에 큰 타격을 입히고 매출에 직접적인 영향을 줄 수 있게 됐으며, 기업은 이를 모니터링하고 대응하기 위한 활동을 전개하고 있다.[7]

여기서 공개성과 비용에 주목해볼 필요가 있다. 소셜 미디어는 공개를 기본으로 한다. 대다수가 자신의 이야기를 검색이 가능하도록 열어 두는 것이 기본이다. 한 번도 만나지 못했던 사람이더라도 공감할 수만 있다면 자신의 의견에 대한 동의를 얻을 수 있다. 비용 역시 마찬가지다. 예전엔 동의를 얻기 위해 현재보다 더 많은 비용을 지불해야만 했다. 학교나 회사와 같이 동일한 연결 고리를 갖는 한 무리는 같은 이익집단이라고 쉽게 가정해볼 수 있다. 많은 경우 이들의 경계를 넘어서기 위해서는 큰 비용이 든다. 그래서 과거에는 대부분의 소통이 이 경계를 벗어나지 않는 선에서 이뤄졌다. 하지만 소셜 미디어는 이 경계를 변화시켰고 새로운 소통의 인프라가 되기 시작했다. 바로 경계가 변화하기 시작한 것이다. 소통은 활성화되고 확대되기 시작했다. 이런 방식의 소통은 복잡계 연구에서 말하는 소위 작은 세계 구도를 형성했다고 말할 수 있을 것이다. 즉 정보 전달 속도를 극도로 끌어올리며 정보의 안정성도 함께 높였다.

소셜이 가져온 변화는 분명하다. 최근의 사회적 변화는 소셜 미디어를 만나면서 빠르게 바뀌고 있다. 소셜 미디어가 만들어준 새로운 환경은 기존에 어려울 것이라고 말했던 일들을 가능하게 만든다. 그리고 이런 변화 속에서 우리에게 필요한 것은 추상적이고 심하게 포장된 홍보성 활동이 아니다. 그보다는 정말 어떤 생각을 갖고 또 어떤 활동을 하는지에 대해 명확하게 소통하고 공감하는 일이 과거 어느 때보다 더 중요해지고 있다.

왜 트위터, 페이스북인가?

소셜 웹 서비스에 관한 한, 90년대 말에서 2000년대 초반의 한국은 세계를 선도하고 있었다. nhn(현 네이버)에 인수된 미투데이와 제로보드, 다음에 인수된 티스토리, SK컴즈에 인수된 싸이월드와 이글루스 등은 그 시절 흔하지 않았던 대표적인 소셜 서비스였다. 그러나 지금은 글로벌 시장은 물론 국내 시장에서도 트위터와 페이스북이 대세로 자리 잡았음을 부인할 사람은 그리 많지 않을 것이다.[8]

왜 이런 현상이 벌어졌을까? 여러 가지 이유가 있다. 소셜 서비스라는 기본적인 속성에서 생각해보자. 우리는 친구들과 어울리기 위해 소셜 서비스를 사용하는 것이지 뛰어난 기능을 즐기기 위해 사용하는 것은 아니다. 초기 메신저 시장에서 다양한 서비스가 있었음에도 MSN 메신저가 우월한 위치에 설 수 있었던 것도 마찬가지 이유에서다.[9] 당시 많은 사람들이 마주했던 상황은 친한 친구들 대부분이 적어도 MSN 아이디 하나 정도는 가지고 있었다는 사실이다. 내 메신저가 아무리 뛰어난 장점을 많이 보유했다 하더라도 내 친구들을 해당 서비스로 일일이 끌어들이기보다는, 친구들 대다수가 사용하는 서비스로 내가 이동하는 일이 훨씬 편하다. 물론 큰 인기를 끌었던 MSN 메신저나 네이트온 같은 종전의 메신저 서비스 수요는 최근 들어 소셜 미디어의 메시징 기능으로 옮겨가거나 카카오톡 같은 모바일 서비스로 흡수됐다.[10]

이런 속성으로 인해 서비스 그 자체의 매력과 관계 없이, 소셜 서비스의 빈익빈 부익부 현상이 만들어지고 있는지도 모른다. 소셜 미디어의 가장 큰 속성은 사람들 간의 소통과 공감, 그리고 이를 기반으로 한 확산이다. 같은 서비스를 공유하는 친구들이 많을수록 다른 서비스로 이동하기는 어렵다. 그리고 소셜 미디어는 확산의 힘을 기반으로 기존에 사용하지 않았던 주위 사람들을 같은 서비스로 유입시켜 사용인원을 지속적으로 늘려간다.

내가 교류하길 원하는 사람들은 지금 어떤 서비스를 사용하는가? 그 기준에 따라 사람들은 다양한 소셜 미디어를 사용하고 또 친구들에게 권유해 같은 서비스의 사용자로 만들고 있다. 그런 측면에서 사용자가 꾸준히 증가하고 있을 뿐 아니라 내 주변 친구들이 많이 쓰고 있는 트위터와 페이스북이 현재 시점엔 분명 가장 우세한 서비스라고 말할 수 있다.

다양한 소셜 미디어가 소개되고 또 그 활용에 대한 의견들이 활발하게 오고 가지만, 여전히 이를 효과적으로 활용하는 일은 쉽지 않다. 그뿐 아니라 기업이나 조직 측면에선 트위터와 페이스북이 가진 기존 매체와의 차이점을 정확히 인지하지 못하거나 또는 아예 어떻게 활용할지 방향성조차 전혀 잡지 못한 경우도 적지 않다. 다양한 시도가 일어나고 서로 자신이 성공 사례라고 말하는 경우는 많다. 하지만 이것이 답이라고 알려줄 수 있는 방안은 없으며 또 이를 찾는 건 분명 쉽지 않은 일이다.

소셜 미디어? 소셜 네트워크 서비스?

최근 다양한 부분에 소셜이란 말이 흔하게 사용된다. 하지만 예를 들어 트위터를 지칭할 때 어디에선 소셜 네트워크 서비스SNS, Social Network Service로 이야기하지만, 또 어디에선 소셜 미디어Social Media로 언급하기도 한다. 과연 둘은 같은 말일까? 아니면 사람들이 잘못 혼용해 사용하는 것일까?

소셜 미디어는 사회적 참여를 기반으로 하는 양방향의 사용자 중심 매체를 의미한다. 이는 기존의 매스미디어와 비교해 이슈를 쉽게 퍼뜨리는 새로운 미디어라는 측면에 집중할 경우 자주 사용된다. 그리고 SNS는 사람들의 사회적 관계 형성과 그 관리를 돕는 서비스를 말하는데, 온라인 인맥 구축을 지원하는 서비스라는 측면으로 쉽게 이해되기도 한다.

다음세대재단에서 소셜 미디어를 정의한 내용을 보면 이 둘의 관계는 더욱 명확해진다.[11] 웹 커뮤니케이션에 대한 설명에서 소셜 미디어를 모바일 기반 개방형 서비스의 큰 그림으로 보여주는데, 그 안에 SNS라는 부분이 존재한다고 설명한다. 다른 자료에서도 소셜 미디어는 소셜 네트워크 서비스의 더 큰 영역으로 정의하거나 '소셜 미디어 > 소셜 네트워크 서비스' 같이 부등호를 표시해 나타내기도 한다.

그런 이유로 트위터를 누군가는 SNS로, 또 다른 누군가는 소셜 미디어로 표현하는 일이 생길 수 있는 것이다. 물론 그 맥락이 양방향 매체라는 점에 더 주목하는지 또는 사람들과의 관계를 중시하는 관계망 서비스라는 점에 주목하고 있는지에 따라 어떤 용어가 더 적합한지 고민해 용어를 사용할 필요가 있다.

앞에서 살펴보았듯이 이 둘은 관점에 따라 의미가 다르지만 공통 부분이 있으며, 그로 인해 최근엔 거의 동일한 용어로 자주 사용된다. 이 책에서는 가급적 더욱 다양한 서비스를 포함하는 소셜 미디어라는 용어를 주로 사용하지만 필요에 따라 SNS로 구분지어 표기한다.

빅데이터 시대가 주목하는 소셜 미디어

모바일 네트워크 환경의 개선으로 사람들이 소통하고 연결되기 쉬워지면서 소셜 미디어는 사람들의 꾸준한 관심 속에 사용되고 있다. 기업의 입장에선 많은 사람들이 모여 활발하게 활동하고 있으므로, 이를 기업 활동과 연계해 어떻게 활용할 수 있는지에 대한 관심이 높을 수밖에 없다. 특히 사용자 수가 많은 트위터나 페이스북의 경우 많은 기업의 주목을 받고 있으며 이미 그 안에서 다양한 기업 활동이 진행되고 있다.

이처럼 다양한 이해 관계자로 구성된 많은 사용자와 그들로부터 형성되는 활발한 활동이 결국 빅데이터를 만들어내는 기반이 된다는 점에 주목해야만 한다. 소셜 미디어에 남겨진 수많은 정보들, 특히 개인 정보의 경우 그 자체만으론 그리 큰 의미를 갖지 않는 경우가 대부분이다.

하지만 이러한 정보들이 데이터 처리 과정을 거치는 순간, 의미 있는 데이터로 다시 만들어지게 된다. 트위터와 페이스북에 담긴 내용들을 분석해낸다면 기업 활동의 중요한 의사 결정 정보를 제공할 수 있을 뿐만 아니라, 정보의 활용여부에 따라서 기업의 실적 자체가 바뀔 수도 있다.

물론 이는 현재 수준에서 그리 간단히 접근할 수 있는 문제는 아니다. 소셜 미디어에 담긴 메시지는 기존의 분석 방법으로도 접근하기 쉬웠던 숫자 데이터가 아닌 글자로 구성된 소위 비정형 데이터라 불리는 형태인 만큼 손쉽게 다룰 수 있는 분야는 아니다.

특히 메시지 안의 숨겨진 진짜 의미까지 찾아내어 정확하게 활용할 수 있게 돕는 일은 더욱 간단한 문제가 아닌 것으로 알려졌다. 하지만 사람들의 필요와 요구에 의해 분석 기술 역시 빠르게 발전하고 있으며 이를 확보하기 위해 다양한 기업들이 인수 합병을 진행하는 만큼 꾸준한 관심을 가질 필요가 있다.

소셜 미디어 같은 최근 온라인 활동이 만들어낸 빅데이터 속에는 기존에는 찾기 어려웠던 사람들의 니즈와 시장 환경의 변화가 반영된 내용들이 내재되어 있으므로 기업은 결코 이 부분을 놓쳐서는 안 된다. 결국 사람들이 소셜 미디어를 통해 끊임없이 만들어내는 빅데이터를 활용하기 위한 역량을 어떻게 확보하느냐가 앞으로의 빅데이터 시대의 경쟁 우위를 가져갈 수 있는 열쇠라 할 수 있다.

___ 넘치는 데이터 안에서 내가 원하는 정보를 찾아라

전략의 재료가 정보라면 그 정보의 재료는 바로 데이터다. 활용 가능한 모든 사실을 하나로 묶어 데이터라 한다. 데이터 그 자체는 별다른 의미가 없는 경우가 많다. 마치 야채 샐러드에서 야채를 정확히 구분하려는 것처럼 데이터Data와 정보Information는 그리 쉽게 구분되는 개념이 아니다. 샐러드에 비유해보자면 데이터는 원재료인 야채와 같다. 같은 관점에서 정보는 결과물인 야채 샐러드다. 이 때 샐러드를 만드는 과정이 바로 데이터 마이닝Data Mining에 해당한다. 비교해서 생각해보자. 다양한 야채(데이터)를 이곳 저곳에서 받아온다. 야채(미분류 데이터 Raw Data)는 잘 씻어서 필요한 부분만 잘라내어(필터링Filtering) 준비한다. 물에 데치거나 하는 등 별도 처리가 필요한 재료는 따로 정리(후처리Post processing)해두고, 먹기 좋은 크기로 잘라준다(정규화Regulation/Normalization). 재료가 모두 준비되었다면 준비한 그릇에 잘 섞어준다(분석Analysis). 마지막으로 드레싱(시각화Visualization)으로 맛(의미Meaning)을 내서 서빙(전달 Presentation)하게 된다. 이렇게 서빙한 샐러드는 손님(의사결정권자Decision maker)의 행위(결정Decision)에 영향을 준다.

데이터는 현실을 반영하며, 현실에 활용될 수 있다. 하지만 데이터 그 자체만으론 아무런 의미가 없다. 데이터는 현실적으로 활용할 수 있는 강력한 재료지만, 더 중요한 건 정확한 분석으로 상황을 이해해서 필요한 판단을 내리는 것이다.

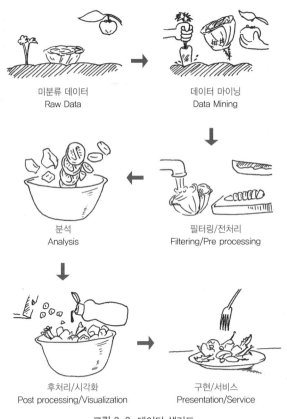

그림 2-3 데이터 샐러드

데이터 마이닝의 두 가지 관점

여기에선 데이터를 수집하는 방법인 데이터 마이닝에 대해 알아보려 한다. 인류의 역사가 컴퓨터와 함께 시작하진 않았다. 컴퓨터 없이도 통계 활동은 진행됐고, 사실 아직도 많은 데이터 수집과 분석 방법이 오프라인으로 이뤄지고 있다. 설문조사와 출구조사 등은 고전적인 데이터 수집 방식이며 그만큼 많은 연구가 진행돼 왔다.

하지만 전 세계 수백만 명을 대상으로 홀로 직접 뛰어다니며 데이터 수집을 할 수는 없다. 80년대 인터넷이 대두된 이후 통계 분석 영역에서 주목하는 가장 특징적인 분야가 컴퓨터 기반 데이터 마이닝이다. 직역하자면 데이터의 광맥을 캐내는Mining 방법론이라고 할 수 있다.

오늘날 데이터 마이닝에는 두 가지 관점이 있다. 관련 있는 데이터를 '긁어 모으는Crawling' 방법과 '기록하는Logging' 방법이 그것이다. 구글은 '긁어 모으는' 대표적인 기업이다. 구글은 무수히 많은 데이터센터를 활용해서 많은 숫자의 로봇 프로그램으로 인터넷의 데이터를 긁어 모은다. 그러나 구글조차 현재 인터넷이 정확히 얼마나 거대한지 추정밖에 할 수 없을 정도로 인터넷은 광활하므로 데이터를 전부 모은다는 건 끝없는 수집을 의미한다.

기록하는 방법의 대표적인 사례는 아마존을 들 수 있다. 아마존은 사용자의 입력, 즉 장바구니나 위시리스트에 옮겨 넣은 상품, 구매한 상품, 살펴본 책의 종류 등을 전부 기록해 두었다가 분석에 사용한다. 같은 맥락에서 트위터나 페이스북 같은 소셜 미디어를 들 수 있다. 사용자는 친구들과 소통하기 위해 트위터와 페이스북을 사용하고 이들의 활동 그 자체가 기록이 되어 남는다.

데이터는 적절히 활용돼 움직임을 만들어 낼 수 있는 사람들에게 정보로 제공되어야 의미를 가진다. 데이터 마이닝의 목적이 데이터를 계속 모으거나 기록하고 보관해두는 데 있다면 큰 의미를 가지기 힘들다. 데이터 마이닝은 누군가에게 적절한 정보로 변환되어 제공되는 데 그 목적이 있다고 하겠다. 누구를 위해 어떻게 전달될지가 중요해지는 이유다.

감정을 읽는 기계, 시맨틱

90년대 말 검색엔진 라이코스^{Lycos}가 있었다. 라이코스가 내세운 여러 가지 차별화 요소 중 대표적인 것이 바로 '자연어 분석'이다. 즉 사람이 직접 말하듯 자연스럽게 질문을 입력하면 적절한 답을 제시하는 방법을 의미한다. 그러나 자연어 검색은 아직까지도 명확한 답을 찾지 못한 어려운 분야로 그 시절에는 활용에 더 큰 어려움이 있었다. 그리고 단어만 입력하면 되는 키워드 검색과 달리 완결된 문장을 입력해야 했으므로 불편하기까지 했다.

최근 그와 비슷한 관점에서 주목받는 분야가 있는데, 바로 시맨틱 Semantics이다. 시맨틱이란 그리스어 형용사 'semantikos^{의미있는}'로부터 유래한 단어로, 기계적인 처리를 통해 의미를 이해하는 기술을 의미한다. 과거 등장한 자연어 검색과 비교하면, 자연어 검색 문장을 입력했을 때 검색엔진이 해당 의미를 파악하는 부분까지가 시맨틱에 해당한다.

그렇다면 시맨틱은 왜 주목을 받고 있을까? 적용 방법을 반대로 찾았기 때문이다. 그 대표적인 사례를 위필파인(http://wefeelfine.org)에서 찾을 수 있다. 위필파인은 개인 블로그를 찾아 태그 클라우드 레이아웃(단어를 구름 뭉치처럼 나열하는 배열)으로 보여주는 서비스다. 블로그의 단어를 검색해서 자동적으로 긍정적인 감정을 나타내는 글인지, 부정적인 감정을 나타내는지 판단해서 알려준다. 인터넷의 전반적인 경향이 긍정적인지, 부정적인지 판별해 주는 서비스라고 할 수 있다.[12]

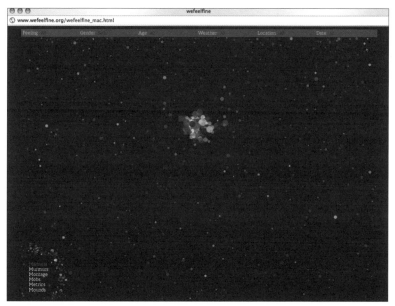

그림 2-4 위필파인(wefeelfine.org) 서비스. 감정 상태와 관련한 SNS 단위 묶음을 화면에 보여준다. 현재 인터넷에 있는 사람들이 전반적으로 어떤 감정을 표현하는지 은유적으로 나타낸다.

트위터 검색에도 비슷한 부분이 있다. 고급 검색(Advanced Search, https://twitter.com/#!/search-advanced) 페이지의 맨 아래를 보면, 긍정적인 트윗과 부정적인 트윗을 구분해서 검색할 수 있다. 이처럼 자연어를 분석하는 방법은 과거처럼 인간의 언어로 컴퓨터와 의사소통하는 HCI^{Human-Computer Interaction}의 관점에서 벗어나, 사람이 만들어 놓은 데이터 콘텐츠를 기계적으로 분석하고 분류하는 방법으로 주목을 받고 있다.

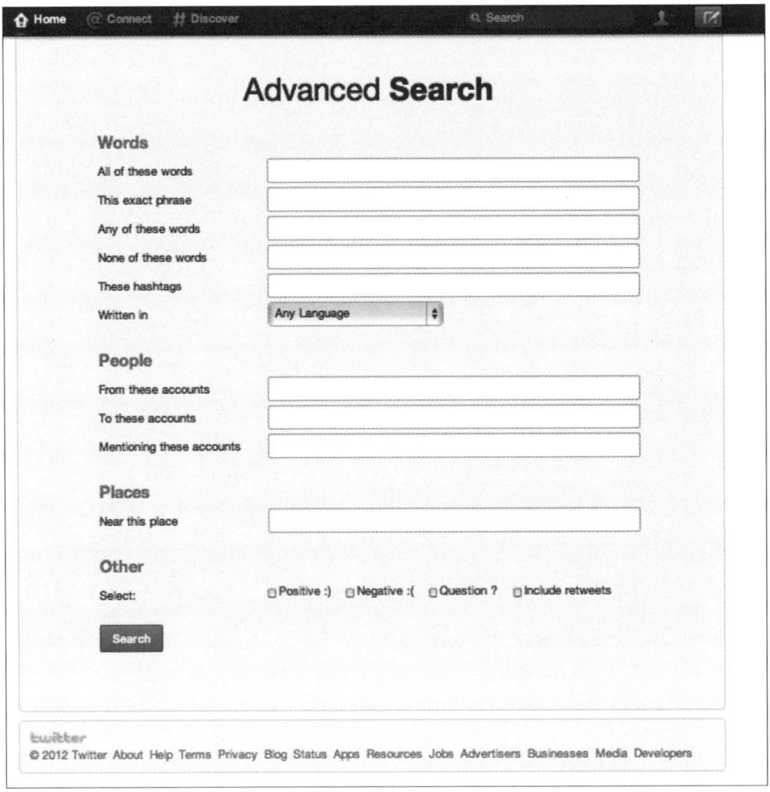

그림 2-5 트위터의 고급 검색 기능. 아랫부분의 Other에서 트윗의 감정 상태를 선택적으로 지정해 검색할 수 있다.

문장에 키워드가 있는지 없는지 정도는 기계적으로 찾아보는 데 어려움이 없지만, 그 의미가 맥락상 정확한지를 알아내는 것은 여전히 사람이 아니면 어려운 일이다. 현재 이뤄지는 의미분석Semantic analysis의 경우 대개 키워드를 중심으로 행해진다. 예를 들어, 욕설을 담고 있는 글 데이터라면 부정적인 감정으로 판별한다. 기계학습을 통해 자연어를 처리하는 기술도 발전 단계에 있지만, 많은 경우 그 방법이 신뢰하기 어렵고 너무 오래 걸리기 때문에 아직은 상용화까지 이르진 못했다. 그런 이유로 오늘날 시맨틱에서 가장 어려운 점은 반어법이나 약어의 처리에 있다. 이런 점들을 생각해 보면 시맨틱, 즉 자연어의 의미 분석 방법은 아직 갈 길이 멀지도 모른다. 하지만 그 효용성을 생각해 보면 분명 무궁무진한 가치를 담고 있는 기술임이 분명하다.

빅데이터 시대에 엄청난 정보 안에서 지금 내가 원하는 의미를 담은 내용을 실시간으로 분석한다는 건 다방면에 여러 가지 영향을 주게 될 생각만으로도 엄청난 일이다. 기술이 빠르게 발전하고 그 적용방법에 대한 꾸준한 연구가 뒷받침되고 있는 만큼 시맨틱 분석이 본격화되어 궤도에 오른다면 그리 멀지 않은 미래에 가능한 일이 될 것이다.

미래 예측의 비밀

소셜의 역사에서 사회학 관점에서 가장 두드러지게 등장한 것이 바로 '소셜 네트워크'라는 개념이다. 개인Individual은 서로 관계Relation를 맺고 있으며, 그러한 관계 시스템의 구조로 개인의 역할Role과 행동Activity을 해석할 수 있다는 관점이다. 이것을 소셜 네트워크 분석SNA, Social

Network Analysis이라고 한다. 그러나 행위자Actor를 사람으로 생각하는 것은 소셜 네트워크 분석의 한 관점일 뿐이다. 기업체나 사회 같은 하나의 군집, 자금이나 자원 흐름, 또는 논문의 인용 관계 등 사회와 사회적 산물을 관계 입장에서 보는 거의 모든 것을 소셜 네트워크 분석이라 일컫는다.

80년대 등장한 소셜 네트워크 분석 역시 질병 역학 조사에서 비롯되었다. 그 시작은 누가 발병인이고 어떻게 확산되어 갈 것인가에 대한 분석이다. 이에 비해 90년대의 소셜 네트워크는 집단 내부의 구조적인 분석에 초점을 맞췄다. 누가 중요한 인물인가를 찾는 중심성Centrality, 대규모 집단을 소집단으로 쪼개어 보기 위한 응집Cluster, 집단이 외부 충격에 얼마나 안정적인지 탐색하는 연결성Connectivity, 구조적 상황에 따른 개인의 역할Role과 신뢰성Reliability 등이 대표적인 방법이다.

최근 소셜 네트워크 분석은 구조적인 분석 이상을 노린다. 우선 개인의 역할과 책임은 단순히 구조에 따르지 않는다. 같은 자리에 있는 서로 다른 사람에 대해 같은 일을 하고 같은 성격이라고 이야기할 수 없다는 뜻이다. 이전까지의 분석이 구조에 따른 개인의 행위에 대해 연구했다면, 이제는 구조와 개인의 성향을 종합적으로 분석하는 행위자 기반 분석Agent-based analysis으로 연구가 이어지고 있다. 이러한 소셜 네트워크 분석은 집단의 구조와 취약점 분석, 정보나 자금, 자원의 흐름 분석과 효율적인 배분, 집단의 비공식 소통 채널 탐색 등에 활용돼 왔으며 최근 들어 상용화 수준에 올라와 있다.

모든 문제, 모든 사건은 개인과 구조가 복합적으로 작용했을 때 일어난다. 그 어떤 사건도 완전히 개인 때문이라거나 구조 때문이라고 할 수 없다. 바로 그 상황에 바로 그 사람이 있기 때문에 사건이 되는 것이다. 바꿔 생각해 구조와 개인을 알면, 앞으로 다가올 상황과 대처 양상을 예측할 수 있다. 지금까지 데이터 수집과 정확한 분석을 강조한 이유가 바로 여기에 있다. 현재를 정확하게 파악하고 다가올 미래를 가능한 한 높은 신뢰 수준에서 예측하기 위해서다. 사람과 사람이 만들어 운용하는 조직이 모든 미래를 예측하고 대비할 순 없다. 미래를 정확하게 예언할 순 없지만, 과거와 현재를 돌아보며 다가올 미래를 대비할 순 있다. 이런 일을 일컬어 데이터 분석이라 한다.

기계 학습, 인간을 대신하다.

2016년, 바둑 세계 챔피언 이세돌이 프로그램 알파고에게 패하는 일대 사건이 발생했다. 물론 1996년, IBM에서 제작한 딥블루가 체스 세계 챔피언 개리 카스파로프를 상대로 승리한 사건도 큰 센세이션을 불러왔다. 하지만 딥블루와 알파고는 체스와 바둑의 특성만큼 차이가 있다. 제한적인 행마와 수를 가진 체스의 경우에는 앞으로 벌어질 수의 종류를 산술적으로 계산하는 일이 가능했다. 하지만 바둑은 가능한 수가 매 단계마다 수백 단위에 달하고, 하나의 수가 종반에 이르러 어떻게 작용할지는 많은 수를 둔 이후에야 판단이 가능하다. 따라서 2000년대 초중반, 나아가 2010년에 이르기까지 인공지능 바둑 프로그램이 세계 최고수를 꺾는 일은(1.5년마다 하드웨어 성능이 2배씩 성장한다는 무어의 법칙을 감안하더라도) 먼 훗날의 일처럼 여겨졌다. 하지만 알파고는 2016년에 그 예상을 보기 좋게 뒤집었다. 딥블루와 알파고, 무엇이 달랐을까?

90년대 후반에도 퍼지 분석Fuzzy analysis이라는 이름의 확률적인 결정을 내리는 분석 방법은 존재했다. 현실의 사건은 도저히 컴퓨터로 계산할 수 없을 정도로 복잡한 여러 변인이 작용하므로 접근하기가 간단하지 않아 80년대 후반에서 90년대 초반까지 이러한 분석 방법이 한때 각광을 받기도 했다. 그렇지만 이러한 흐름은 90년대 중후반 하드웨어의 급격한 발전으로 인해 한때의 유행으로 묻혀 사라지는 모습도 보였다. 2000년대 초반까지만 하더라도 하드웨어의 성능은 끝을 모르고 발전하고 있었고 그에 따라 계산량도 급격하게 늘어나고 있었다.

그 선두에 해당하는 프로그램이 딥 블루다.[13] 딥 블루는 둘 수 있는 모든 수에 대하여 향후 점수를 계산하고, 그 점수를 극대화 하는 방향으로 확률적인 연산을 반복한다. 하나의 수를 두었을 때 앞으로 어떤 국면이 벌어질지를 거의 정확한 확률 분포로 예측할 수 있다. 그리고 자신의 승리라는 최선의 점수를 향해 최적의 가지를 따라가는 결정 트리Decision Tree 방식을 택했다.[14]

그러나 결정 트리는 바둑에 적용하기에는 난점이 많다. 우선 앞에서 언급했듯, 바둑에서는 수의 가능성이 체스의 수십 배에 달할 정도로 많았다. 둘째로, 하나의 국면을 가능성에 따라 명확한 점수로 계산하기가 비교적 용이한 체스에 비해 바둑의 경우는 훨씬 더 복잡하다. 달리 말해, 게임의 결정 트리라면 점진적으로 최적의 해를 찾아가는 과정에서 인근 지역의 국소 최적Local optima의 결과가 종국에는 전역 최적Global Optimum으로 수렴해야 한다. 하지만 비교적 행마가 단순하게 결정되는 체스에 비해 상대의 돌을 잡을 수 있고 집을 연결할 수 있는 바둑의 경우에는 국소 최적으로 찾아낸 결과, 즉 전투의 승리가 결과적인 전체 국면의 승리가 전쟁의 승리로 수렴되지 않는 경우가 많다. 물론 이론적으로, 하드웨어의 저장 용량과 계산 속도가 상승한다면 이러한 문제 역시 곧 해결될 수 밖에 없었다.

이러한 상황에 대해 알파고는 조금 다른 방식으로 접근했다. 물론, 하나의 수를 결정해 현재의 국면과 향후의 결과를 예측하는데 있어서는 비슷한 점수 계산을 동원한다. 하지만, 게임의 규칙에서 가능한 모든 경우의 수를 전부 검토하기보다 유사한 행마 패턴을 반복 학습하면서 그 중 최선의 패턴을 찾아내는 것이 결과적으로 최선의 결과를 얻어낼 수 있다는 것이다. 한편으로 보면 인간의 반복 연습을 소프트웨어로 구현한 것이라 볼 수 있다. 유사하게 복제한 자기 자신과 대국을 수없이 반복, 복기하면서 새로운 수를 연구하기도 한다는 점에서 보면 더욱 비슷하다. 다만 인간과 알파고에 차이가 있다면, 먹고 자고 살아가는 걱정을 해야 하는 인간과 달리 알파고는 오직 바둑을 두는 규칙만 고려하며 시간과 연산 자원이 허락하는 한 무한히 바둑의 수만을 연구할 수 있다는 점이다. 그리고 인간이 바둑을 두는 것보다 수 백, 수천 배의 속도로 할 수 있다. 그리하여 결국 소프트웨어는 인간 최고수를 상대로 승리할 수 있었다.

알파고가 워낙 독특하고도 유명한 사례긴 하지만, 프로그램이 인간의 영역을 대신한 사례는 그 밖에도 많다. 대표적으로 단기 주식거래의 경우 프로그램이 매매를 결정한다.[15] 구글과 테슬라는 각각 독자적으로 자동차의 자동 주행 시스템 개발과 양산화를 진행 중이며,[16] 보조적인 자동 운항은 BWM, 인피니티, 메르세데스-벤츠에 의해 상용차로도 출시됐다. 오래 전부터 페이스북은 사진에서 얼굴을 찾아내서 태그 위치를 설정하는 기능을 사용하고 있었고,[17] 구글 역시 얼굴 인식 기능을 오픈소스로 공개했다.[18] 이러한 사진/이미지 인식 기술은 현재 페이스북과 유튜브에서 광고 소재의 필터링 또는 사용자 컨텐츠의 사전 필터링에 활용되고 있다. 향후 20년 이내에 현재 미국 직업의 절반 가량이 기계로 대체될 것이라는 전망도 있다.[19]

인공지능의 발전과 함께 우리 주변의 많은 분야에서 프로그램이 인간의 역량을 대체하고 있다. 위의 본문에서 언급한 자동 큐레이션, 콘텐츠 개인화, 추천 시스템이 그 대표적인 사례다. 기술의 발전으로 데이터 처리와 분석에 필요한 비용이 급격히 감소하며 더 많은 데이터가 생기고 활용되는 빅데이터의 시대가 시작됐다면, 이와 동시에 데이터 분석에 필요한 다양한 기술(데이터 마이닝, 기계학습, 인공지능)의 발전이 이뤄지고 있다. 과거 검색엔진의 패러다임이 야후와 알타비스타로 대변되는 '더 많은 웹페이지'의 경쟁에서 구글로 대표되는 '더 정확한 웹페이지'의 경쟁으로 변화했듯, 앞으로 데이터 분석에 있어서도 '더 많은 데이터'의 경쟁에서 '더 정교한 분석'의 경쟁으로 변모해 갈 것이라 예상한다. 이런 관점에서 데이터 속에서 사람들이 정말 필요로 하고 원하는 것을 찾아내 비즈니스 인사이트로 바꿔가는 활동을 이어간다면 데이터를 기반으로 소셜 경험 전략을 만들어가는 일이 될 것이다.

___ 개인과 사회, 그리고 분석

분석과 통계가 과거를 돌아보며 미래를 예측하려는 인간의 욕구에서 비롯된 만큼, 분석과 통계의 가장 주요한 관점은 사회·경제 측면, 즉 소셜에 닿아있다. 그러나 여기에는 복잡계 분석처럼 지난 세기에 등장했지만, 아직도 학계 안에서조차 명확하게 정의되지 않은 방법론도 포함한다. 그런 의미에서 소셜 분석이란 아주 오래된 미래라고 할 수 있겠다.

소셜 분석이란 무엇을 말하는 것일까? 이 질문에 답을 하기 위해선 소셜의 의미를 다시 돌아볼 필요가 있다. 소셜의 사전적 의미는 '사회', 즉 개개인이 구성하고 참여하는 집단 시스템을 말한다.

이러한 관점에서 소셜 분석은 세 가지로 나누어 접근해 볼 수 있다. 첫째, 집단 그 자체에 대한 관점이다. 집단이 어떤 특징을 갖는지, 어떤 식으로 운영되고 있는지 찾는 방법이다. 주로 전통적인 통계 방법으로 접근한다. 둘째, 집단의 구조, 개개인의 관계에 대한 관점이다. 집단의 구조를 파악하고, 내부-외부적으로 어떻게 연결되는지, 정보나 자원이 어떤 식으로 소통되는지 알아보는 방법이다. 최근 복잡계 네트워크 분석이 학계의 조명을 받으며 급부상하고 있다. 셋째, 집단 속의 개인에 대한 관점이다. 개인의 특징, 행동양식, 선호를 역할과 책임(개인-사회 간 관계) 또는 개인 간의 관계를 통해 찾아보는 방법이다. 정량적인 분석과 실험이 어렵기 때문에 주로 행동경제학, 인류학, 사회학에서 많이 연구되어온 분야다.

중요한 사실은, 이 세 가지 관점의 분석 방법이 다양한 학제에 걸쳐 공통적으로 발전해 왔으며, 또한 모든 관점에 대한 관심이 최근 십여 년을 기점으로 급부상하고 있다는 사실이다. 과거에는 빅데이터나 관계망을 분석하기 어려웠기 때문에 주로 집단 자체에 대한 평균치, 분포에만 의존해야 했다. 그러나 더 이상은 아니다.

많은 기업이 전통적인 시장 조사를 통해 자신들의 전략적 방향을 수립하기 위한 근거 정보로 사용하고 있다. 하지만 소셜 미디어의 광풍 속에 모두가 자연스럽게 새로이 형성되는 온라인 관계를 거부감 없이 접하게 되면서 이를 기반으로 소셜 네트워크 분석을 어떻게 활용할지에 대한 부분이 새로운 화두가 되고 있다. 물론 네트워크상의 정보를 수집하고 또 이를 분석해 앞으로 다가올 세상과 그에 알맞은 전략을 제공하는 일이 과거에도 없었던 것은 아니다.

하지만 다양한 생각과 의견을 소셜 미디어를 통해 언제 어디서나 공유하면서 더 정교한 정보 분석이 가능해져 이제 새로운 전기를 맞게 되었다. 클라우드 서비스가 보편화되면서 시장의 변화와 그에 대한 분석을 실시간으로 파악하기 위한 노력이 본격적으로 시작됐으며, 이는 기업 전략에 있어 중요한 기반이 될 것이다.

주변 실생활 속에서 이미 움직이고 있는 데이터

스마트폰의 시대가 열리면서 데이터의 홍수 속에 힘겨워 하는 사람도 있지만, 또 한편에는 그러한 변화 자체를 거부하는 사람들 역시 공존하고 있다.

"빅데이터 시대라고 하지만 나는 최근 유행하는 서비스를 사용하지 않으니 나와 별 상관 없지 않아?"라고 되물을 사람들도 있을 것이다. 트위터나 페이스북 같은 소셜 네트워크 서비스를 쓰지 않고 모바일 서비스를 쓰지 않는다면 과연 그들은 빅데이터와 전혀 무관한 삶을 사는 것일까? 결론부터 말하자면, 그렇지 않다.

세계 최고 수준의 교육열을 자랑하는 국내 교육 시스템은 늘 최신의 흐름을 받아들이고자 노력하는 분야 중 하나다. 교육과학기술부는 교육행정정보시스템 나이스^{NEIS, National Education Information System}(http://www.neis.go.kr/)를 구축했고 시험 기간을 거쳐 실전 배치했다. 국내에 있는 모든 초중등학교와 교육에 필요한 모든 자료를 일원적으로 전산화한 것으로, 이는 2002년에 벌어진 일이다. 지금으로부터 10여 년 전에 이미 기본적인 교육 환경 역시 네트워크 기반의 데이터망 안에서 관리되기 시작했다는 의미다.

우리의 일상에서도 빅데이터는 지속적으로 만들어지고 있다. 남녀노소를 막론하고 지갑에 카드 한 장 없는 사람이 있을까? 신용카드, 직불카드, 포인트카드, 현금영수증카드, 하다못해 교통카드라도 한 장 정도는 갖고 있으리라. 그리고 누구나 예상하듯 이러한 카드의 사용 내역은 고스란히 데이터로 남는다. 국내 카드사 중 한 곳에서 제공하는 법인카드 서비스 또한 카드를 통해 수집된 정보를 여러 가지 측면에서 정보로 제공해주는 사례다. 해당 기업의 자영업자 카드는 동종 사업장, 인근 사업장 등 자신과 관련된 통계를 제공해 다른 기업과 비교할 수 있게 해 준다.

한편으론, 나이스^{NEIS}가 그러하듯이 카드사의 데이터 수집은 사생활

보호와 연관지어 백안시되어왔다. 특히 포인트카드와 교통카드의 내역에 포함된 개인 정보와 데이터 활용은 어떤 목적에 의해 당사자도 모르는 사이 악용될 수 있다는 측면이 있어 강한 반발에 부딪히고 있다.

우리는 이 자리에서 데이터의 수집이 옳은가 또는 그른가를 판단하려는 의도는 아니다. 그러나 전산처리되는 개개인의 소비활동이 어딘가에 데이터로 저장된다는 점은 옳고 그름 이전에 '사실Fact'이다. 어떤 데이터를 수집하고 어떻게 활용할지에 대해서는 훨씬 복잡한 고민이 필요하다. 하지만 모든 전후 관계를 떠나서 우리 일상의 모든 행동이 데이터의 일부가 되고 있음은 부정할 수 없는 사실이다.

2009년 말 전국의 편의점 매장 수는 이미 1만 4,000천여 매장을 넘어선 것으로 알려졌다.[20] 아마 많은 사람들의 생각보다 훨씬 많은 숫자일 것이다. 최근 유행한다고 자주 이야기되는 프랜차이즈 커피 전문점이 대략 2010년 기준, 3,000여 매장이므로 이는 3배를 웃도는 숫자다.[21]

최근 국내 편의점은 그야말로 편의를 위한 모든 것을 제공하는 장소가 되어 있다. 예상보다 훨씬 많은 매장 숫자만큼이나 편의점에서 취급하는 물품의 종류는 훨씬 다양하다. 그리고 편의점은 그 수많은 종류별 취급품목에 대한 재고상황을 점검하고 발주를 관리해야 한다. 편의점은 이러한 부분에 대한 해결책의 하나로 데이터를 적극적으로 활용하고 있다.

편의점에서 물건 하나를 사거나 반품할 때마다 상품에 대한 정보와 구매자에 대한 간단한 정보가 전산망으로 입력된다. 창고를 일일이 뒤

저보지 않더라도 어떤 상품이 얼마나 남았는지, 특정 상품이 정해진 기간 동안 얼마나 팔렸는지, 과거 경험에 비추어 이 상품이 다음달에 얼마나 팔릴지 예측할 수 있다. 이는 아주 당연하게 행해 온 일이다. 위치나 지역 특성에 따라 같은 편의점 체인이라도 팔리는 상품의 종류가 서로 다를 수밖에 없다. 고시촌 주변의 편의점과 회사 빌딩에 입주한 편의점에서 더 많이 팔리는 제품과 가격대는 저마다 다를 것이다. 매장의 규모, 매장 특성, 시기와 환경 등 편의점의 물품 판매에 저마다 영향을 주는 변수는 헤아릴 수 없을 만큼 많다.

편의점 전체를 관리하는 본사의 입장에선 한정된 수량의 물품을 어느 매장에 얼마나 더 보내야 더욱 효과적으로 매장을 관리하고 매출을 극대화할 수 있을지 고민할 수밖에 없다. 이를 주먹구구식으로 처리할 경우 경쟁력은 떨어지게 된다. 대량의 데이터를 분석해 이를 기반으로 의사 결정을 위한 도움을 받을 수 있다는 사실은 비즈니스 이슈에 대한 고민을 해결하는 중요한 방법이라는 점에서 의미가 있다.

의외로 많은 사람들이 자신은 최신 트렌드를 쫓아가지 않으므로 최근 자주 언급되는 데이터 활용과 상관 없을 거라 생각할 수도 있겠지만, 앞의 사례에서 알 수 있듯이 이미 오래 전부터 우리 주변에서 데이터들은 다양하게 활용되고 있다. 우리 모두는 스스로가 데이터를 만들며, 그 데이터로 서로를 알리며 살아간다. 그것이 바로 지금 우리가 더욱 진지하게 데이터에 대한 여러 가지 측면을 고민하는 이유다.

방대해진 소셜 데이터

오늘날, 데이터를 생산해내는 주요 축은 각종 소셜 미디어들이다. 대부분의 서비스는 지인들이나 새로운 사람들과의 네트워크 형성에 초점이 맞춰져 있기 때문에, 개인의 사적인 공간에 그치지 않고 결국 사교적인 공간이 될 수밖에 없다. 소셜 미디어를 통해 교류되는 정보는 많은 경우 남들에게 보여주고 싶은 자신의 정보라는 특징을 지닌다.

이를 매슬로Abraham Maslow의 '욕구 5단계Hierarchy of needs'에 비춰 보았을 때 3, 4단계에 해당하는 '사회적 욕구Belonging needs'와 '존경 욕구Esteem needs'가 적용되어 있다고 볼 수 있다. 때문에 사용자들은 자신이 어디를 가고, 무엇을 먹고, 무엇을 입고, 어떤 정치적 견해를 가지며, 어떤 제품을 사용하고 또 사용하고 싶어 하는지에 대한 정보를 적극적으로 공유한다. 그리고 이런 정보들은 또 다른 개인이 네트워크를 통해 검색해 새로운 정보로 활용할 수 있을 뿐 아니라 다시 공유해 지속적으로 확산될 수 있다. 또한 기업의 입장에서는 개인들이 남기고 공유한 정보와 이력 하나하나가 소중한 시장 데이터가 된다.

그림 2-6 매슬로의 욕구 5단계(Maslow's hierarchy of needs). 인간의 욕
구를 1단계의 생리적인 욕구에서부터 5단계의 자아실현까지 단계별로 나눠
서 설명한다.

전통적인 마케팅의 시장조사와 수요예측에서는 임의로 추출된 대상
에 대한 설문조사나 현장조사 등을 통해 정보를 얻어냈다. 그리고 항
상 그 정보에는 '임의로 추출된 샘플'이라는 약점이 존재하기 때문에
분석 데이터의 신뢰도나 정확성에 대한 여러 관점에서의 검증이라는
어려운 단계를 거쳐야만 했다. 그러나 현재는 소셜 미디어에서 키워드
검색만으로 그 대상에 관심이 있는 사람들이 얼마나 존재하는지, 어떠
한 성향을 지니는지에 대해 훨씬 방대한 데이터를 확인할 수 있다.

물론 빅데이터 시대라고 해서 분석된 정보에 대한 검증이 필요하지
않은 것은 아니다. 사회적 분위기나 트렌드에 쫓아가려는 개인의 성
격, 혹은 공개적으로 표출되는 성향과 현실상의 개인적인 성향이 분리

되어 있어 정보가 불일치하는 등 여러 가지 분석 오류의 위험도 충분히 존재한다. 그러나 때와 장소를 가리지 않는 스마트폰, 태블릿 PC 등 강력한 스마트 기기의 보급과 소셜 미디어에서의 적극적이고 자발적인 사용자 참여로 온라인 기반의 네트워크가 기존 오프라인 네트워크를 보완 또는 대체하는 도구로서 굳건하게 자리잡고 있는 이상, 우리가 분석해야 할 데이터는 점점 늘어가게 될 것이다.

소셜 애널리틱스

다량의 정보가 급속도로 생성되는 빅데이터 시대에 주목할 만한 내용들이 몇 가지 있는데, 그 중 한가지는 개인의 정보에 대한 것이다. 특히 단순한 정보가 아니라 감정과 상황에 대한 구체적인 개인 정보를 스스로 생성해 제공한다는 점이 예전과의 가장 큰 차이다. 이를 가능하게 해준 가장 큰 변화는 역시 모바일을 기반으로 한 스마트 기기로 예전에는 고려하지 않았던 내용들을 활용 가능한 새로운 정보로 제공할 수 있게 됐다.

사람들은 GPS 같은 각종 센서가 포함된 다양한 기기를 활용해 페이스북이나 트위터를 통해 정보를 만들고 또 타인에게 공개한다. 그리고 그 안에는 사람이 오감을 통해 다양한 형태의 정보를 접하고 공유하는 것과 마찬가지로, 생각이나 정보를 담은 텍스트 외에 음악과 이미지 그리고 위치 정보 등 다양한 형태의 내용들이 복잡하게 존재한다. 뿐만 아니라 클라우드 컴퓨팅 시대의 도래는 저장과 활용에 대한 제약 사항들을 해결하고 이러한 활동을 더욱 가속화시켜줄 것으로 예상된다.

기존의 기업은 데이터를 활용해 주로 과거의 내용을 분석하고 이를 바탕으로 예측하는 활동을 해왔다. 하지만 빅데이터 시대에 접어들면서 기업의 실시간 데이터 분석과 이를 기업 전략과 결정에 활용하는 일은 더욱 중요해졌다. 예를 들면 IBM은 최근 빅데이터 분석의 중요성과 함께 이를 위한 '분석지수Analysis Quotient'라는 새로운 개념을 제시했다. AQ는 리스크 관리와 혁신 능력을 높일 수 있는 데이터를 분석해 비즈니스에 적용하는 능력을 수치화한 개념으로, 크게 4가지 단계로 기업의 분석 능력을 구분지어 정의한다. 첫째 단계는 데이터 분석에 관심을 갖기 시작한 기업, 두 번째 단계는 데이터를 활용하지만 비즈니스와 연계하지 못하는 기업을 말한다. 세 번째 단계는 과거 데이터만 분석할 수 있는 기업이며, 네 번째 단계는 과거와 현재 그리고 미래를 예측할 수 있는 데이터를 모두 분석하고 활용해 성과를 창출하는 기업이다.

이러한 단계별 구분은 데이터 활용에 대한 중요성이 점차 높아지고 있으며 결국 가장 빠르고 정확하게 예측할 수 있는 능력을 가진 기업이 앞으로의 빅데이터 시대에 더 유리한 위치에 설 수 있음을 시사한다. 실제로 IBM의 경우 데이터 관리업체인 네티자를 2010년 17억 달러에 인수했고, EMC는 네트워크 저장장치 업체인 아이실론을 22억 5,000만 달러에 사들이고, 가장 최근의 사례로는 2016년 6월, MS가 소셜 네트워크 플랫폼으로 유명한 링크드인을 무려 262억 달러에 인수하는 등[22] 많은 기업들이 M&A를 포함한 다양한 방법을 통해 데이터 분석 역량 및 기반 확보에 힘쓰고 있다.

요즘 가장 주목받는 소셜 분석은 소셜 미디어를 통해 실시간으로 오가는 대량의 메시지를 얼마만큼 신속하고 정확하게 분석하는가가 핵심이다. 이를 위해 소셜 미디어상의 정보들을 텍스트 마이닝 등의 방법을 활용해 분석하고 예측하는 작업이 활발하게 진행되고 있으며, 이런 활동을 소셜 애널리틱스Social analytics라고 부른다.

활용 사례도 늘고 있다. 샌디 카터 IBM 부사장이 공개한 소셜 비즈니스의 사례를 살펴보자. 펩시는 페이스북과 트위터 분석을 통해 에너지 드링크 게토레이를 주로 평가하는 소비자가 운동선수가 아닌 게이머라는 사실을 알게 되었다. 게이머들이 밤새 온라인 게임을 하다가 지치면 게토레이를 마시고 SNS에서 의견을 교환한다는 사실을 발견한 것이다. 이러한 내용을 확인한 후 펩시는 게이머라는 새로운 목표 소비자군Target consumer group을 설정했으며, 소셜 미디어 전담 부서를 설치해 일대일 고객 접촉 비율을 35%에서 60%로 높일 수 있었다고 밝혔다.[23]

기업이 준비해야 할 변화

과거 인터넷 비즈니스 초기에도 푸시 알림 서비스나 RSS 피드 등으로 자신이 원하는 정보를 찾아볼 수 있는 개인 맞춤형 서비스가 있었다. 그러나 이런 서비스를 이용하려면 우선 서비스 사용방법을 알아야 했고, 또 이렇게 전달받은 데이터 중 자신에게 필요한 내용이 맞는지에 대해 별도로 구분해야 했다. 빅데이터 시대의 정보 필터링은 이 점을 보완해 준다.

「뉴욕타임스」 웹사이트의 경우, 독자가 기사를 읽는 패턴을 분석해 선호할 것으로 예상되는 기사를 하이라이트해서 보여주는 사용자 맞춤 레이아웃을 제공한다. 본격적인 빅데이터 시대에 접어들면서 이와 같은 맞춤형 콘텐츠 큐레이션 서비스가 크게 증가하고 있다. 비슷한 관점에서 정보뿐만 아니라 제품이나 서비스의 소비도 이러한 개인 맞춤형의 영역에서 이루어질 것으로 보인다. 이런 양상은 특히 주요매체에 광고를 싣기 어려운 소규모 미디어 시장에서 두드러지게 나타나리라 예상된다.

빅데이터는 사용자보다는 제작자와 서비스 제공자의 입장에서 더 큰 효용성을 가질 수 있다. 우선 사용자의 사용 방식을 좀 더 정밀하게 추적할 수 있다. 대표적으로 구글 애널리틱스 사용자 기록 분석이 있다. 구글 애널리틱스 도구는 웹페이지를 방문한 사용자로부터 가져올 수 있는 모든 정보를 가져온다. 언제 어디서 어떤 페이지에서 이동해 왔는지를 기록하는 종전 로그 서비스의 기본 기능은 물론, 어떤 운영 체제와 어떤 브라우저를 사용했는지, 화면 해상도는 얼마나 되는지, 페이지 체류 시간은 얼마나 되는지 등 다양한 측면을 기록한다. 구글 애널리틱스는 이런 정보를 종합적으로 모아 사용자들이 주로 방문하는 흐름도를 제공한다.

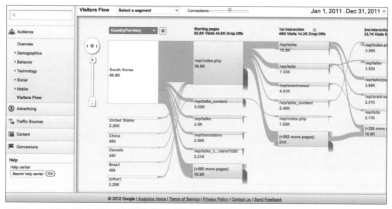

그림 2-7 구글 애널리틱스를 활용해 확인한 2011년 한 해 동안 특정 홈페이지의 방문자 흐름
도. 웹페이지를 방문한 사용자로부터 가져올 수 있는 정보를 종합적으로 수집, 사용자가 어디
에서 시작하고 어떤 단계를 거쳤는지 흐름도로 보여준다.

　빅데이터 분석의 효과가 두드러지게 드러나는 영역은 단연 마케
팅이다. 80~90년대 이후 TV가 빠르게 보급되면서 매스미디어 광고
는 당연한 것으로 인식되어 왔다.[24] 이와 대비되는 바이럴 마케팅Viral
marketing이라는 완전히 사적Private이고 신뢰Reliability에 기반한 방식의
마케팅을 디자인하는 것이 중요하게 대두되었다. 빅데이터 분석은
바로 이러한 대규모 마케팅 행위를 개별 사례 단위로 추적할 수 있게
해 준다.

　또 다른 영역으로 소셜 네트워크 분석의 대표적인 활용사례로 꼽히
는 질병 확산 관리와 범죄 프로파일링, 사기 적발 등이 있다. 질병은 주
로 보균자 접촉이나 매체를 통해 이뤄지며, 이 과정을 추적해 가면 최
초 발병자와 발병 원인을 찾을 수 있고 확산 정도를 비교적 정확하게
예측할 수 있다. 이와 관련한 대표적인 연구 조직은 미국의 질병통제

예방센터CDC, Centers for Disease Control and Prevention이다. CDC는 90년대 중반부터 자체 연구센터를 두고 이를 연구해 왔다.[25] 예전부터 범죄 수사에 있어 꼭 빠지지 않는 것이 계좌추적, 관련자 심문, 통신 내역 검사다. 근본적인 아이디어는 크게 다르지 않다. 다만, 일일이 수작업으로 진행하던 대부분의 작업을 시스템적으로 종합 검토한다는 것이 다르다.[26] 미국은 이러한 데이터 검토를 통해 시험의 부정행위 교사를 적발하기도 했으며, 영국에서는 이러한 분석을 활용한 테러 방지 시스템을 적용했다.

구글이 제공하는 독감 트렌드(www.google.org/fluetrends)는 검색어를 지표로 활용해 분석 결과를 제공하는 살펴볼만한 사례다. 구글 검색 데이터를 활용해 현재 독감 유행 수준을 실시간으로 예측하는 서비스로 특정 검색어를 처리해 패턴을 보여주고 있다. 독감flu이라는 단어를 검색하는 사람이 모두 아픈 것은 아니지만, 독감 계절엔 관련 검색어가 많아지는 경향이 있음을 확인했고, 빈도를 계산해 어느 지역에서 독감이 얼마나 유행하는지를 예측하게 되었다. 물론 이는 새로운 시스템으로서 보완할 점이 적지 않겠지만, 대부분의 보건 기구가 일주일에 한 번만 업데이트하는 것과 달리 구글은 매일 새롭게 업데이트되는 독감 유행 정보를 google.org를 통해 제공함으로써, 기존 시스템의 보완재로 충분한 역할을 하고 있다. 이와 같이 실제로 수많은 데이터 속에서 어떠한 특정 패턴을 찾아 이를 통해 변화를 예측하고 판단의 근거로 사용하는 일은 다양한 영역에서 활용되고 있다.

그림 2-8 구글은 검색 데이터를 사용해 독감 유행 수준을 예측하는 독감 트렌드를 제공한다. 이처럼 검색어를 활용해 현상을 파악하고 예측하는 일은 다양한 곳에서 활용되고 있다.

마지막으로 빅데이터의 효과가 가장 크게 나타날 수 있는 분야가 사실상 미개척 상태로 놓여있는데, 바로 공공분야다. 무엇보다 개인정보를 합법적으로 가장 많이 보유하고 있고, 가장 많이 수집해야 하며, 가장 확실한 정보를 갖고 있는 집단은 민간기관이 아닌 정부다. 공공정부에서 데이터를 공공 서비스에 활용할 수 있다면 이것은 무척 강력해진다.

2010년 3월 15일, 미국 연방정부 주관 하에 정부의 각 부처 데이터를 통합해 제공하는 사이트 data.gov가 출범했다(www.data.gov). 그 이

전에도 주, 시, 혹은 관계 부처마다 데이터를 공개해왔지만, 데이터를 찾아가는 방식, 데이터의 형식, 공개 정도 등에 있어서 많은 차이가 있었다. 단순히 데이터가 존재한다거나 공개돼 있다는 사실은 크게 중요하지 않다. 중요한 점은 데이터를 원하는 사람이 데이터에 실제로 접근해서 활용할 수 있는가 하는 점이다. 그런 면에서 data.gov의 모델은 훌륭한 결과를 보여줬다. 개발자를 위한 공개 API를 마련해서 원하는 대로 끌어다 쓸 수 있게 한 것이다. 2012년 2월 현재 1,000개가 넘는 공공/상용 애플리케이션이 data.gov의 데이터를 활용하고 있다.

미국 연방정부의 시도가 최초는 아니다. 그 이전에도 UN 데이터(http://data.un.org/), 갭마인더(http://www.gapminder.org) 등이 있었다. 공공 데이터를 공개함으로써 투명성과 효율성을 높일 수 있다는 인식은 전 세계에 퍼지고 있다. 국내에서도 이에 발맞춰 서울시(http://data.seoul.go.kr/)를 필두로 공공 기관의 데이터 공유가 늘어나고 있는 추세다. 과거는 물론 2010년 초반에 비해서도 괄목할 만한 변화가 이루어졌고 또 진행되고 있다. 하지만 여전히 개별 기관의 관점 중심으로 데이터를 공유하며 데이터의 형식화나 API 지원 등에서 활용성이 떨어지는 등 앞으로도 발전시켜 나갈 여지가 많이 남아 있는 게 현실이라 하겠다.

정부에서 민간으로 내려오는 흐름만큼, 민간에서 정부로 이어지는 흐름 역시 다양한 방법으로 가속화되고 있다. 미국 보스턴 시는 공공시설 복구 공사가 필요한 위치를 모바일 앱으로 전송받아 처리한다.[27] 아이폰의 마이길버트myGilbert 앱은 민간에서 제작한 앱으로, 미국의 아

리조나 주 정부에서 해당 데이터를 공공 서비스 제공용으로 활용하고 있다.[28]

그림 2-9 아리조나 주의 도시 길버트가 스마트폰 앱으로 재탄생했다. 이 앱은 주민들이 시위 위원회와 타운 매니저들과 쉽게 소통할 수 있도록 사진과 함께 간단한 메시지를 보낼 수 있게 만들어졌다.

　샌프란시스코에서는 복잡한 도로변의 주차 미터기에 조금 더 비싼 가격의 요금을 책정하고 스마트폰으로 도로별 요금상황을 한눈에 확인할 수 있게 정보를 공개했다. 복잡한 교통체증 해소에 도움이 되면서 사용자들도 주차를 더 싸고 편하게 할 수 있어 시민과 주정부 모두 만족스러운 상황이 연출됐다.

　이렇게 실생활에 도움이 되는 서비스들이 빅데이터를 타고 모든 도시들로 퍼져나갈 수 있을 것 같지만 여기에는 몇 가지 어려움이 존재한다. 첫 번째는 부처 간의 관계 때문에 정보 공조가 원활하지 않다는 점이다. 단편적인 데이터만 있을 때엔 큰 의미를 갖기 어렵다. 민간 데이터 분석에서도 가장 어려운 부분 중의 하나가 바로 종합적인 데이터 수집과 통합이다. 예를 들어 사람마다 페이스북으로 연결된 친구와 트위터로 맺고 있는 친구, 그리고 카카오톡으로 맺고 있는 친구의 목록이 서로 다르다. 중첩될 수도 있고, 서로 맞지 않을 수도 있다. 그리고 얼마나 친한지, 어떤 관계에 있는지, 얼마나 신뢰할 수 있는지 각각의 서비스에 따라 쉽게 구분되고 분류될 수 있는 것도 아니다.

두 번째는 특히 국내 환경에 해당하는 내용으로 대다수 공공기관은 데이터 공유에 그리 열성적이지 않다는 점이다. 미국과 영국의 경우 일찍부터 정부가 수집한 통계 데이터를 일반에 공개하고 있다. 이러한 대표 데이터 제공 사이트는 API를 함께 제공해서 민간에서 정부 운영의 데이터를 투명하게 확인하는 데 큰 도움을 주고 있다.

이처럼 부처 간의 원활한 정보 공조와 적극적인 데이터 공유에 대한 어려움이 해결된다면 본격적인 빅데이터 시대가 도래한 뒤엔 공공분야에서 많은 변화를 목격할 수 있게 될 것이다.

글로벌 기업들의 움직임

구글, 오라클, IBM 같은 거대한 기업이 수많은 기술 기업을 인수 합병하는 일은 어제 오늘의 일이 아니다. 이들 글로벌 기업은 전략적으로 필요한 기술이 있을 때, 해당 기술을 보유한 상대적으로 작은 기업을 전략적으로 인수 합병하는 경우가 많다. 따라서 이들이 어떤 기업을 인수했는지 살펴보면, 최근 어떤 변화가 다가오고 있으며 또 이를 위해 어떤 전략을 구성하는지 역으로 되짚어 볼 수 있다.

2008~2011년까지의 인수 합병 기록을 보면, 이들이 주목하는 전략적 키워드는 단연 빅데이터라는 사실을 어렵지 않게 유추할 수 있다.

표 2-1 2008~2016년 IBM의 주요 인수합병 기록
(출처: 위키피디아 http://en.wikipedia.org/wiki/List_of_mergers_and_acquisitions_by_IBM)

시기	대상 기업	전문 분야
2008. 1	Cognos	사업 전략
2009. 7	SPSS Inc.	통계 분석 소프트웨어
2010. 5	Sterling Commerce	비즈니스 통합 소프트웨어
2010. 9	Netezza	데이터 웨어하우스 구축/관리
2010. 10	PSS Systems	법률적 리스크 관리
2011. 3	Tririga Inc.	설비/부동산 관리
2011. 8	i2 Limited	지능 분석 시스템
2011. 12	DemandTec	클라우드 기반 리테일 시스템
2013. 6	SoftLayer Technologies	클라우드 컴퓨팅 인프라
2013. 10	The Now Factory	모바일 네트워크 빅데이터 분석
2014. 2	Cloudant.Inc	서비스 방식 데이터베이스
2014. 4	Silverpop Systems Inc.	행동 기반 마케팅 자동화
2015. 3	AlchemyAPI	빅데이터 자연어 처리
2015. 3	Blekko	웹 검색 엔진 및 인지 컴퓨팅
2015. 4	Explorys	헬스케어 분석
2015. 6	Bluebox	개인용 클라우드 서비스
2015. 7	Compose Inc.	서비스형 데이터베이스
2015. 8	Merge Healthcare Inc.	의료용 이미지 소프트웨어

2015. 10	The wather company digital assets	온라인/모바일 제품에 의한 기후 데이터 수집/분석
2015. 11	Gravitant Inc	클라우드 중개 소프트웨어/클라우드 관리
2016. 1	Iris analytics	실시간 부정 거래 적발
2016. 2	Truven Health Analytics	클라우드 기반 의료 데이터 제공, 분석

IBM은 2000년대 초반부터 데이터 수집, 분석 기술을 보유하기 위해 다양한 노력을 해왔다. 자체적으로 연구 시설(벨 연구실Bell Lab)을 갖고 있으면서도, 통계 분석 소프트웨어 기업인 SPSS, i2를 합병한 사실은 주목할 만하다. 또 클라우드 기술과 기업용 대규모 데이터 시스템 구축했을 뿐 아니라 법무와 부동산 분야의 기업이 포함된 점 또한 특징이다.

2013년 이후로는 기후 데이터, 클라우드 네트워크 인프라의 보안 솔루션 및 데이터베이스 기업도 있으나 가장 많은 숫자를 차지하는 것은 헬스케어 시스템이다.[29] 2010년 초반까지는 엔터프라이즈용 통합 전력 분석 시스템 구축 관련 인수 합병 내용이 많았던 것으로 이야기 됐다. 하지만, 2015년 이후 헬스케어를 차세대 인공지능-데이터 분석의 주력 분야로 결론 내린 듯한 행보를 보인다.[30]

표 2-2 2010~2016년 오라클의 주요 인수합병 기록
(출처: 위키피디아 http://en.wikipedia.org/wiki/List_of_acquisitions_by_Oracle)

시기	대상 기업	전문 분야
2010. 1	Sun Microsystems	컴퓨터 서버, 스토리지, 네트워킹
2010. 5	Pre-Paid Software	금융 결제 시스템
2010. 10	Art Technology Group	인터넷 쇼핑 서비스 공급자
2011. 10	RightNow Technologies	클라우드 기반 CRM
2011. 10	Endeca	인터넷 쇼핑 & 비즈니스 전략
2011. 6	FatWire Software	웹콘텐츠 관리(WCM), 웹경험 관리(WEM)
2013. 10	Compendium	클라우드 기반 컨텐츠 마케팅
2013. 10	BigMachines	클라우드 기반 CPQ 소프트웨어
2013. 12	Nirvanix	클라우드 기반 스토리지 서비스
2013. 12	Responsys	클라우드 기반 엔터프라이즈 이메일 마케팅 소프트웨어
2014. 2	BlueKai	클라우드 기반 온/오프라인 모바일 마케팅 개인화 빅데이터 플랫폼
2014. 12	Datalogix	데이터 중개/디지털 마케팅
2015. 8	Maxymiser	클라우드 기반 웹/앱 마케팅 테스트/타게팅/개인화
2015. 12	StackEngine	도커(Docker) 기반 애플리케이션 개발 관리 소프트웨어
2016. 1	AddThis	미디어 웹 추적 기술
2016. 4	Textura	SaaS 소프트웨어 제작 및 관리

오라클의 인수 합병에서 가장 눈에 띄는 부분은 단연 2010년에 이루어진 썬 마이크로시스템스 합병이다. 그 밖에도 많은 서버 시스템, 웹콘텐츠 플랫폼 서비스들을 합병한 것으로 알려졌다. 오라클은 본래 기업용 데이터베이스 솔루션에 특화된 기업이다. 하지만 지금까지의

내용을 살펴보면 웹서비스 구축을 위한 플랫폼 공급자의 역할로 점차 위치를 옮겨갈 것으로 보인다. 실제로 2013~2014년 진행된 합병 내용은 상당수 마케팅과 CPQ^{Configure, Price, Quote}(기업체에서 제품/서비스의 가격을 설정하기 위한 최적화 솔루션), 유틸리티 관련 기업체를 대상으로 한다. 또한 2015년부터는 소프트웨어의 제작과 배포에 필요한 기반 도구와 서비스를 제공하고 있다.

IBM과 오라클 같은 기업용 솔루션 사업을 하던 주요 업체들은 기존의 보유 제품과 인적 역량은 물론, 데이터 관련 벤처 기업들을 인수하고 결합해 빅데이터 분석 솔루션을 빠르게 시장에 소개하고 있다. 이를 통해 기존 고객들의 인프라 재구축과 시장 확보를 유도한다. 경쟁 우위를 확보하기 위한 인수합병은 한동안 지속될 것으로 보인다.

___ 클라우드 컴퓨팅에 주목하는 또 다른 이유

네트워크상의 정보를 효율적으로 다루고 필요한 내용을 빠르게 찾아내야 한다는 측면에서 클라우드 컴퓨팅과 빅데이터는 유사점이 있다. 빅데이터의 기반이 되는 데이터 저장이 급증하면서 저장 공간에 대한 한계를 극복하는 일은 무엇보다 중요한 일이 됐다. 이러한 상황에서 클라우드 컴퓨팅은 저장 공간의 한계를 극복해 빅데이터를 더욱 효과적으로 활용하기 위한 기반이 될 수 있다는 측면에서 상호 중요한 연결고리를 갖는다. 그래서 빅데이터 시대를 더 깊이 있게 조망하기 위해서는 클라우드 컴퓨팅에 대해 확인해보는 일이 필요하다.

클라우드 컴퓨팅이란 어떤 것일까? 애플은 2011년 아이클라우드 iCloud 서비스를 런칭하면서 클라우드 기반 서비스가 새로운 쟁점이 되리라 밝힌 바 있다.[31] 사실 클라우드는 90년대 중반부터 널리 알려진 기술이다. 그렇다면 클라우드란 무엇이고 어떤 가치가 있기에 빅데이터의 시대에 주목받고 있는 것일까?

결론을 먼저 말하자면, 90년대에 이야기하던 클라우드와 2000년대 중반에 이야기하던 클라우드, 그리고 2010년대에 이야기하는 클라우드는 조금씩 다르다. 그 근간에 있는 클라우드 시스템Cloud system이라는 기술의 의미는 크게 다르지 않지만 어떤 관점에서, 어떤 가치를 위해, 어떻게 활용하는가에는 큰 차이가 있다.

시대별 클라우드 용어의 변화

1990년대의 클라우드 컴퓨팅이란 연결된 여러 컴퓨터를 마치 한 대의 컴퓨터처럼 활용하는 기술을 의미했다.[32] 그런 측면에서 가장 대표적인 클라우드 컴퓨팅으로 인터넷을 들 수 있다.[33]

인터넷은 어마어마한 숫자의 컴퓨터들이 서로 연결된 거대한 시스템이다. 이 거대한 시스템에는 구체적인 실체가 없다. 즉 한 곳을 마비시켰을 때 인터넷이라는 전체 시스템을 마비시킬 수 있는 급소는 없다는 의미다. 인터넷은 여러 컴퓨터가 상호 의존적으로 연결된 거대한 서비스지만, 우리가 웹 브라우저를 열고 인터넷 서핑을 할 때엔 마치 하나의 기계에 접속해서 파일을 불러오듯 사용하게 된다.

고전적인 관점에서 클라우드 컴퓨팅은 병렬처리 기법의 한 가지 방법이었다. 병렬처리 기법이란, 하나의 컴퓨터에서 처리하기 어려운 복잡한 계산이 필요할 때 여러 대의 컴퓨터를 연결해서 처리하는 방법을 말한다. 이러한 클라우드 기법의 가장 대표적인 사례로 세티@홈 프로젝트를 들 수 있다.[34]

세티 프로젝트는 참가자가 자신의 컴퓨터에 프로그램을 설치하면 사용자가 컴퓨터를 사용하지 않을 때의 유휴 자원을 활용해서 외계인 탐색을 위한 계산을 실행한다. 그러나 이러한 방식의 클라우드 시스템은 그저 하나의 관점으로 여겨졌을 뿐 주목받고 실전배치된 경우는 많지 않았다. 계산에 걸리는 시간보다 네트워크를 통해 자료를 전달하는 시간이 훨씬 오래 걸렸기 때문에 효율이 무척 낮았던 점이 그 이유다.

2000년대 초, 클라우드가 다시 한 번 관심 이슈로 떠오르게 된 계기는 하드웨어의 비약적인 발전 덕분이었다. 하드웨어의 처리 속도는 엄청나게 빨라졌지만, 그에 반비례해 가격은 떨어졌다. 그로 인해 그 이전까지 어마어마한 비용을 들여야 만들 수 있던 슈퍼컴퓨터 수준의 컴퓨터들이 데이터 센터에서 발에 채이도록 흔해졌다.

그리고 인터넷 서비스를 제공하는 소규모 영세사업자들은 더 이상 데이터 센터에 자신의 서버를 임대하기 위해 막대한 비용을 지불하고 싶어하지 않았다. 그 대안으로 등장한 것이 클라우드 서버다. 여기서 클라우드 서버(가상화 서버)란, 고성능 컴퓨터를 여러 대 연결해서 하나의 클라우드 시스템으로 만들고 그 안에 많은 숫자의 가상 컴퓨터를 두는 것을 말한다. 덕분에 다양한 사용자가 자신이 원하는 시간에 원하는 만큼의 자원을 저렴한 가격에 얻을 수 있게 됐다.

관련 사례로 2007년 출시된 아마존의 EC2가 널리 알려져있다. 한국에서도 '가상 서버 호스팅Virtual server hosting'이란 이름으로 EC2와 비슷한 서비스를 제공하는 업체가 여럿 있다.

데이터 센터에 서버 한 대를 설치하고 유지하려면 2012년 기준으로 한 달에 10~20만 원의 비용을 들여야 한다. 그러나 서버 한 대에 해당하는 계산 자원이 꼭 필요하지 않은 개인이나 소규모 비즈니스 운영자의 경우 가상 서버 호스팅을 활용하면 한 달에 1만 원 내외의 비용으로 웹서버를 운영할 수 있다.

오늘날 자주 언급되는 애플의 아이클라우드iCloud, 구글 문서Google Docs, 아마존의 킨들Kindle 서비스도 아마존의 EC2 같은 가상화 서비스일까? 기술적인 면에서는 비슷하다. 그러나 활용 목적에 있어서는 완전히 다르다.

애플이나 구글 같은 서비스 공급자는 대규모 클라우드 시스템을 통해 사용자에게 서비스를 제공한다. 사용자는 이를 통해 자신이 갖고 있는 여러 단말 간에 동일한 데이터를 공유할 수 있다.[35] 아마존의 킨들은 초기에 소개된 대표적인 클라우드 서비스다. 2009년 발표된 킨들 소프트웨어는 아마존의 클라우드 서비스에 연결되어 킨들 단말기에서 읽은 내용을 서로 다른 단말(컴퓨터, 스마트폰, 태블릿 등)과 연결했다.

컴퓨터에서 구매한 전자책이 킨들 단말기로 자동 전송돼 이어 읽을 수 있고, 킨들에서 읽다가 북마크Bookmark를 할 경우에 표시해 둔 위치는 스마트폰에서 읽어도 북마크가 표시되어 알 수 있는 식이다.

애플의 아이클라우드도 그와 비슷하다. 맥 컴퓨터와 아이폰, 아이패드, 아이팟 등의 서로 다른 장치에서 콘텐츠(음악, 영상, 전자책, 애플리케이션 등)를 공유해서 쓸 수 있다. 그리고 서로의 사용기록은 하나로 통합돼 기록된다.

구글 문서는 사용자 간 공유 기능을 좀 더 강조한 서비스다. 구글의 클라우드 서비스가 시작된 무렵에는 스마트폰이나 태블릿 장치가 널리 퍼져있지 않았기 때문에, 구글 계정을 갖고 있는 여러 사용자들이 협업하고 정보를 전달할 수 있는 방법으로 널리 사용됐다. 물론 그런 서비스를 제공하기 위해 구글 문서도 클라우드 시스템의 구조를 활용한다.

지금의 클라우드는 빅데이터를 의미한다

그렇다면 지금까지 이야기한 빅데이터 시대에 클라우드 시스템은 어떤 의미가 있어서 이토록 부각되고 있을까? 단순히 저장공간 같은 IT 기반의 측면에서 한 단계 더 나아가 생각해보자. 이 점을 이해하려면 언제 어디서나 같은 내용에 접속해서 활용하는 서비스라는 점에 대해서 다시 짚어볼 필요가 있다.

이해를 돕기 위해 맥 컴퓨터와 아이팟 그리고 아이폰을 갖고 있는 사용자가 아이튠스에서 노래를 구입했다고 가정하자. 이 사람이 언제,

어디서, 어떤 노래를 많이 들었는지 어떻게 알 수 있을까? 클라우드를 활용하지 않았던 과거에는 아이팟이나 아이폰에서 노래를 들었던 다양한 기록은 컴퓨터와 동기화하는 시점에서야 종합해 볼 수 있었다.

하지만 이제는 모든 단말에서 사용자의 활동 내용을 실시간으로 확인할 수 있다. 그리고 이렇게 수집된 데이터는 다시 사용자에게 서비스를 제공할 때 활용되는 중요한 구매 유도 요소가 될 수 있다. 평소에는 락 음악을 즐겨 듣지만 가을만 되면 재즈를 찾는 사용자가 있다면, 가을이 올 때쯤 새로 나온 재즈 앨범을 구입하는 것이 어떻겠느냐고 넌지시 권할 수 있다. 그것도 자동으로 가능해진다.

과거에는 사용자가 물품이나 미디어 콘텐츠 등의 상품에 가격을 지불하고 돌아서는 순간, 그 이후 그 사용자에 대한 데이터는 거의 모을 수 없었다. 언제, 어디서, 어떤 용도로 활용하는지 판매한 사람의 입장에서는 알 수 있는 방법이 거의 없었다.

그러나 오늘날 판매되는 수많은 장치와 기기, 웹사이트 등은 클라우드 서비스를 기반으로 과거와 비교할 수도 없을 만큼 다양하고 많은 정보를 수집해서 판매자에게 전달할 수 있게 됐다. 그리고 판매자는 이러한 정보를 분석하고 종합해서, 자동으로 구매 유도를 하는 분석 서비스를 통해 더 많은 매출과 수익을 올릴 수 있다. 구매자가 원하는 바로 그 상품을 제공할 수 있어 판매자와 구매자 모두에게 혜택을 줄 수 있는 윈-윈 관계의 비즈니스가 되는 것이다.[36]

뿐만 아니라 이러한 빅데이터 활용을 위한 플랫폼의 관점에서도 클라우드 컴퓨팅에 관심을 가질 필요가 있다. 빅데이터 활용을 위한 기반 구축은 생각만큼 간단한 문제가 아니다. 빅데이터 활용에 필요한 전체 인프라를 자체적으로 보유하기 위한 비용과 관리적 요소들은 결코 만만치 않다. 그래서 자체적으로 보유한 서버를 기반으로 운영되는 개별적 빅데이터 솔루션 이외에도 서비스 제공자가 보유한 공통 플랫폼을 기반으로 빅데이터 서비스를 이용하는 방법이 새로이 주목을 받고 있다. 이는 클라우드 컴퓨팅을 기반으로 하며 IBM과 EMC 등이 제안하는 빅데이터를 위한 솔루션보다 저렴하게 활용이 가능하다.

대표적인 예로 구글의 빅 쿼리라는 서비스가 있다. 빅데이터라는 용어가 의미하는 바 그대로 가능한 데이터가 많아야 한다는 관점에서도 개별적 솔루션보다는 서비스 형태가 유리할 수 있지만 이를 위해선 상대적으로 저렴한 비용은 물론 솔루션을 대체할 수 있는 성능의 확보가 우선돼야 할 과제로 보인다.

넘치는 데이터 시대, 전략적 방향성이 필요하다

폭발하듯 증가하는 데이터를 분석해 그동안 알지 못한 새로운 내용이나 확인하기 어려웠던 부분에 대한 인사이트를 얻는 일이 중요해졌고 또한 가속이 붙고 있다.

특히 소셜 미디어를 기반으로 온라인상의 네트워크가 강조되고 그 안에서 활동하는 일이 일상화되면서 기존 방식으로는 고객으로부터 얻기 어려웠던 개인적인 정보와 생각 그리고 감정 등이 포함된 내용을 얻을 수 있어 기업과 조직에 더욱 새로운 가치를 제공한다.

개인에 대한 축적된 정보와 현재 상황에 대한 파악이 가능하다는 부분은 목표 대상으로 하는 소비자군은 물론 개인별 고객에 이르기까지 최적화되고 특화된 서비스를 가능하게 할 수 있어 특히 주목받고 있다. 뿐만 아니라 기존 매체를 통해 주목받지 못한 내용이라 하더라도 소셜 미디어를 통해 재조명받는 경우가 흔해졌다. 결국 이처럼 다양한 내용들을 확인하고 정보를 얻기 위해 기업 역시 소셜 미디어에서 일어나는 활동에 집중하는 모습을 보이면서, 소셜 미디어는 빅데이터를 만들고 다시 빅데이터는 소셜 미디어를 활성화시키는 순환 구조의 모습을 띠게 됐다.

현상이 이렇다면 과연 우리가 한 걸음 더 나아가 집중해야 할 부분은 무엇일까? 물론 대부분의 경우 앞으로 무엇을 어떻게 해야 할지에 대한 방향성을 얻고자 할 것이다. 그런 관점에서 풍부한 데이터를 기반으로 다양한 요인의 상관 관계를 파악해 여러 가지 시나리오와 그 결과를 신속하게 제공할 수 있는 빅데이터 분석 기반의 전략적 의사결정은 분명 중요한 변화다. 뿐만 아니라 복잡하고 불확실한 상황에서 더욱 정확한 선택이 필요한 의사결정을 할 때, 기존 방법의 보완재로 빅데이터 기반의 분석 결과를 판단 근거로 제공할 수 있다는 점은 더욱 현명한 의사결정에 도움을 줄 수 있다. 소셜 기반의 정보 활용, 고객 실시간 파악을 기반으로 한 마케팅과 홍보 전략 구현, 물류 최적화와 재고 효율화 같은 운영 측면의 대응 등은 데이터를 기반으로 분석돼 판단의 근거를 제공해 현상을 정확하게 바라보게 할 뿐 아니라 관련 대안까지 제공받을 수 있다. 이러한 이유로 빅데이터 시대의 도래는 전략적 의사 결정에 새로운 변화를 가져오고 있다.

이제 세상은 네트워크와 모바일 기기를 통해 소통하고 공유하면서 시간과 장소의 구분이 희미해지고 있으며, 고객은 더 똑똑해졌을 뿐 아니라 제품 차별화는 더욱 어려워지면서 감성적인 부분이 좀 더 강조되고 있다. 많은 변화를 바탕으로 빠른 속도로 움직이는 시장 환경 속에서 기업과 조직들이 방향성을 찾기가 쉽지 않아졌다는 점만은 분명해 보인다. 과연 이런 환경 속에서 사람들을 어떻게 사로잡을 수 있을까? 빅데이터를 기반으로 더 급격히 변해가는 상황에서 우리는 어떻게 대응할 수 있을까?

결국 중요한 것은 빅데이터나 소셜 네트워크 그 자체가 아니다. 이는 새로운 변화의 기반에 불과하기 때문이다. 정말 중요한 점은 기업이나 조직이 원하는 방향으로 이를 활용한 비즈니스 모델을 만들고 적용해 원하는 목표를 이루는 것이다. 앞에서 살펴본 것처럼 데이터를 분석하고 활용하려는 노력은 기존에도 지속적으로 행해졌지만 네트워크와 소셜을 통해 빠르게 변화를 맞이하고 있다. 우리는 그에 대한 대응을 해야 하며, 빅데이터와 소셜 네트워크를 어떤 방향성을 가지고 어떤 방법으로 활용해 변화에 적합한 비즈니스 모델을 찾아낼 수 있을지에 대해 전략적인 관점에서 접근해야 하는 새로운 숙제가 주어졌다.

물론 해결책은 여러 가지가 있을 수 있다. 여기에선 그 핵심 가치를 소셜을 기반으로 하는 '경험 전략'이라는 방향을 제안했다. 이는 빠르게 변화하는 시장 환경과 그 안의 고객에게 적극적으로 다가설 수 있는 방법일 뿐만 아니라 최근 많은 사례를 통해 확인할 수 있는 내용이다. 더욱 명확히 내용을 살펴보기 위해 사회, 네트워크, 콘텐츠 플랫폼, 마케팅, 비즈니스로 구분지어 영역별로 무엇이 필요하고 이미 어떤 변화의 활동들이 시작됐는지 확인하려 한다. 지금부터 소개할 내용을 통해 알고 있던 부분엔 더욱 집중하고 그렇지 않은 부분엔 새로운 관심을 가지는 계기를 마련해 볼 수 있을 것이다.

전략의 적용을 위해 반드시 고민해야할 내용

실제 비즈니스에 데이터 분석 기반의 경험 전략을 적용하려 한다면 많은 고민이 필요할 것이다. 우선 누구를 위해 무엇을 할지 분명한 계획을 수립해야 한다. 사내 운영을 위한 것인가? 고객 서비스를 위한 것인가? 고객 서비스라면, 현재의 고객군인가, 확대하려 타겟하고 있는 고객군인가? 또, 단발성인가, 주기적인가, 장기적인가? 이러한 많은 부분을 고민하고 이에 기반한 계획을 수립한 후에 어떤 방법을 적용할지 고려할 수 있다.

특히 전략 도출을 위한 데이터 분석을 어떻게 해야 하는지는 대다수에게 낯선 분야일 수 있다. 이를 해결하기 위한 방법은 예상할 수 있듯이 크게 몇 가지 방향성을 가질 수 있다.

우선 직접 데이터를 분석하고 해석할 수 있는 인력을 채용하고 조직을 만들어 시스템을 직접 구성해 비즈니스에 반영하는 것이다. 철저한 보안이 필요한 경우, 필요한 솔루션이나 서비스를 찾기 어려운 경우, 또는 장기적이고 지속적으로 진행할 경우에 고려해야 한다. 그러나 데이터, 경험, 전략의 세 분야에서 각기 적합한 전문가를 영입해야 하고, 그들을 조직적으로 관리 및 운영해야 하는 점이 어렵다. 결국 비용 역시 가장 많이 든다.

다음으로, 이미 나와 있는 솔루션 및 서비스를 활용하는 방법이 있다. 분석 솔루션은 소프트웨어 중에서도 가장 비싼 편에 속하지만, 그 중에는 R이나 싸이토스케이프처럼 오픈소스로 제공되는 도구들도 있다. 그러나 이러한 솔루션은 글자 그대로 도구에 불과하다. 결국 도구를 활용하고 이를 제대로 해석해 줄 최소한의 전문 인력은 자체적으로 보유해야 한다. 주기적으로 실행해야 하는 경우에 적당할 것이다.

마지막으로, 외부 전문 업체의 도움을 받는 방법이 있다. 국내에도 데이터 수집 및 분석과 해석을 위해 고려해볼 수 있는 전문기업들이 존재한다. 반드시 장기적으로 실행해야 할 필요가 없고 우선 단기적인 적용을 고려한다면, 비용이나 인력운영에서 가장 효율적인 방법이 될 수 있으며 외부의 입장에서 바라본 비교적 객관적인 인사이트를 얻을 수 있다는 장점이 있다.

고전적인 통계 분석 도구에는 SAS, SPSS 같은 상용 솔루션이 있다. SAS 와 SPSS는 기업용 솔루션으로 성격이 비슷하고, 가격이 비싸다. 그에 반해 R(www.r-project.org)은 오픈소스로 무료 활용이 가능하다는 장점이 있다.

네트워크 분석 도구는 UCINet, NetMiner 등과 같이 상용도 있지만, 아직은 학술적 목적을 위한 성격이 강한 오픈소스 도구 시장이 강력한 편이며 대표적으로 싸이토스케이프(Cytoscape, www.cytoscape.org)가 있다. 그보다 더 오래된 소셜 네트워크 분석 도구로 파옉(Pajek, vlado.fmf.uni-lj.si/pub/networks/pajek)이 있고, 후발주자로 네트워크 워크벤치(http://nwb.cns.iu.edu/) 등이 있다.

사실 데이터의 단순 분석을 위해서라면 마이크로소프트 오피스의 엑셀 같은 일반적인 스프레드시트 도구도 많이 활용되는 편이다. 하지만 어떤 분석을 어떻게 해야 할지 시작하기에도 어려움이 있다면? 어떤 데이터를 수집해야 하는가부터 막막하다면? 이런 경우 다행히 국내외 다양한 데이터 마이닝-분석 컨설팅을 제공하는 전문 업체들이 있으니 참조하면 도움이 될 것이다. 해외 유명 기업에는 IBM, 액센츄어 등이 있고, 국내에도 아르스프락시아(구 트리움)(http://arspraxia.com 시맨틱/소셜네트워크), 사이람(www.cyram.com 소셜네트워크/데이터 마이닝), 씨날(www.seenal.com 데이터 마이닝/소셜 프로파일), EC마이너(www.ecminer.com 데이터 마이닝/해석), 솔트룩스(www.saltlux.com 데이터 마이닝) 등이 있다. 회사마다 전문 분야가 조금씩 다르기 때문에 자신의 필요에 맞는 정확한 선택이 물론 중요하다.

3장

소셜 경험 in 사회

___ 어떤 후보자가 당선될까?

선거 결과는 그 시기의 분석 방법과 흐름을 보여주는 가장 극명한 사례 중 하나다. 미국에서 있었던 케네디와 닉슨의 대통령 선거에서 실시했던 조사에 대해 살펴보자.

1960년 미국 대선에서 민주당의 케네디와 공화당의 닉슨이 대결했는데, 전화, 우편, 방문조사를 이용한 대부분의 설문조사 결과에서 닉슨이 근소하게 우세한 것으로 나타났다. 당시 케네디의 승리를 예상했던 조사 결과는 갤럽의 출구조사밖에 없었다. 갤럽의 출구조사는 여타 설문조사에 비해 10분의 1 가량에 불과한 사람을 대상으로 실시됐고, 대부분의 사람들이 이 결과를 개표가 끝나는 시점까지 적은 샘플 때문에 발생한 편향적인 결과로 생각했다. 하지만 당시 선거 결과는 우리가 익히 알고 있듯, 갤럽이 옳았다.

이유는 크게 두 가지로 볼 수 있다. 첫째, 당시 전화를 보유하거나 우편을 받을 수 있는 사람은 주로 중산층이나 그 이상의 소득 수준에 있는 그룹이었다. 때문에 상대적으로 공화당 지지율이 높았다. 반면에 민주당을 지지하는 빈곤층은 전화와 우편을 받지 못한다는 이유로 통계 대상에서 거의 제외될 수밖에 없었다. 둘째, 여타 설문조사의 대상이 숫자는 많다고 하나, 샘플 추출 과정에 있어서는 엄밀하게 이야기해서 보수층에 유리한 편향된 그룹이었다. 요리의 간을 보는 행위로 비유하면 미처 풀어지지 않은 소금덩이를 씹고 국이 짜다고 하는 것과 마찬가지였던 셈이다.

정확한 출구조사를 위해 갤럽은 대상군을 정밀하게 구분했다. 실제로 선거를 마치고 나오는 사람들을 대상으로 펼친 조사였기 때문에, 글자 그대로 모든 종류의 유권자를 대상으로 조사할 수 있었다. 갤럽은 대상군을 연령, 소득수준, 인종, 종교 등 다양한 분야의 대표적인 인물로 엄밀한 기준에 의해 수천 명 선발했고, 그에 따라 수천 명의 샘플로 수만, 수십만의 샘플 조사보다 정확한 결과를 이끌어 낼 수 있었다.[1] 정확한 정보를 바탕으로 만드는 판단이 중요한 이유다.

변화는 시작됐다

변화는 시작됐다. 하지만 그만큼 우리도 빨리 변해 왔기 때문에 그것이 얼마나 큰 변화인지 알기 어려운 경우가 많다. 최근 변화된 모습 중하나가 길거리에서, 버스 정류장에서, 카페에서, 심지어 강의실에서도 언제 어디서나 스마트폰을 바라보는 사람을 쉽게 찾아볼 수 있다는 사실이다.

언제부터 그랬을까? 방송통신위원회 자료에 따르면, 전체 스마트폰 가입자 수가 1,000만을 돌파한 시점은 2011년 3월이라고 한다. 같은 해 10월, 이 숫자는 다시 두 배로 늘어난다. 2011년 12월엔 국내 이동통신 3사 합계 5,300만 대의 모바일 가입 기기 중 스마트폰이 2,250만 대로 그 비중은 40%를 넘는다. 그 1년 전만 하더라도 비중은 13%에 불과했다.[2]

기술의 변화는 다양한 행동의 변화와 그로 인한 가치의 변화를 유도하게 된다. 그리고 이러한 변화 속에서 사회 또한 새로운 변화를 가질 수 있게 된다. 세계적인 변화에서는 물론 국내에서도 이러한 부분은 마찬가지다. 구리선이 인프라의 기반이 되고 매스미디어가 미디어의 전부이던 시절의 정치 사회 상황은 많은 사람이 스마트폰을 보유한 지금의 정치 사회 상황과는 같을 수가 없다.

무엇이 달라졌고, 어떻게 대처해야 할까? 기술이 발전해도 소통의 기본적인 원칙은 쉽게 변하지 않는다. 일방적이거나 불필요한 외침에 귀를 기울이는 사람은 없다. 타인에게 자신의 주장을 설득시키려면 그들의 상황을 배려하는 유연함과 진정성 있는 접근이 필요하다. 스마트폰과 사용자들에 대한 좀 더 깊은 이해가 수반되어야 변화를 이끌어낼 수 있다.

현대 민주주의의 아고라

2008년 미국 대통령 선거가 전 세계적으로 크게 주목받았던 이유는 역사상 처음으로 미국에서 흑인 대통령이 당선될 가능성이 높았기 때문이었다. 그와 함께 버락 오바마^{Barack Obama}의 선거활동에도 큰 관심이 모아졌는데, 전통적인 선거활동과 함께 트위터, 페이스북 등 소셜 미디어의 적극적인 활동이 추가된 데에 많은 매체들이 주목했다. 물리적으로 소통할 수 있는 공간이 아니더라도 다수의 사람들과 실시간으로 소통할 수 있는 새로운 커뮤니케이션 수단의 활용은 이후 정치활동에 빠질 수 없는 요소가 됐다.

고대 그리스의 민주주의는 아고라^{Agora}라는 광장에서 연설을 하고 지지를 받는 형태로 이뤄졌으며, '광장 민주주의'라고 불리기도 한다. 현재는 더 이상 물리적으로 특정 공간에서 대다수 사람들이 모여서 의견을 공유할 수 없기에 의회 민주주의라는 대표자 형태로 변형됐다.

여전히 특정 장소에서 연설을 하고 공약을 이야기하는 정치인의 모습은 변하지 않았지만 그 장소에서 직접 들을 수 있는 사람 수는 한정되어 있다. 따라서 현장에 있지 않았던 가능한 한 많은 사람들에게 주장하는 바를 전달하기 위해 다양한 대중매체가 적극적으로 사용돼 왔다. 신문과 라디오와 TV는 그러한 목적을 돕는 매체로서의 기능을 예로부터 수행해왔다. 최근 인터넷 시대에 접어들면서부터 사람들은 자신이 전달하고 싶은 바를 특정 장소나 시간에 구애받지 않고 전달할 수 있게 됐다. 뿐만 아니라 최근 각광받는 스마트 기기와 소셜 미디어를 활용해 일방적인 전달이 아닌 더욱 다양한 유권자들과 실시간으로 상호 의사소통을 할 수 있는 더 나은 환경이 마련됐다. 매체와 도구 모든 측면에서 지속적으로 새로운 변화의 시도가 일어나고 있다.

정치인들에게는 거리와 시간이라는 물리적인 장벽을 넘어 더 많은

사람들에게 자신의 목소리를 효과적으로 전달하고 들을 수 있는 수단
이 생긴다는 사실은, 그 자체로 권력으로 이어질 수 있는 기회가 마련
되고 있다는 의미다. 때문에 이러한 변화가 먼저 시작됐던 미국은 물
론, 최근 한국 정치에서도 소셜 미디어의 중요성은 점점 커지고 있다.
2010년 지방선거에서 최초로 트위터에서 선거 인증샷이 등장한 이래
로 2011년 10월 26일에 치러진 서울시장을 포함한 재보궐 선거에서
전면적으로 그 중요성이 대두되기 시작했다.

2011 서울시장 보궐선거의 특징 1: 네트워크

트위터에서 박원순 후보의 네트워크는 나경원 후보의 네트워크보
다 양과 질 모든 면에서 우세했다. 2011년 10월 17일 조사시점 기
준으로 당시 박원순 후보의 팔로워 수는 15만 2,000명, 나경원 후보
의 팔로워수는 5만 4,000명으로 집계됐다. 박 후보의 네트워크 규모
가 나 후보의 네트워크보다 대략 3배 정도 컸던 것인데, 실질적인 규
모차이는 이보다 훨씬 컸다. 박 후보의 네트워크가 더 넓고 촘촘했기
때문이다.

　박 후보의 네트워크는 시사논객부터 연예인까지 트위터에서 강한
영향력을 행사하는 파워트위터러부터 일반 사용자까지 박 후보를 지
지하는 각계 각층의 유저들로 구성돼 있었을 뿐 아니라, 이들끼리의
연결 정도와 소통 정도 역시 높았다. 박 후보의 팔로워들은 서로 팔로
잉-팔로워 관계를 맺으며 서로의 의견을 리트윗해 지지세를 불려갔
다. 반면 나 후보의 네트워크는 좁고 헐거웠다. 나 후보의 네트워크에

는 파워트위터러가 없었고, 지지를 적극적으로 표명하는 일반 사용자도 드물었다. 팔로워들 간 연결 정도나 소통 정도 역시 약했다. 팔로워들끼리는 연결돼있지 않았고 상호 커뮤니케이션도 적었다. 이는 박 후보의 투표독려 멘션이 1,000여 건의 리트윗을 기록한 반면 나 후보의 멘션은 200여 건에서 그친 데에서 단적으로 드러난다.

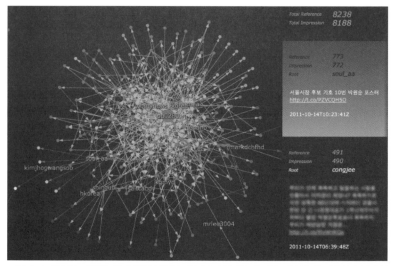

그림 3-1 2011년 재보궐 선거 당시 박원순 후보의 팔로워 네트워크 분석. 유명인부터 일반인까지 다양한 유저들이 촘촘하게 연결돼있다. 이 시기 가장 많은 리트윗(773건)을 유발한 유저는 파워트위터러가 아니라 팔로워가 50명뿐인 일반 유저였는데, 이 점은 박원순 후보 네트워크의 특성을 단적으로 보여준다. (출처: 분석 및 시각화−소셜분석기업 트리움(현 아르스프락시아))

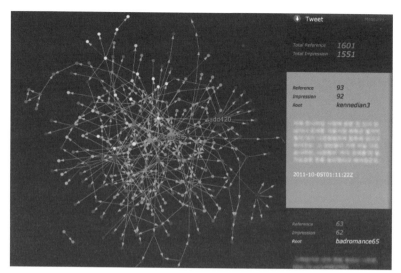

그림 3-2 2011년 재보궐 선거 당시 나경원 후보의 네트워크 분석. 우선 네트워크의 양적 규모가 작으며, 팔로워들끼리의 연결 정도나 밀도 역시 박 후보 네트워크에 비해 현격히 떨어진다.

2011 서울시장 보궐선거의 특징 2: 오피니언

트리움(현 아르스프락시아)의 소셜 미디어 분석 플랫폼 'SimPL^{Social Influence Monitoring Platform}'을 활용해 10월 4일부터 10월 17일까지 '박원순', '나경원' 두 키워드로 트위터를 분석한 결과 트윗의 총량은 59,491건, 56,501건으로 비슷했으나, '박원순' 키워드로 검색된 트윗은 대부분 옹호/지지성 트윗, '나경원' 키워드로 검색된 트윗은 대부분 비판/반박성 트윗이었다.

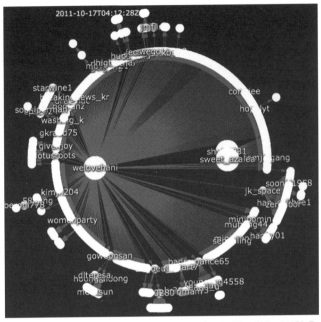

그림 3-3 '나경원' 키워드로 가장 많은 리트윗을 기록한 트윗은 나경원 후
보를 지지하는 트윗이 아니라 비판하는 트윗이었고, 이것은 조사기간 동안
가장 파급력이 높은 메시지로 조사됐다.

조사기간 동안 가장 많이 리트윗된 상위 20개 의견이 모두 박원순
후보를 지지하거나 박원순 후보에 대한 공격을 방어하는 트윗이었고,
이들은 작게는 200건 많게는 800건까지의 리트윗을 발생시켰다. 반면
'나경원' 키워드로 검색된 리트윗 상위 20개 의견은 대부분 나경원 후
보를 비판하는 트윗이었고, 나 후보를 지지하는 멘션은 10건에서 20
건의 미미한 리트윗을 발생시켰다.

2011 서울시장 보궐선거의 특징 3: 커뮤니케이션

트위터는 진정성의 장이다. 유권자는 정치인에게 솔직함을 요구한다. 솔직하지 않은 모습은 기록되고 유포돼 곤란을 겪게 된다. 박원순 캠프는 이 점을 잘 이해했다. 박원순 후보의 트위터는 정책에 대한 질문이나 상대후보측에서 제기한 의혹에 대해 성실히 답변해주며 유권자들에게 투명하다는 인상을 각인시켰다. 또한 시민들의 사소한 불평과 바람을 담은 트윗을 수시로 리트윗해 시장후보로서의 열의를 보여줬다. 반면 나경원 캠프는 진정성을 보여주는 데 실패했다. 트위터 홍보 도중 계정 연동 실수로 나경원 트위터의 관리자가 나경원 본인이 아니라 홍보요원이라는 사실이 밝혀지자, 나경원 캠프는 이미지에 막대한 타격을 입었다.

트위터가 가져온 선거 문화의 변화

소셜 미디어가 현실정치에서 더 큰 힘을 발휘하는 부분은 '특정 후보 지지율을 높이는 역할'이 아니라 '투표율 자체를 끌어올리는 역할'이다. 일상생활을 하는 사람들에게 하루 일과 중 시간을 내어 투표장소에 찾아가 줄을 서서 투표를 하는 일은 어떤 측면에선 분명 귀찮은 일이다. 특히 재보궐 선거 같이 대선이나 총선과 달리 투표일 자체가 공휴일로 지정되지 않은 경우 더욱 그렇다. 대선이 아닌 대부분의 선거에서 투표율은 60%를 넘지 않는다.

이런 상황에서 이전까지의 보궐선거가 40%도 넘지 못한 투표율을 기록했던 것과 다르게 2011년 10월의 보궐선거는 45.9%의 투표율을 보였다. 특히 주목할 만한 점은 이러한 높아진 투표율 속에 소셜 미디어의 역할이 어느 정도 확인 가능했다는 부분이다. 즉 트위터를 통한 투표 독려가 실제 투표율에도 영향을 미쳤다는 이야기다. 그 한 예로 오후 6~8시 사이 2시간 동안 투표율이 9% 가량 치솟는 이례적 현상이 발생하였다. 트위터에서의 '투표 인증샷'과 투표 권유, 강남권의 높은 투표율에 자극이 된 직장인들이 퇴근길에 집중 투표를 한 것으로 분석됐다. 트위터를 통한 투표 독려는 일종의 놀이처럼 작용했고 귀찮을 수 있는 투표장에는 그 놀이에 동참하기 위한 사람들이 줄을 지어 섰다.

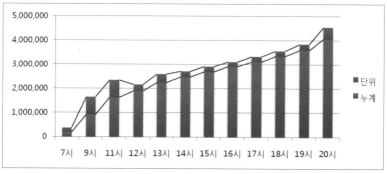

그림 3-4 2011년 10. 26 서울시장 재보궐선거 시간별 투표인원 (중앙선거관리위원회 자료참고)

선거가 끝나자 이러한 변화를 분석하기 위해 적극적으로 소셜 분석이 활용된 것도 주목할 부분이다. 즉 단순히 기업이나 경제 경영에 대한 부분뿐만이 아니라 사회적 흐름과 그에 대한 전략을 파악하기 위해 소셜 분석을 고민할 필요성이 부각된 것이다.

간단한 예로 선거 직후 박원순 시장과 나경원 전 의원의 트위터 관계망을 분석해 영향력을 분석한 내용들이 매체를 통해 자주 언급됐다. 이를 통해 소통의 양과 그 빈도면에서 당시 박원순 후보가 나경원 후보를 압도하고 있음을 결과적으로 분석한 내용들이 많았다. 이에 대한 중요성이 이렇게 증명되면서 앞으로는 선거 직후 그 결과에 대한 분석이 아니라 소셜 기반의 선거 전략을 구성하기 위한 다양한 활동들이 포함되고 또 사전 분석 역시 활발히 활용되리라 예상되고 있다.

2012년 4월 총선에서는 중앙선관위가 인터넷, 이메일은 물론 소셜 미디어를 활용한 선거 운동을 허용했다. 트위터, 팟캐스트를 포함한 다양한 소셜 미디어를 통한 선거 홍보가 실시됐다. 재보궐 선거에서 보여준 영향력뿐만 아니라 홍보를 위한 비용이 크지 않다는 점 또한 이런 움직임이 지속적으로 이어지는 주요 이유다. 기존에 주로 활용하던 선거 유세 차량이 선거 기간 중 수천만 원 이상의 비용이 필요한 것으로 알려져 있는데, 그에 비해 소셜 미디어 활용을 위한 콘텐츠와 운영은 천만 원 이하로 가능해 대부분의 후보들에게 효과는 물론 비용적인 측면에서도 충분한 도움이 된다.

특히 소셜 선거 운동의 경우 단순한 소셜 미디어의 활용뿐만 아니라 홍보용 애플리케이션, QR 코드의 활용 등이 다양하게 연계되는 만큼, 이제 선거라는 사회적 이슈 역시 소셜을 기반으로 스마트 기기를 활용한 전략이 구체화되고 본격화되고 있다.

___ 미래의 선거를 예측한다

2012년 1월 15일에 실시된 민주통합당 지도부 경선에는 '모바일투표'라는 새로운 방식이 도입됐다. 과거 1~2만 명의 당원들이 체육관에 모여 투표를 하던 방식에서 신청만 하면 누구나 휴대폰으로 투표를 할 수 있는 새로운 투표방식에 76만 명의 시민이 선거인단에 신청했고, 그 중 51만 명이 실제 투표를 함으로써 기존 방식과는 비교도 할 수 없는 다수의 투표가 실시됐다. 단순히 휴대폰이라는 누구나 갖고 있는 도구를 사용했을 뿐이다. 그러나 그 단순한 도구를 사용함으로써 정치에 관심 없던 혹은 관심은 있었으나 접근이 어려웠던 사람들에게 진입장벽을 낮춰 참여 모수 자체를 크게 늘리는 효과를 얻었다.

처음 시도된 모바일투표에 대한 제도적인 보완이나 투명성을 높여야 한다는 검증에 대한 목소리도 물론 있지만, 소셜 미디어와 모바일 기반의 스마트 기기가 활용된 다양한 변화에 우리는 관심을 가져야 한다. 소셜 미디어를 통해 많은 사람들이 자신들의 생활과 정치가 어떻게 연결되는지 좀 더 쉽게 알 수 있게 됐다. 그뿐 아니라 많은 사용자에 의해 다양한 의견들이 확대 재생산되고 있으며, 모바일 기기를 통해 실시간으로 정보에 접근할 뿐 아니라 이를 통해 참여라는 실질적인 행동으로 연결되고 있다.

이러한 변화는 곧 더 많은 정치와 선거의 참여를 이끌어 낼 수 있는 기반이 될 것이다. 이 과정에서 쏟아져 나오는 빅데이터는 발전하는 분석 기술에 힘입어 필요한 정보를 사람들에게 제공하고 더 정확한 예측을 가능하게 하는 도구가 될 것이다. 이제 변화는 시작됐다. 누가 더 빨리 이 변화를 적극적으로 자신의 것으로 만들고 활용할 수 있는지는 이제 선택에 달렸다.

소셜 미디어 선거전략의 놀라운 진화

버락 오바마 미국 대통령의 2012년 국정연설이 전 세계 누리꾼들에게 큰 이슈가 됐다. 지난 선거 때부터 온라인을 통해 국민들과 활발히 소통하던 오바마는 1월 24일의 국정연설에서 트위터, 페이스북, 유튜브를 포함한 소셜 미디어를 총동원해 국민들의 다양한 참여를 이끌어내는 진정한 소통을 만들어냈다.

오바마는 지난 2008년 대선에서도 공화당 후보였던 존 매케인을 압도하는 엄청난 팔로워(트위터)와 팬(페이스북)을 확보하고, 당선 후에도 지속적으로 소셜 미디어를 관리해 진보적인 성향과 다양한 계층과의 소통을 중시하는 모습을 보여왔다. 오바마 진영의 2008년 선거전략은 대중에게, 특히 진보적인 젊은 세대에게 사랑받는 젊고 패기 넘치는 정치인의 모습을 퍼트리도록 다양한 소셜 미디어를 활용하는 전략이었다.

세월의 흐름과 함께 진화한 오바마 캠프는 2012년 국정연설에서는 단순히 소셜 미디어를 활용하는 차원에 그치지 않고 소셜 미디어를 통해 직접 국민들과 소통하고 인포그래픽을 활용해 더욱 쉽고 효과적으로 연설을 보고 들을 수 있는 입체적인 전략을 마련했다.

트위터에 #SOTU(State Of The Union Address, 미국에서 대통령이 의회를 대상

으로 하는 연례 국정 보고)라는 해시태그를 만들어 트위터 사용자라면 누구나 자유롭게 의견을 남기고 태그를 붙여 다른 사람들과 의견을 공유할 수 있도록 만들었다. 태그를 붙임으로써 나중에 SOTU에 관련된 트윗들을 찾아보고 싶어하는 사용자들은 한 번에 SOTU에 관련된 트윗들을 뽑아서 확인해볼 수 있었다. 페이스북으로도 팬 페이지를 만들어두고 누구나 '좋아요' 버튼을 누르는 것만으로 백악관의 다양한 소식들이 전달되도록 운영했다. 백악관의 이름으로 다양한 포스팅과 사진을 올려두고 팬들이 댓글을 달거나 사진을 담아갈 수 있도록 관리했다.

또한 유튜브에서는 국정연설을 하는 오바마 대통령의 오른편에 실시간으로 연설과 관련된 각종 그래프와 관련 자료, 사진들을 보여줌으로써 이해를 도왔다. 이라크에 남아있던 마지막 미군 공군기지를 방문한 얘기를 하는 오바마의 오른편엔 2003년부터 2011년까지 8년 동안 전쟁을 수행한 미군이라는 자료를 보이며 메시지에 감성적인 힘을 실었다. 점점 더 중산층이 살기 힘들어지는 경제상황을 설명하는 오바마의 오른편엔 설명하는 내용에 대한 근거를 그래프로 바로 확인할 수 있게 해 전하려는 메시지를 쉽게 이해하도록 자료를 고안했다.

더군다나 연설을 준비하는 오바마의 모습과 국정연설을 준비 중인 백악관 스태프들의 인터뷰를 영상으로 제작해 국정연설을 준비하는 백악관과 오바마의 모습을 실제로 경험해볼 수 있는 기회를 마련했다. 국정연설 때 오바마가 왜 지금 이런 얘기를 하는가에 대한 궁금증을 해결해줄 수 있는 장치로 연설을 준비하는 과정을 보여주는 영상도 효과적이었다.

이렇듯 오바마 캠프는 각각의 소셜 미디어의 특성과 장점을 최대한 활용해 모든 국민들이 하나 이상의 서비스에서 다양한 방식으로 국정 연설에 접근할 수 있도록 처음부터 기획했음을 알 수 있다. 트위터, 페이스북, 유튜브 모두 그 전략을 달리해 매체가 가지는 특성을 십분 활용해 국민들과의 공감대 형성에 성공했다. 그리하여 어느 때보다 국민들이 관심을 갖고 지켜보며 활발하게 의견을 교환한 새로운 형태의 참여형 국정연설을 만들어 낸 것이다.

이런 전략에는 물론 몇 가지 숨겨진 요인들이 존재한다. 트위터에서 해시태그를 통해 누구나 제약 없이 의견을 남기는 전략은 그만큼 반대세력의 네거티브를 감내해야 된다는 부담감이 있다. 하지만 오바마는 진보적이고 열린 소통을 추구하는 방향에 맞춰 비판과 비난도 과감하게 공개해 국민들로 하여금 스스로 판단하게 만들었다. 이는 과도한 자신감일 수도 있지만, 소셜 미디어 시대에는 비난 여론에 완전히 귀 닫을 수는 없다. 차라리 오바마처럼 과감히 공개하고 당당하게 맞서는 전략이 사용층으로 하여금 더 깊은 공감을 얻어낼 수 있다. 실제로 트위터에 남겨진 국정연설 관련 트윗들을 살펴보면 연설을 발췌한 내용의 트윗이나 백악관에 질문을 남기는 트윗, 관련기사들을 볼 수 있는 링크 같이 정말로 국민들의 의견이 트위터를 타고 소통되고 있음을 확인해볼 수 있다.

또한 쿠오라Quora의 소셜 Q&A 서비스를 통해 직접 백악관과 문답형 대화가 가능하며 페이스북 페이지에서의 포스팅, 유튜브에 올린 연설 준비과정에 대한 메이킹 필름 공개 같이 실제로 공유되고 의견을 생성할 수 있는 콘텐츠를 '만드는' 작업을 게을리하지 않았다. 이렇게 만들어진 콘텐츠들은 소셜 미디어를 통해 확대되고 재생산되는 긍정적인 효과를 만들 수 있었다.

오바마는 올해 대선을 앞두고 이번 국정연설을 통해 소통하는 대통령으로서의 이미지를 굳히고 온라인상에 다양한 이야깃거리를 만드는 데 성공했다. 자신의 이미지와 성향에 어울리는 소셜 미디어를 찾아 국민들에게 실제로 가치 있는 참여를 유도하는 전략을 세우는 후보자가 성공할 수밖에 없는 이번 대선에서 분명 오바마는 다른 공화당 후보들에 비해 한발 앞선 모습을 보여주고 있다. 앞으로 점점 더 치열해질 온라인에서의 선거전략이 더욱 기대되는 이유다.

오바마 선거캠프 이메일에 숨은 과학

첫 번째 임기후반의 지지율 열세를 만회하고 버락 오바마가 미트 롬니 전 공화당 후보를 상대로 다시 대통령에 당선되는 기염을 토했을 때, 그동안 오바마 진영이 보여준 것과 마찬가지로 소셜 선거 전략은 빛을 발했다. 버락 오바마는 이번 선거를 위해 대선 2년 전부터 빅데이터 분석 프로젝트를 가동해 다양한 수집 정보를 데이터베이스화해왔으며 이를 기반으로 유권자 성향에 맞는 홍보 활동을 전개한 것으로 알려져 있다. 다양한 활동 중 오바마 진영의 이메일 전략에 대해서 정리해보고자 한다. 블룸버그의 기사 "The Science Behind Those Obama Campaign E-Mails"에서는 이 전략이 매우 정교하고 실험적인 전략의 산물임을 밝히고 있다.

2012년 이루어진 미국 대통령 선거 기간 동안 오바마 진영은 메일링 리스트에 이메일을 남기며 가입한 사람들을 대상으로 무차별적인 이메일 캠페인을 단행했다. 대부분의 이메일은 간단한 내용과 함께 오바마 진영에 기부를 통해 힘을 보태달라는 간단한 메시지를 포함했다. 하루가 멀다 하고 날아오는 이메일이 스팸메일 같다고 생각하며 부정적인 시선으로 바라보는 사람도 물론 있었다. 하지만 오바마 진영은 온라인으로 모금한 8000천억 원 중의 대부분을 이메일을 통한 모금 운동으로 만들어내며 이 캠페인이 매우 성공적인 전략이었음을 입증했다.

이와 같은 성공적인 모금 운동 전략의 기반에는 몇 가지 참고해 볼 만한 내용이 숨어 있다. 지지자들에게 모금 이메일을 보내기 전에 오바마 진영은 이메일의 제목과 내용을 조금씩 바꿔가며 소수의 집단에게 테스트하였다. 여기에 사용된 방식을 A/B 테스트라고한다. 이는 웹사이트의 런칭 전에 자주 사용하는 방식 중 하나로, 웹사이트를 접속하는 사람들에게 A버전과 B버전의 다른 웹사이트를 보여주고 더 좋은 반응을 보이는 버전을 고르는 과정을 말한다. 오바마 진영은 이메일의 제목과 내용을 끊임없이 비교하며 더 좋은 반응, 즉 좀 더 많은 모금이 이루어지는 이메일을 골라서 더 많은 지지자들에게 보내는 방식으로 활용하였다. 블룸버그 기사에서 밝힌 내용을 보면, "Hey"나 "I will be outspent"라는 제목의 이메일은 다른 제목들에 비해 더 많은 모금액을 모을 수 있다는 조사 결과가 나왔고, 실제로 모든 지지자에게 이메일을 돌린 결과 무려 30억 원이나 더 많은 모금을 이룰 수 있었다고 한다. 이때 오바마 진영은 이메일의 제목뿐만 아니라 제목별 예상 모금 액과 다른 제목을 썼을 때의 모금액의 차이를 계산하고 비교하여 테스 트를 진행했다. 이처럼 데이터를 기반으로 분석된 결과에 따라 좀 더 정확한 선거 운동을 진행한 결과 오바마는 미국 대통령으로 재선될 수 있었다.

이메일은 다양한 온라인 서비스에 비해 상대적으로 낡은 방식이라 는 편견에 둘러싸인 커뮤니케이션 수단이다. 그뿐만 아니라 앞에서 언 급했던 바와 같이 스팸메일처럼 쏟아지는 이메일은 사람들에게 큰 영 향을 미치지 못할 것이란 예측도 있었던 게 사실이다. 하지만 오바마 선거캠프는 과학적이고 체계적인 방식으로 다양한 실험을 통해 데이 터를 기반으로 하는 좀 더 효과적이고 파급력 있는 이메일 선거전략을 만들어 낼 수 있었다. 이런 노력이 최근 부상하고 있는 다른 소셜 미디 어에 새롭게 접목된다면 2012년 미국 대선에서 보았던 이메일 선거 전략보다 더욱 효과적인 선거 전략들이 계속해서 만들어질 것으로 예 측된다. 특히 사람들의 일상으로 깊숙하게 스며든 다양한 스마트 기기 들을 전략 실행 요소로 적극적으로 활용한다면 그 파급력은 훨씬 더 커질 것으로 기대된다.

스마트 기기가 이끄는 새로운 변화

2011년 11월 미국 오리건 주의 하원의원을 뽑는 선거에서 역사적인 투 표방식이 처음으로 도입됐다. 바로 애플의 아이패드를 통한 투표였다. 장애를 가진 89명의 유권자가 종이와 펜 대신에 아이패드의 화면을 통해 투표권을 행사한 것이다. 이를 위해 선거관리원들은 직접 유권자들의 집이나 양로원을 방문해 아이패드 화면에 투표용지를 불러오고, 유권자가 스크린에 표기하도록 도왔다. 그리고 무선 프린터를 사용해 투표한 용지를 출력해서 유권자들이 직접 이 종이를 우편으로 보내거나 투표소에 넣고 오는 것으로 투표에 참여할 수 있게 했다. 새로운 스마트 기술이 반영된 투표가 가져올 파급력은 상당하다.

우선 아이패드로 보는 투표용지는 알아보기 쉽다. 미국의 투표시스템은 상당히 복잡하며 주마다 다른 표기방식을 가지고 있어 매번 선거가 있을 때마다 잡음도 많고 무효표도 많이 나오게 된다. 지난 2000년도에 플로리다 주에서의 대통령 선거에서 알 고어 후보에게 극도로 불리하게 제작된 투표용지가 조지 부시의 대통령 당선에 도움이 됐다는 내용은 자주 언급되는 사례다. 아이패드를 사용한다면 이런 불필요한 논란에서 분명히 벗어날 수 있다. 아이패드에서는 플로리다의 투표용지처럼 후보자의 이름과 실제 표기란이 멀리 떨어져 있지 않아 실수를 할 염려가 거의 없다. 시력이 손상되어 작은 글씨를 읽기 힘든 유권자들이 있다면 투표용지 화면을 손가락으로 벌리는 행동만으로도 후보의 이름을 확대해서 볼 수 있다. 그리고 밝은 화면은 투표소 조명아래에서 보는 흰 종이보다 글자를 잘 볼 수 있게 만들어준다. 투표를 할 때 후보들의 이름을 쉽게 확인해보고 실수 없이 표기할 수 있는 것, 주마다 다르며 복잡한 미국의 전통적인 투표방식을 생각해볼 때 충분히 유권자들의 바람이 반영된 시스템의 개선이라고 볼 수 있다.

또한 아이패드는 장애를 가진 사람들이 투표하는 데 실질적으로 도움이 된다. 펜을 들 힘이 없던 한 남성은 손가락을 화면에 터치하는 것만으로 투표용지에 표기할 수 있었다. 아이패드가 터치스크린이기 때문에 펜을 손에 쥐고 힘줘서 쓰는 노력을 거치지 않고도 손을 가볍게 한 번 대는 것으로 표기할 수 있으며 잘못 눌렀을 때 언제든지 새로 고칠 수 있어 안심하고 투표할 수 있게 한다. 이동이 불편한 장애인들에게 직접 찾아가서 표기와 출력을 쉽게 할 수 있도록 돕는 모습은 이전까지 그들이 누리기 힘들었던 투표권을 행사할 수 있는 기회를 만들어 준 것이다.

기존에도 노트북으로 투표를 한다거나 다른 장비들을 동원해 투표하는 방식이 있었지만, 단 한 번의 터치로 의사를 표명하고 선 없이 연결된 프린터에서 표기된 투표용지를 확인해보는 일을 적용한 건 아니었다. 투표를 정해진 장소에서만 할 수 있도록 고정하는 방식이 아니라 투표에 대한 의지를 가진 모든 사람들이 원하는 장소에서 쉽게 하도록 돕는 것, 투표율이 높아지는 결정적인 계기가 될 수 있다.

오리건 주의 이런 실험적인 투표 방식은 그 반응과 결과에 있어 대단히 성공적이었으며, 오리건 주의 국무장관인 케이트 브라운은 "우리의 목표는 장애를 가진 유권자들이 무리 없고 편하게 투표하도록 만들어주는 것이다."라고 평가했다. 미국 장애인 협회의 부회장인 짐 딕슨은 "아이패드는 완벽합니까?"라는 질문에, "아니요. 하지만 이것은 앞으로 나아가는 아주 중요한 한 걸음입니다."라고 답했다.

지금은 장애인들처럼 투표에서 소외되기 쉬운 일부 유권자들을 찾아가는 서비스 정도로 국한돼 있지만, 향후에는 투표 자체를 대체할 수 있는 가능성을 보여준 셈이다. 투표용지에 표기한 결과를 온라인으로 전송하는 과정에서의 보안 문제만 해결할 수 있다면 무선프린터로 출력하는 과정을 생략하고 더 편하고 더 쉬운 투표를 유도할 수 있게 될 것이다. 더 나아가 집집마다 자신이 가진 스마트 기기로 투표권을 행사하게 될 경우 번거로움과 불편함을 해결할 수 있어 투표율 자체를 높이는 일 역시 가능하리라 본다.

유권자들의 니즈에 맞는 적절한 솔루션이 될 이 새로운 투표 방식은 스마트 기기의 보급이 불러온 작은 혁명이자 새로운 시대를 예견하는 중요한 단서가 된다. 기존에 갇혀있고 고정적이던 투표 경험을 장소에 구애받지 않으며, 선거에 대한 관심과 참여를 다양한 방법과 채널로 유도하는 소셜 선거 경험의 시대를 여는 중요한 한걸음이다. 선거 자체가 더욱 다양한 시도들을 통해 사회적인 의미를 가지게 되고, 소셜 미디어를 통해 다시 대중으로 확산되는 사회적 경험이 되는 그 첫걸음에 새로운 시도가 있었고, 앞으로의 선거를 통해 우리는 더욱 다양한 변화를 보게되리라 믿는다.

로봇 저널리즘 – 알고리즘이 신문 기사를 작성한다

앞서 소개한 선거는 다수의 사람들이 관심을 가지고 여러 측면에 영향을 미치는 사회 활동이다. 관련 활동 또한 꾸준히 새로운 방법이 도입되고 그만큼 개선되며 또 변화해 간다. 이 책에선 모바일과 소셜 미디어로부터 변화가 발생한 이 후 사람들에 의해 주목받고 회자되었던 내용 중심으로 사례를 소개하였다. 당연히 선거와 관련된 부분만 사회 안에서 소셜 경험 전략의 관점으로 바라봐야 하는 것은 아니다. 활자를 중심으로 전달되는 신문이나 잡지 등의 인쇄 매체는 물론 라디오와 TV 등 새로운 방법으로 확장될 수 있으며 사회에 정보와 의견을 제공하는 저널리즘 또한 중요한 부분이라고 할 수 있다. 지금부터 소개할 내용은 이 저널리즘의 새로운 변화에 대한 내용이다.

 프로야구 뉴스로봇
Published by Hyungjun Kim [?] · May 28 at 10:55pm · ⊗

타선 침묵 속에서 두산의 승리
(2016-05-28, LG 2 對 3 두산, 잠실)
28일 잠실구장에서 열린 2016 타이어뱅크 KBO리그 두산과 LG의 경기에서 두산이 투수전 끝에 3:2로 승리했다. 두산은 경기 내내 많은 득점을 기록하지는 못하였으나, LG 역시 2득점에 그치는 바람에 승리를 가져갈 수 있었다.

3회 초 LG는 1사 1루 득점찬스를 맞이하였으나 임훈의 1루수 땅볼과 정성훈의 삼진으로 점수를 내지 못했다.

5회 말 두산은 2사 1루 상황에서 김재환의 1타점 2루타로 선취 1득점했다. 그 후 6회 말에는 2사 2루 상황에서 민병헌의 3루수 땅볼로 공격권을 넘겨주며 차이를 벌리지 못했다.

7회 초 LG는 1사 1루 득점찬스를 맞이하였으나 채은성의 삼진과 오지환의 삼진으로 차이를 좁히지 못했다. 그 후 8회 초에는 무사 2루 상황에서 손주인의 볼넷으로 무사 1, 2루 상황을 만들었으나 이후 2루 주자 김용의가 야수선택 상황에서 아웃되고, 정성훈의 병살타로 차이를 좁히지 못했다.

8회 말 두산은 2사 2루 상황에서 오재원의 1타점 2루타와 민병헌의 1타점 적시타로 점수 차를 벌렸다.

9회 초 LG는 히메네스의 1점 홈런으로 1점을 만회했으며 문선재의 3루타로 1사 3루 상황을 만들고 채은성의 1타점 적시타로 1점을 따라잡았으나 이미 승부는 기울어진 후였다.

결국 두산은 LG를 상대로 아슬아슬한 승리를 거뒀다. 오늘 경기의 결과 두산은 5연승을 거침없이 달리고 있고 현재 1위(승률 0.739)이다. 한편 LG는 4연패를 당했고 현재 5위(승률 0.488)이며 2타점을 기록, 부진한 모습을 보여줬다.

(이 기사는 서울대학교 이준환 교수 연구팀이 개발한 기사 작성 알고리즘 '야알봇'이 작성한 기사입니다.)

그림 3-5 '야알봇' 뉴스 기사 작성 알고리즘을 통해 작성된 프로야구 기사 샘플
(http://facebook.com/kbaseballbot)

그림 3-5는 지난 2016년 5월 28일, 잠실에서 열린 LG와 두산의 프로야구 경기 결과를 담은 페이스북 기사다. 이 기사는 두산이 LG와의 대결에서 한 점 차이로 승리를 가져간 경기 상황을 잘 요약해서 보여주고 있다. '타선 침묵 속에서', '투수전 끝에', '두산은 경기 내내 많은 득점을 기록하지는 못하였으나, LG 역시 2득점에 그치는 바람에...', '아슬아슬한 승리를 거뒀다'와 같은 표현을 통해 양팀의 대결이 손에 땀을 쥐게 만드는 진땀승부였다는 사실이 잘 반영되어 있다.

여느 기사와 크게 달라 보이지 않는 이 기사에는 사실 특이한 점이 있다. 우선 눈으로 쉽게 확인할 수 있는 부분이 기사의 마지막 부분에 추가된 문장, '서울대학교 이준환 교수 연구팀이 개발한 기사 작성 알고리즘 '야알봇'이 작성한 기사입니다'다. 즉, 이 기사는 우리가 일반적으로 생각하듯 스포츠 기자가 경기를 보고 작성한 것이 아니라, '야알봇'이라 불리는 알고리즘에 의해 작성된 기사다. 마치 사람이 작성한 것과 같은 자연스러운 표현을 통해 경기 결과를 설명하고 있지만, 이 기사의 작성 과정에 사람은 전혀 개입하지 않았다. 서울대학교 이준환 교수 연구 팀은 2015년부터 한국 프로야구의 모든 경기를 자동으로 생성하는 '로봇 저널리즘' 연구를 진행하며 이 기술을 통해 천여 개의 기사를 만들어 냈다. 로봇 저널리즘은 이와 같이 기사 뉴스 기사 작성에 필요한 데이터의 수집과 분석, 문장의 생성에 이르는 모든 과정을 자동으로 수행하는 로봇, 좀 더 정확히 말하자면 컴퓨터 알고리즘과 관련한 연구를 총칭하는 말이다.

최근 미국에서는 스포츠, 금융, 재난, 사회 등의 분야에서 로봇 저널리즘이 적극적으로 활용되며 다양한 기사를 쏟아내고 있다. 2014년 3월 17일 LA타임스에는 로스 엔젤레스Los Angeles 지역 근교에서 발생한 강도 2.7 지진에 관한 기사가 올라왔다.[3] 이 사건은 아침 7시 23분에 발생했지만, LA타임스의 지진 보도 알고리즘인 퀘이크봇Quakebot에 의해 작성되며 빠르게 보도되었다. 퀘이크봇은 미국 지질조사소에서 발행하는 지진 감지 알림 메일을 주기적으로 분석해 캘리포니아주 지역의 지진 소식을 누구보다도 빨리 지역 주민에게 알리고 있다. 또한 2015년 1월 애플Apple의 실적을 보도한 AP통신은 로봇 저널리즘 전문기업인 오토메이티드 인사이트Automated Insights와의 협업을 통해 자동으로 작성된 기사를 발행하며 화제가 되기도 했다.[4]

AP통신뿐만 아니라 경제지 '포브스Forbes', 스포츠 채널 '빅텐 네트워크Big Ten Network', 탐사 보도 매체 '프로퍼블리카ProPublica', 그리고 언론 매체는 아니지만 야후! 판타지 스포츠Fantasy Sports, 중고차 매매 사이트 '에드먼드Edmunds' 등 다양한 매체에서 알고리즘이 작성한 기사 혹은 정보 콘텐츠가 발행되고 있다. 오토메이티드 인사이트에서 2013년에 발행한 로봇 기사만 총 3억 개가 넘었고, 내러티브 사이언스Narrative Science와 같은 다른 로봇 저널리즘 기업의 기사를 합치면 현재는 몇 배가 넘는 뉴스 기사가 자동으로 만들어지고 있다. 이와 같이 알고리즘은 기존에 데이터 분석에만 활용되던 제한적인 적용 범위를 넘어 누구보다도 빠르고 정확하게 뉴스 정보를 전달하는 주체로 성장했다.

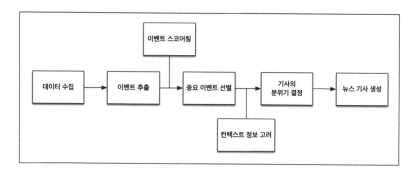

그림 3-6 자동으로 뉴스 기사를 생성하는 로봇 저널리즘 프레임워크 (출처: 김동환 & 이준환. 2015. 로봇 저널리즘: 알고리즘을 통한 스포츠 기사 자동 생성에 관한 연구)

알고리즘이 뉴스 기사를 작성하는 방식은 '로봇 저널리즘: 알고리즘을 통한 스포츠 기사 자동 생성에 관한 연구'(김동환, 이준환, 2015년) 논문에서 자세히 소개되었다. 로봇 저널리즘은 뉴스 기사의 바탕이 되는 데이터(정보)의 수집에서 최종 결과물인 뉴스 기사에 이르기까지의 모든 과정이 인간의 손을 거치지 않고 자동으로 이루어지기 때문에, 각 단계별로 알고리즘이 하는 역할이 명확히 정의되어 있다.

- 첫 번째 단계인 데이터 수집은 웹사이트나 소셜 미디어, 언론사 등의 알려진 출처로부터 필요한 데이터를 수집해 데이터베이스화하는 단계다.
- 두 번째 단계는 저장된 데이터를 의미있는 정보로 추출해내는 과정으로 컴퓨터가 사람이 기본적으로 가지고 있는 문화적인 배경이나 무의식적 직관, 과거의 관찰 경험, 상황과 맥락에 따라 기대

되는 상황 등을 흉내내어 데이터를 이해하는 단계이다.

- 세 번째 단계는 통계적인 연산을 통해 일상적이지 않은 사건을 포착해 뉴스 거리가 될만한 사건을 찾는 일로, 소프트웨어가 자동으로 판단 및 결정을 내리는 기준을 만드는 단계다.

- 네 번째 단계에서는 중요 이벤트를 바탕으로 여러 상황을 맥락적으로 고려해 전체 사건을 바라보는 관점을 설정해 뉴스 기사의 논조를 선택한다.

- 마지막은 자연어 생성 알고리즘을 통해 문장을 자동으로 만들고 배열하는 단계로 우리가 읽을 뉴스 기사가 완성되는 단계다. 이와 같은 과정을 거치면 복잡한 숫자나 문자열에 불과했던 데이터가 사람이 이해하고 공감할 수 있는 텍스트 기반의 뉴스 정보로 바뀌게 된다.

로봇 저널리즘 기술이 발전하고 활용 범위가 넓어짐에 따라 기자의 일자리가 빼앗기는 것이 아니냐는 걱정 어린 시각도 존재한다. 실제로 2013년 영국 옥스포드대학의 나온 보고서에 의하면 20년 안에 사라질 가능성이 높은 직업 중 기자가 포함되어 있기도 하다.[5] 하지만 많은 수의 전문가들이 로봇 저널리즘을 통해 그동안 기술적 · 물리적 장벽으로 인해 힘들었던 취재가 가능해지고 지금까지 없었던 새로운 형태의 기사가 만들어지며, 오히려 저널리즘의 질이 높아질 것이라는 전망을 내놓기도 했다. 대규모 데이터의 분석이나 패턴을 찾는 일은 로봇 기자가 하고 인간 기자는 심층적이고 맥락적인 관점에서 기사를 만드는 협업도 가능하다. 또한 로봇은 기사의 속보성이 강조되거나 단순 반복적인 작업이 요구되는 경우, 다양한 언어로 발행될 필요가 있는 경우에 빠르고 정확하게 정보를 전달하는 좋은 방법이 된다.

알고리즘을 통해 뉴스 기사가 만들어지는 과정의 궁극적인 지향점은 독자 개개인의 관심과 상황에 따른 개인 맞춤형 뉴스를 만드는 일이다. 위의 프로야구 기사를 예로 들어 설명하면 두산 팬에게는 '서울 라이벌 LG를 꺾은 짜릿한 승리'라는 관점에서 경기를 승리로 이끈 선수를 칭송하며 시종일관 두산의 관점에서 기사를 작성할 수 있다. 반대로 LG팬에게는 아까운 경기를 놓쳤고, 이번 경기에 부진했던 특정 선수를 질책하며 다음 경기에는 향상된 경기력을 바라는 바람을 투영한 기사를 만들어 줄 수 있다. 더 나아가 경제, 재난, 사회 뉴스 등으로 알고리즘의 적용 범위가 확장된다면 지금까지 뉴스 정보를 일괄적으로 소비하던 패턴에서 벗어나 필요한 정보만 재미있게 소비하는 새로운 정보 시대가 올 수 있다.

물론 알고리즘의 과도한 도입은 편향적인 정보 전달의 위험도 내포하고 있다. 모든 사실이 종합적으로 전달되지 않는, 즉 가치 편향적인 정보에만 익숙해져 제한적인 판단을 하게 될 수 있다는 점이 알고리즘의 위협으로 지적되었다. 아직 초기 단계에 불과한 연구로 인해 이 기술의 가능성과 위협이 공존하고 있지만, 이미 우리가 소비하는 정보가 상당 부분 알고리즘의 영향을 받고 있는 현 시점에서는 알고리즘의 역할과 가능성에 대한 좀 더 지속적인 관심과 연구가 필요하다. 아직 알고리즘의 문장 생성 능력이 사실을 서술하는 기초적인 단계에 머물고 있지만, 기술적인 발전과 사회적인 함의에 관한 연구가 보완되어 데이터 속에서 더 많은 의미와 패턴을 찾을 수 있게 된다면, 알고리즘의 심층적 글쓰기 능력 또한 발전할 것으로 기대된다. 그리고 알고리즘이 더 풍성하고 자연스러운 글을 작성하는 능력을 발전시켜 갈수록 더 많은 독자의 사랑을 받는 로봇 기자에 가까워지게 될 것이다.

미래의 정보 사회에서 알고리즘은 양날의 검이다. 이게 무기가 될지, 위협이 될지는 연구를 수행하고 산업에 활용하는 우리의 결정에 달려 있다.

4장

소셜 경험 in 네트워크

___ 소셜 데이터 활용의 새로운 관점들

최근 빅데이터란 단어가 새로운 트렌드로 주목받고 있지만 이를 이해하기 위해선 기본적으로 대규모 데이터를 어떻게 분석하고 이해할지를 먼저 고민해볼 필요가 있다.

"데이터는 현실의 반영이다."(『Visuallize This 비주얼라이즈 디스』네이션 야우 지음, 송용근 옮김, 에이콘출판사, 2012) 그리고 현실은 개인들이 만들어가는 사회다. 빅데이터는 사회에 기반해 있고, 사회를 반영한다. 데이터를 유용한 정보로 변환하기 위해서는 사회와 관계 속에 숨어있는 분석과 해석에 대한 이해가 반드시 필요하다.

확산의 마법

한국, 중국, 유럽이나 미국 어디에서도 시계는 똑같이 회전한다. 곰곰이 생각해보면 굉장히 신기한 일이다. 우리가 당연하게 생각하는 많은 일들이 전 세계에서 항상 동일하게 적용되는 것은 아니기 때문이다.

일본과 영국은 차량이 도로에서 좌측통행하고, 미국과 유럽은 그 반대다. 한국과 미국, 유럽은 책을 왼쪽에서 오른쪽으로 가로쓰기하고, 중동 지역은 오른쪽에서 왼쪽으로 가로쓰기를, 일본은 오른쪽에서 왼쪽으로 세로쓰기한다. 그러나 시계 바늘은 항상 오른쪽으로 회전한다. 차이는 무엇일까? 왜 좌측통행과 우측통행이 서로 다르게 적용되고, 책을 쓰는 방향도 가로쓰기와 세로쓰기처럼 각각 다른데, 유독 시계 회전 방향만은 같을까? 과연 단순한 우연이었을까?

시계 회전 방향이 전 세계에서 동일하다는 점에는 역사적 가설이 있다. 거의 대부분의 문명에서 만든 가장 원시적인 형태의 시계는 땅바닥에 막대를 꽂아서 그림자를 측정한 해시계다. 이 해시계의 그림자 바늘 회전 방향이 오늘날의 시계 회전 방향이 되었다는 가설이다. 그럴듯한 설명이다. 하지만 이런 논리로는 반 시계방향으로 그림자가 돌아야 되는 남반구에서도 같은 회전 방향의 시계 유물이 나오는 이유를 설명하기 힘들다.

경제학자 브라이언 아더는 이 미스테리를 '양성 피드백^{Positive feedback}' 원리로 설명한다.[1] 그의 이론에 따르면 처음부터 시계 방향이 정해진 건 아니다. 시계는 만든 사람에 따라, 또는 그 지역의 문화에 따라 왼쪽 혹은 오른쪽의 방향으로 돌아갔다. 그러나 어떤 계기로 (또는 처음부터) 오른쪽으로 회전하는 시계가 더 널리 사용됐다. 시간이 흐르면서 점차 오른쪽으로 돌아가는 시계를 더 많이 접한 사람들은 자연스럽게 시계의 회전 방향을 오른쪽으로 여기게 됐고, 결국 우리가 알고 있는 회전 방향을 가진 시계가 전 세계를 지배하게 됐다는 설명이다. 그의 이런 주장은 후일 유럽에서 왼쪽으로 회전하는 중세의 성당 시계가 발견되며 근거를 얻게 됐다.[2]

시계 방향이 왼쪽이 아닌 오른쪽인 이유는 생각보다 대단하지는 않다. 바로 시장 전체의 인식을 지배할 수 있었기 때문이다. 그리고 시장 지배는 아주 작은 계기에 의해 만들어진다. 마찬가지 이유로 오늘날 데스크톱 운영체제 중 대부분이 윈도우인 것은, 윈도우가 다른 운영체제에 비해 단순히 성능이 월등하게 뛰어났기 때문은 아니다. 무엇보다 주위 사람들이 더 많이 쓰기 때문이다. 가정용이나 업무용 컴퓨터에서 윈도우를 사용하는 이유는 단순하다. 필요한 소프트웨어가 거의 윈도우용이기 때문이다. 특히 워드와 엑셀을 포함한 MS 오피스를 비롯한 각종 문서, 회계 프로그램의 대부분이 윈도우 기준이거나 전용으로 만들어졌다.

또한 애플의 운영체제를 탑재한 컴퓨터로는 한국의 각종 인터넷 사이트를 원활하게 사용할 수 없어 국내에서의 불편함은 가중된다. 게임 시장에선 이 점이 특히 심하다. 패키지 게임은 거의 전부가 윈도우 프로그램으로 출시된다고 해도 과언이 아니다. 그 이유도 사람들이 윈도우를 많이 사용하기 때문이다.

모바일 시장에서의 자기 강화는 더욱 복잡해졌다. 스마트폰이 곧 아이폰이던 시절이 있었다. 아이폰 이전에는 모바일 기기에서 사용할 수 있는 프로그램은 하드웨어 제조사 주도로 만들어지는 것이 보통이었다. 애플은 눈을 돌려 전 세계 개발자들에게 자신이 만든 프로그램을 편리하게 판매하고 수익을 얻을 수 있다는 강력한 인센티브를 제공했다. 개발자의 입장에선 그 이전엔 거의 없는 환영할 만한 일이었고, 그로 인해 개발자들이 더 많이 참여하고 그만큼 사용할 만한 앱이 늘어날수록 아이폰을 중심으로 한 생태계는 더욱 강력해지고 활용 범위도 넓어졌다. 더 많은 사용자가 아이폰을 구입하자 그만큼 앱 시장도 커지고, 그와 비례해 개발자도 늘어났다.

현재 아이폰의 대항마 역할을 하는 구글의 안드로이드는 시작부터 애플의 자기 강화를 깨야 한다는 점을 잘 알고 있었다. 하드웨어와 소프트웨어 양쪽에서 파격적인 공개 전략을 단행한 안드로이드는 마켓에서 앱의 리뷰 과정을 없애 개발자들의 진입장벽을 낮춰 많은 개발자를 확보했고, 애플을 제외한 대부분의 주요 제조사를 파트너로 만들어 사용자층을 급격히 넓혔다. 안드로이드는 품질과 관리에 대한 장벽을 낮춰 개발자와 제조사를 끌어들였고 아이폰과는 다른 자기 강화에 성공했다. 그 결과 점유율이라는 측면에서 안드로이드는 아이폰을 제쳤고, 여전히 지속적으로 성장하고 있다. 구글은 2012년 2월, 구글의 운영체제인 안드로이드로 구동되는 스마트폰과 태블릿 PC가 3억 대를 웃돌고 있으며, 운영체제를 장착한 스마트폰 등의 모바일 기기가 매일 85만 대씩 개통되고 있다고 밝힌 바 있다. 구글의 전략이 유지되는 한 안드로이드는 자기 강화에 힘입어 꾸준한 성장이 가능하리라 예측된다. 이것이 바로 관계를 기반으로 이뤄지는 확산의 비밀, 즉 소셜 네트워크 확산의 마법이다.

3초 백과 대치동은 어떻게 만들어졌는가

수백만 원을 호가하는 명품 브랜드인 루이비통은 고급 브랜드라는 말이 무색하리만큼 거리에서 가장 쉽게 눈에 띄는 제품이기도 하다. 길거리를 걷다 보면 3초에 하나씩 볼 수 있을 정도로 쉽게 눈에 띄어 고급 브랜드와는 어울리지 않게 '3초 백'이라는 별명이 붙었을 정도다.

또 다른 흥미로운 사례가 있다. 서울의 집값은 한국의 다른 지역과 비교해 상당히 비싸다. 특히 그 중에서도 강남의 대치동은 서울의 다른 장소에 비해서 무척 비싼 게 사실이다. 전혀 연관 없을 것 같은 이두 가지 사례는 앞에서 나온 소셜 네트워크의 확산으로 그 현상을 설명할 수 있다. 이상하게 들리겠지만 3초 백을 사는 이유는 3초 백이기 때문이고, 대치동의 집값이 비싼 이유는 대치동의 집이기 때문이다.

초창기 소셜 네트워크는 주로 사람들의 접촉 관계를 분석해서 질병의 확산을 예측하고 발병 원인을 찾아내려 했다. 이는 오늘날에도 소셜 네트워크가 가장 활발하게 활용되는 분야 중 하나다. 질병의 측면으로 생각해 보자. 30명이 함께 생활하는 교실에 단 1명의 독감환자가 있는 경우와 15명의 독감환자가 있는 경우, 어느 쪽이 독감에 걸릴 확률이 높을까? 물론 15명의 독감환자가 있는 경우다. 이처럼 어떤 질병에 걸릴 확률은 주위에 그 질병 균을 보유한 사람이 많을수록 늘어날 것이다. 그리고 어떤 사람이 병에 걸렸다면 다른 사람에게서 질병을 받아들이는 입장에서 전파하는 입장으로 사람이 처한 입장의 변화 역시 일어나게 된다.

3초 백과 대치동에 공통적으로 숨어 있는 법칙 역시 바로 여기에 있다. 누구나 하나씩 갖고 있는데 명품백을 구입한 이유가 개인 차별화를 위해서라고 말하긴 어렵다. 오히려 누구나 하나씩 갖고 있기 때문에 나도 사야겠다는 마음을 먹게 된 것이 더 큰 이유일지도 모른다.

대치동 역시 3초 백에 비해서 조금 더 극적이긴 하지만 비슷한 이유가 있다. 대치동은 상대적으로 더 여건이 좋았기 때문에 사교육과 공교육 서비스가 집중됐다. 더 나은 서비스는 더 많은 사람을 불러들였고, 결국 공급이 제한적인 부동산인 집은 늘어난 수요만큼 가격이 올라갔다. 그 가격을 감당할 수 있는 소득 계층이 다시 대치동으로 집중되고, 그만큼 서비스 비용과 품질이 따라서 다시 올라갔다. 시간이 갈수록 이를 감당할 수 있는 수준의 사람들 또는 그만한 비용을 들여서라도 남아야 할 필요가 있는 사람들만 대치동 지역에 남게 된다. 이러한 과정을 통해 소위 대치동이라 불리는 사회적인 아이콘이 만들어진 것이다.

친한 친구가 취직을 시켜줄 수 없는 이유

1970년대 사회학자 마크 그라노베터는 사회학계에 신선한 충격을 던진 주장을 소개했다. 취직, 결혼 등 사회적인 중요한 전환점에는 깊은 관계보다 약한 연결Weak tie의 영향이 더 크다는 주장이다. 이는 큰 변화일수록 가까운 친구들보다 먼 지인들에 의해 새로운 정보를 받을 가능성이 높다는 의미다. 예를 들면 당신을 취직시켜주거나 결혼시켜줄 수 있는 사람은 매일같이 만나는 친한 친구가 아니라 소위 그냥 아는 사이 정도인 지인이라 불리는 사람이라는 얘기와도 같다.

1974년 그라노베터는 최근 이직한 사람들이 새로운 직장을 얻게 된 이유를 파악해 강한 연결을 통해 16.7%가, 약한 연결을 통해 27.8%가 새로운 직장을 알게 되었다고 밝혔으며, 이를 통해 약한 연결의 힘The Strength of Weak Ties을 설명했다.[3]

그렇다면 과연 어느 정도의 관계를 깊은 관계라 할 수 있고 또 어느 정도라야 얇은 관계라고 할 수 있을까? 하루에 한 번 만나는 사람은 깊은 관계라고 해야 할까 아니면 얇은 관계라고 해야 할까? 한 달이나 일 년에 한 번밖에 만날 수 없는 가족은 얇은 관계인 걸까? 마크 그라노베터 본인도 원 논문의 약한 연결은 임의로 규정했다는 부분을 인정했으므로 논란이 있을 수 있지만 그라노베터가 우리에게 던져준 의미는 분명하다.

왜 약한 연결일까? 그것은 강한 연결은 동질성을 공유하기 때문이다. 예를 들어 당신이 구직을 위해 노력하고 있을 때 당신의 가장 친한 친구들 또한 구직을 위해 노력하고 있을 확률이 높다. 그리고 당신이 반려자를 찾고 있다면 당신과 가장 가깝게 있는 주위 사람들도 비슷하게 반려자를 찾고 있을 확률이 높다. 공통의 관심사, 공통의 활동이 바로 강한 연결을 만들어주는 요소이기 때문이다. 그리고 강한 연결성은 비슷한 환경에서 어울리며 비슷한 성향을 만든다. 술을 좋아하는 사람들은 술을 좋아하는 사람들끼리 모이고, 수다를 좋아하는 사람들은 수다를 좋아하는 사람들끼리 모인다. 그렇지 않으면 해당 집단에서 배제될 가능성이 크다.

약한 연결이 중요한 이유는 스탠리 밀그램의 '좁은 세계' 모델로 설명할 수 있다. 사회적인 관계는 강한 연결로 구성된 군집Cluster, 커뮤니티Community와, 각각의 군집을 연결하는 소수의 이음다리Bridge로 구성된다. 한 직장인을 생각해 보자. 이 사람이 현재 가장 강하게 연결된 소속 집단은 현재 일하고 있는 회사의 부서다. 그러나 이 사람은 친척, 오래된 학교 친구, 또래 친구의 집단과도 연결돼 있다. 이 직장인과 같은 부서에 있는 사람은 비록 이 직장인의 친척, 친구 집단과 직접 연결되지 않은 경우가 대부분이다. 하지만 한 사람만 거치면 쉽게 연결할 수 있는 가까운 거리에 있다. 전혀 상관 없을 것 같은 서로 다른 집단이 단한 사람에 의해 연결되는 것이다.

___ 빅데이터 시대가 이끄는 변화

언제나 사람은 밥을 먹고, 잠을 자며, 다른 사람들과 만나고 소통하며, 사람들과 함께 하는 사회 안에서 더불어 살아왔다. 그러나 한편으로는 산업의 발달이 도시 문화를, 교통의 발달이 전원 주거지역을, 통신의 발달이 홈쇼핑 같은 늘 똑같지 않은 새로운 삶의 방식 또한 지속적으로 이끌어 왔다.

다양한 이유가 여러 가지 변화의 모습을 만든 데서 알 수 있듯이, 일상의 생활을 완전히 뒤엎을 수 있는 단 하나의 기술이란 세상에 존재하지 않는다. 대부분의 경우 수많은 기술들이 서로 얽히고 영향을 줘 새로운 변화를 만들고 생활 속에 녹아들었음을 우리는 항상 시간이 흐른 뒤에 느끼곤 한다. 이 점은 빅데이터에 있어서도 마찬가지다. 빅데이터 시대는 이미 우리 곁에 아주 가깝게 다가와 있지만 이를 체감하는 경우는 그리 많지 않은 듯하다.

빅데이터는 무엇을 바꾸고 있을까?

전략은 정보에 기반한다. 정확한 정보 없이 수립하는 전략은 주먹구구의 탁상공론에 그치기 쉽다. 이렇게 만들어진 전략이 경쟁 상대가 얻은 아주 약간의 정보우위로 인해 시장구도가 쉽게 뒤집혀버린 예를 우리는 역사 속에서 어렵지 않게 찾아볼 수 있다. 정확하고 다양한 정보는 시장 환경에서 경쟁 우위를 결정짓는 가장 중요한 전략 요소 중의 하나다. 시장 자료나 통계 솔루션이 때로는 이해하기 어려울 정도로 비싸지만, 한편으로는 그러한 자료에 의존할 수밖에 없는 경우 또한 비슷한 차원에서 이유를 찾아볼 수 있다.

"과거에는 소셜 분석 없이도 전략을 수립했으며, 그런 전략으로도 충분한 효과를 얻어왔다."고 생각할 수 있다. 거의 모두가 인터넷을 잘 모르던 시절이라면 인터넷 홍보나 웹사이트 존재 유무가 크게 문제되지 않겠지만, 대부분이 인터넷을 활용하고 있다면 뒤늦은 웹서비스나 인터넷 홍보를 활용한 단순한 전략으로는 손쉽게 시장 상황을 역전시킬 수 없을 것이다. 빅데이터 소셜 분석도 마찬가지다. 모두가 빅데이터 소셜 분석을 알고 활용하고 있다면 이미 상황은 늦어버린 것이다.

기술의 발달은 데이터 양의 증가뿐만 아니라 극도로 높아진 데이터 분석 역시 가져왔다. 사람이 수작업을 통해 대용량의 데이터를 활용해 높은 수준의 분석을 하는 것은 거의 불가능하다. 하지만 시스템의 활용을 통해선 가능하다. 바로 여기에서 흥미로운 대반전, 빅데이터 시대의 진짜 변화가 시작된다. 데이터를 분석하고 정보를 전달하는 방법에 어떤 변화가 있는지, 우리의 삶에 어떤 영향이 일어나고 있는지 알아 보자.

내게 어울리는 사람 찾기

사람 간의 관계에는 여러 가지가 있다. 하지만 어릴 때 "누구누구는 서로 좋아한대요" 같은 장난을 치듯, 나이가 들어서도 사람들은 주변의 연애사에 유난히 관심을 두고 관여하고 싶어 한다. 이런 이유로 사람들은 많은 경우 '관계'라는 말 안에서 연애 관계를 떠올리는 경우도 많다.

사실 우리는 소셜 미디어라는 말이 익숙하지 않던 과거에도 이미 싸이월드를 통해 소셜을 연애 관계에서 바라보고는 했다. 최근 인터넷 비즈니스의 최대 화두가 된 페이스북 역시 이런 부분을 반영하고 있다. 페이스북의 가장 오래된 상태 표시 중의 하나는 연애 상태다. 나이, 성별, 사용 언어, 종교, 정치관 등 페이스북의 개인 정보는 상대방을 아는 데 도움을 준다.

이와 관련해 페이스북조차 뛰어 넘는 데이터 활용자가 있다. 국내에는 잘 알려지지 않은, 세계 최대의 온라인 데이트 사이트 오케이큐피드(www.okcupid.com)다. 오케이큐피드는 300만 명 이상의 사용자들이 온라인 데이트를 위해 공개한 자신의 신상정보를 활용해 자신들의 블로그(http://blog.okcupid.com/)에 트렌드 리포트를 작성하고 공유한다. "첫 데이트에는 어떤 질문을 하는 것이 좋을까?", "동성애자와 이성애자의 데이트 패턴은 어떤 차이가 있을까?"그리고 가장 중요한, "그런데 스스로 적어 넣은 이 데이터는 얼마나 사실에 가까울까?"

물론 이 주제는 시공을 초월한 인류 최대의 관심사인 만큼 당연히 국내에도 비슷한 서비스 제공자가 있다. 국내 유명 결혼 정보업체인 듀오는 자신들이 보유한 회원 데이터베이스로 자동 추천 서비스를 제공한다는 사실을 이미 밝힌 바 있다.[4] 어떤 의미에서 매치메이킹이란 선호 조건을 통해 적합한 상대를 찾아주는 가장 단순한 형태의 분석 작업일 수도 있다. 그러나 우리도 익히 알고 있듯이 이런 정보에 있어서 과장과 거짓말을 구분해 내어 정보로서 가치가 있는 내용을 사용하는 것은 중요하다. 사용자의 사용 양태를 피드백 삼아 정말 원하는 정보를 찾아주는 서비스가 필요하다.

그런 측면에서 오케이큐피드는 사용자에게 합리적인 사업 모델을 제시한다. 1) 자동화 매치메이킹을 원한다면, 타인의 정보를 검색하는 만큼 자신의 정보를 진솔하게 공개한다. 2) 이렇게 공개한 데이터와 실제 사용의 피드백을 분석해 서비스를 발전시킨다. 3) 월정액 유료 서비스로 '목록 앞에' 등장할 수 있도록 제공한다.

수 많은 유사 매치 메이킹 서비스가 난립하는 과정에서, 오케이큐피드는 데이터 분석력을 최대의 강점으로 포지셔닝했고, 성공적인 비즈니스를 이끌 수 있었다.[5]

이러한 오케이큐피드 서비스의 가격은 어느 정도의 가치를 지닐까? 2011년 매치닷컴(http://www.match.com)은 오케이큐피드를 5,000만 달러에 인수했다.[6]

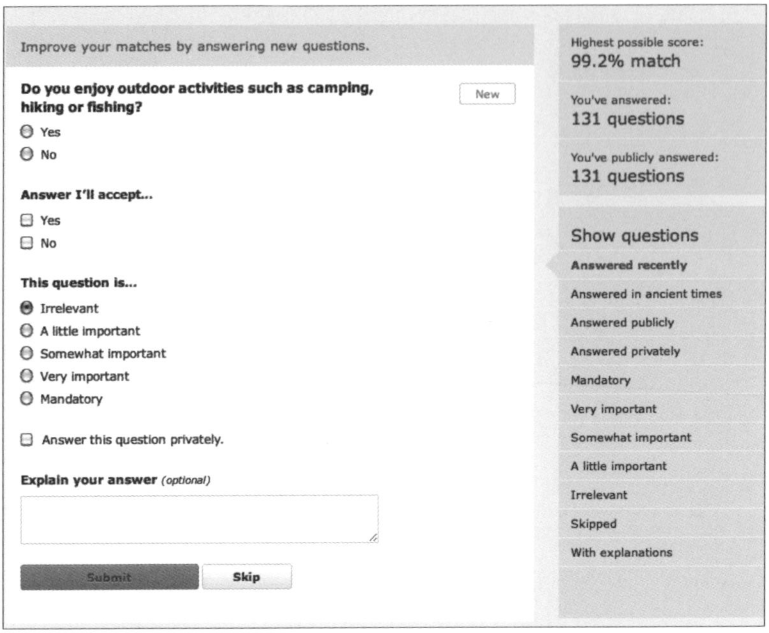

그림 4-1 오케이큐피드 사이트의 질문 화면. 자신의 응답과, 상대방의 예상 응답, 자신이 생각하는 질문의 중요도를 입력한다. 설문에 대한 응답 결과를 시스템에서 자동 검색해서 상대를 추천한다.

이처럼 시간과 장소, 국경을 초월해 사람들이 가장 관심을 갖는 분야에도 빅데이터는 영향을 주고 있다. 물론 사랑도 좋겠지만, 사람이 사랑만으로 살 순 없는 법이다. 우리의 기업 환경에 익숙한 또 다른 사례를 살펴보자.

비즈니스 변화의 실마리

이미 기업은 다양한 형태의 데이터 활용을 꾸준히 시도해왔다. 물론 CRM^{Customer Relationship Management}으로 이야기되는 고객 관리라든지 마케팅을 위한 사용 분석 외에도 다양하다. ERP^{Enterprise Resource Planning}로 불리는 전사적 자원 관리는 물론 재고 관리나 생산 관리 등에서도 다양한 데이터를 축적해 경영의 바탕이 되는 정보로 활용하고 있다. 이처럼 우리가 이미 잘 알고 있는 기존의 내용 외에 최근 소개된 몇 가지 사례들을 살펴보려 한다.

한국석유공사에서 운영하는 오피넷(http://www.opinet.co.kr/)은 자체적으로 수집한 데이터를 기반으로 주유소의 휘발유 가격을 예측한다고 밝힌 바 있다.[7] 순전히 이론적으로 상품 가격을 결정하는 모든 변수를 이해하고 그것을 전부 공식화해서 계산할 수 있다면 상당한 정밀도로 예측하는 일도 가능하다. 물론 이러한 가정은 현실적으로 어디까지나 가정에 그치는 경우가 많다. 그 모든 변수를 일일이 계산하고 측정해서 모델을 세우는 방법 자체가 불가능에 가깝기 때문이다.

그렇다면 오피넷은 가격을 어떻게 계산하고 예측할까? 비유하자면 "구름이 낮게 깔리면 소나기가 내린다."와 비슷한 예측 방식으로, 주요한 몇 가지 지표에 대해 전반적인 패턴을 찾아내는 방식이다. 구름이 낮게 깔린다고 반드시 소나기가 내리는 것은 아니다. 구름 한 점 없는 날이나 높은 구름이 간간이 있는 날에 비해 구름이 낮게 깔린 날에 소나기가 내릴 확률은 분명 높겠지만, 이 예측이 반드시 절대적인 기준은 아니다. 하지만 과거 기상 관련 기록에서 기온이 영상이고 구름이 기준 위치보다 낮게 깔린 날 중 90%의 경우 소나기가 내렸다면 앞으로도 비슷할 것이라 예상할 수 있다.

그림 4-2 앱스토어에서 다운받을 수 있는 오피넷 스마트폰 앱. 무료서비스에다 주변의 저렴한 주유소를 이용할 수 있어 스마트폰 사용자들에게 인기가 좋다.

휘발유의 가장 대표적인 변수는 공급 가격과 세금이다.[8] 물론, 공급 가격이나 세금이 달라지면 휘발유의 가격도 따라서 달라진다. 만약에 거의 모든 변수를 포괄하는 공식을 세운다면, 패턴의 예측보다 더 정밀한 예측이 가능할 수 있지 않을까? 그렇지 않다. 예를 들어 유류세 인상 방안이 발표되면, 인상 부분이 실제 가격에 포함되기 이전부터(사실상 발표 직후부터) 휘발유 가격은 상승하는 패턴을 그린다. 가격이 올라갈 경우를 생각해서 소비자들이 일찍부터 소비를 줄여 전반적인 마진 비율도 따라 올려야 하기 때문이다. 이처럼 시장 가격은 단순한 변수들의 영향력만으로 계산할 수 없는 부분이 있다. 그러나 과거를 돌아볼 수 있다면 이해할 수 없는 부분도 상당한 정밀도로 예측할 수 있다.

물론 패턴을 통한 예측이 아닌 실제 데이터를 꼼꼼하게 확인해 가능한 부분도 있을 수 있다. 인천공항의 성공 사례를 보자.[9]

다음에 도착하는 비행기에 몇 명의 자국민과 외국인이 타고 있는지 알 수 있을까? 항공사의 승객 정보를 받아볼 수 있다면 비행기가 출발하는 바로 그 시점부터 한 명의 오차 없이 정확하게 예측할 수 있다. 몇 명이나 되는지, 그 중에서 자국민은 몇 명이고 외국인은 몇 명인지, 도착하는 사람인지, 환승하려는 사람인지, 특별한 짐은 없는지 등 이러한 정보를 알 수 있다면 그들이 움직일 대강의 동선을 예측할 수 있고, 이에 따라 공항 내 인력 배치 또한 효율적으로 할 수 있다.

주먹구구식으로 외국 국적기에는 외국인 비율이 높다고 예상하기 때문에 출입국 심사대의 90%를 외국인용으로 준비하는 것이 아니다. 도착하는 사람의 목록을 보고 자국민과 외국인의 비율이 정확히 절반 정도이므로 출입국 심사대 역시 절반 정도로 배분한다는 식이다. 단, 여기서 말하는 정확한 정보는 비행기가 출발하기 전에는 확신하기 어렵기 때문에 인력 배정에 그대로 적용하긴 힘들다. 정확한 정보가 도착하는 시점은 도착 수 시간 전이기 때문이다.

내일 도착할 비행기에 외국인이 몇 명이나 타고 있을지는 알아 맞추기 어렵다. 이럴 경우엔 앞에서와 같이 패턴을 적용해 대강의 그림을 짜는 방식도 충분히 유효하다. 자국 관광의 성수기에는 외국인 도착이 많고, 외국 관광의 성수기에는 자국민 도착이 많다는 식으로 그날그날의 인력 배치를 결정할 수도 있을 것이다.

지난 10년간 경제학 분야의 복잡계 관련 연구에서 단연 돋보인 주제는 '주식시장'이다.[10] 주식시장을 하나의 복잡계로 보고 어떤 종목이 오르고 내릴지를 분석하고 예측할 수 있다는 관점의 접근이다.

결론부터 이야기하면, 예측은 실패했다. 우선 주식시장엔 영향을 주는 변수가 너무 많았다. 또 주식을 사고 파는 주체인 사람의 비이성적인 결정 방식은 계산 불가능했다. 정확한 예측은 실패했어도 전반적인 주식 전체의 큰 흐름을 짚어낼 수 있다는 소기의 성과만 두고 보더라도 현 시점에서 생각하면 의미 있는 수확이라 할 수도 있다.[11]

이러한 분석에 대한 노력은 계속되고 있다. 아마존을 필두로 사용자 사용 기록을 분석해서 서비스를 고도화하는 업체들은 분명 승승장구하고 있기 때문이다.[12] 아마존은 사용자의 구매 데이터를 분석해서 해당 고객이 원할 것으로 예상되는 책을 추천한다. 아마존에서부터 시작한 이 추천 방식은 현재 국내의 다양한 쇼핑 포털 그리고 뉴스 포털에서도 비슷하게 활용되고 있다.

대량의 데이터를 기반으로 이뤄지는 질병에 대한 연구와 의료 시스템, 다양한 학습 자료가 활용된 개인 맞춤형 교육, 실시간 데이터를 분석해 원활한 차량 흐름을 이용할 수 있게 하는 지능형 교통 관리 시스템 등 다양한 변화들이 빅데이터를 통해 더욱 정교해지고 가속화되어 우리 곁으로 다가오고 있다.

물론, 아직까지는 완벽하다고 말하기 어렵고 또 다른 어떤 의미에서는 사람의 직감을 따라가지 못하는 부분이 분명히 있다. 결국 이 두 가지의 접근 방법 중 어느 한 쪽에 의존하기보다는 정성적인 직감과 정량적인 데이터 분석을 조합해 활용하는 편이 가장 바람직할 것이다.[13]

사회 변화의 기초

흔히 소통이 중시되는 사회라고들 말한다. 그러나 한 방향으로만 행해지는 방식을 소통이라 할 수는 없을 것이다. 소통의 반대는 반발이 아니라 무관심이라는 이야기를 자주 듣게 된다. 반발은 도리어 주제에 충실한 피드백의 한 종류라고 볼 수 있다는 의미다. 그렇다면 다양한 형태를 가진 사람들의 소통에 빅데이터가 가져온 변화는 어떤 것이 있을지 살펴보자.

우리에게 필요한 친구는 몇 명이나 될까? 영국의 인류학자 로빈 던바Robin Ian MacDonald Dunbar는 인간이 유지할 수 있는 사회적 관계의 숫자에 한계가 있다고 주장한다.[14] 인간의 뇌가 생각할 수 있는 한계 때문에 약 120~200명 정도에서 일반적인 관계를 맺을 수 있다는 내용으로 이를 던바 숫자Dunbar's number라 말하기도 한다. 던바는 전 세계적으로 석기시대의 군락 규모를 찾아 본 결과, 항상 120~200명 내외의 규모를 유지하는 데에서 착안해 이러한 결론을 얻었다고 한다. 일반적인 휴대전화의 통화 목록, 트위터 팔로우 관계, 페이스북 친구 관계에서도 유의미한 소통이 이뤄지는 범위는 평균적으로 20% 이내라고 이야기한다.[15]

현대의 네트워크 기기들은 사람을 '항상 연결 가능한' 세계로 통합시켰다. 연결한 기록은 그대로 데이터로 남고, 이 데이터는 다시 분석을 통해 사람을 향한다. 빅데이터의 시대 이전엔 인간의 행동, 데이터 수집, 분석, 그리고 활용은 완전 별개의 문제였다. 설령 그 모든 것을 연결짓는다 하더라도 이들을 활용하기 위해선 오랜 시간이 걸리기 때문에 주먹구구식이나 감으로 맞추는 편이 더 유리했다. 하지만 수집할 수 있는 데이터가 정확할수록, 분석 예측이 더 정밀해질수록, 앞에서 말한 '감'이 설 자리는 좁아질 것이다.

그리고 네트워크와 데이터의 가치는 기업과 산업의 모습에 있어 기존에 우리가 생각하던 것과는 다른 새로운 변화를 가져오고 있다. 아마존은 고객의 데이터를 기반으로 소비 패턴을 분석해 맞춤형 광고를 제공하고 판매를 유도하는 기술이 주요 강점이다. 아마존 CEO 제프 베조스가 2012년 4월 주주들에게 보낸 편지를 통해 그동안 축척한 데이터 분석과 활용 능력을 바탕으로 아마존은 클라우드 시장에 뛰어들 계획이란 내용을 언급했다는 부분은 시사하는 바가 분명하다. 기존엔 단순히 유통 기업으로 분류되었다 하더라도 기업의 관심과 투자를 통해 데이터 분석과 활용 능력이 뒷받침될 수 있다면 새로운 IT 산업의 강자로 변신할 수 있는 새로운 기회를 맞이했음을 의미하기 때문이다.

___ 인간을 달로 발사할 것인가, 새를 돼지에게 발사할 것인가

과학과 기술의 발전은 세상을 바꾸는 원동력이 된다고 많은 사람들이 믿고 있으며, 인류는 눈부신 기술의 발전을 통해 우리가 꿈꾸는 미래의 모습을 점점 만들어가고 있다. 아이폰 같은 스마트폰의 출현은 1960년대의 냉장고만한 컴퓨터의 성능보다 뛰어난 기기를 손바닥안으로 가져왔고, 그렇기에 인류는 더욱 위대한 업적을 쉽게 이룩할 수 있게 됐다.

그러나 "1960년대 컴퓨터는 NASA가 인간를 달로 보내는 데 사용되었고, 21세기의 사람들은 새를 날려보내 돼지를 잡는 데만 열중하고 있다." 이 유명한 농담은 아이폰의 등장 이후 최고의 인기를 누리고 있는 스마트폰용 게임 〈앵그리버드〉를 풍자한 것이다.[16] 또한 아무리 기술이 발전할지언정 그것을 활용하는 사람들이 어떻게 이용하느냐에 따라 가치는 달라질 수 있다는 날카로운 지적으로 받아들일 수도 있다.

그림 4-3 앵그리버드를 만든 로비오(Rovio) 사의 홈페이지. 앵그리버드의 다양한 시리즈를 만들고 있다.

혁신적인 기술 자체가 세상을 바꾸는 주체는 아니다. 하지만 기술이 가져오는 환경의 변화는 사람들에게 세상을 변화시킬 만한 계기를 줄 수 있다. 과거 전통적인 통계 분석의 기술에서는 샘플링과 신뢰성 검증 등의 기술이 중요하게 여겨졌다. 물론 조사 방법 자체가 한계를 가진 경우는 제외되겠지만, 전체 모수를 가지고 있는 경우에도 수억 건이 넘어가는 데이터를 처리하는 시간 자체가 오래 걸렸기 때문인 경우도 있다. 그 과거라는 시점이 인터넷이 활성화되기 이전의, 불과 10여 년 전의 이야기다. 지금은 저장해야 할 공간을 걱정할 정도로 데이터가 넘쳐나고 처리속도가 뛰어난 컴퓨터 기술도 존재하기 때문에, 분석과 활용을 누가 어떻게 사용하느냐가 관건이 되고 있다.

데이터의 가치, 어디에 있는가?

트위터는 과거 140자라는 단문 서비스라는 특성으로 인해 한계가 있으리라던 예측과 달리 다양한 사회 변화를 주도하며 그 영향력을 분명히 입증하고 있다. 「월스트리트 저널」은 2011년 7월 기사를 통해 트위터의 기업 가치는 2010년 37억 달러로 평가받은 바 있으며, 2011년 70억 달러로 기업 가치를 두고 투자 유치를 준비 중이라고 밝힌 바 있다.[17]

하지만 하루에 수억 개의 트윗이 오가는 현재에도 트위터는 여전히 내세울 만한 수익 모델이 없다. 트위터에서 비용을 지불해야 하는 서비스는 프로모티드 트윗Promoted tweet으로 알려진 개인 집중형 광고 정도이며 앞으로 이러한 광고 모델을 통해 매출이 증가할 것으로 예측하는 정도다. 그럼에도 불구하고 트위터에 높은 수준의 기업 가치가 있다고 판단하는 이유는 무엇일까?

트위터의 가치는 단순히 전 세계의 여러 사람들이 사용하는 서비스라는 데 그치지 않는다. 트위터는 분석 가능한 엄청난 데이터를 만들어 내는 보고寶庫이자 생각이 유통되는 플랫폼이라는 데 더 높은 가치가 있다. 나와 팔로우 관계를 맺은 사람은 얼마나 되는가? 내가 최근에 올린 트윗 중 가장 많은 사람이 본 트윗은 얼마나 될까? 현재도 이를 제공해주는 무료 서비스가 있으며, 이러한 내용은 개인이 트위터의 API를 통해 데이터를 받아와 소규모 분석을 직접 해볼 수도 있다. 그리고 분석 대상이 트위터의 사용 현황 같은 서비스에 대한 단순한 호기심 수준을 넘어서는 순간, 이러한 활동은 비즈니스 관점에서 더 높은 가치를 지닐 수 있다.

트위터의 데이터를 분석하면 사용자가 어디에 있고, 어떤 일을 하고 싶으며, 어떤 생각을 하는지 알 수 있다. 기본적으로 트윗에는 텍스트 정보 외에도 사진 같은 이미지와 위치정보 등이 포함될 수 있기 때문이다.

한편 페이스북은 소셜 미디어 중 가장 많은 사용자를 기반으로 하고 있는 만큼, 트위터보다 더 다양한 활용이 가능할 것으로 예측된다. 예를 들어 페이스북에서 제공하는, 누구와 함께 있는지를 태그할 수 있는 기능 등은 다양한 정보를 분석 활동에 제공하는 기반이 될 수 있다.

이처럼 이미 소셜 미디어는 분석할 경우 시장이나 제품에 대한 더욱 정확한 예측과 서비스에 대한 명확한 고객 선정 등 다양한 기업 활동의 변화를 이끌 수 있는 잠재력 있는 정보를 보유하고 있으며 또 계속 만들어내고 있다. 그리고 이는 관련 서비스 기업들의 가장 중요한 자산이자 경쟁력이다.

물론 이러한 부분은 빅브라더의 가능성을 의미하는 부분이 있어 분명 민감한 사안이다. 2011년 구글이 유튜브, 구글플러스 등과 같은 소셜 미디어를 포함한 서비스 개인정보를 통합하는 사용자보호정책을 발표하자 각국에서 도입 중단 요청이나 국내법 위반 여부를 조사하는 것도 마찬가지 이유 때문이다.

빅브라더(Big Brother)

영국의 소설가 조지 오웰(George Orwell)의 소설 『1984』에 등장한다. 시민의 모든 행동을 감시하여 독재자에게 전달하는 절대권력으로 표현되며 소설 내에서 텔레스크린과 도청장치를 이용해 대중에게 이데올로기를 강요하기도 한다. 이후 현실세계에서도 사회통제의 수단을 빗대어 표현하는 대명사가 됐다.

물론 구글은 개인정보는 비공개로 유지되며 수집하는 정보가 변경되는 것은 아니라고 밝혔지만 이러한 활동에 대한 사람들의 시선은 그리 우호적이지만은 않다. 소셜 미디어를 바탕으로 한 다양한 네트워크 기반의 서비스가 점점 더 활성화될수록 내가 언제 어디서 누구와 어떤 생각을 했고 또 앞으로 무엇을 할지 같은 다양한 개인 정보들이 남게 되고, 또 분석되어 활용될 수 있기 때문이다.

대부분의 경우 사람들은 타인과의 소통을 위한 목적으로 자발적으로 정보를 공개하는데, 이러한 내용들이 자신도 모르는 사이 제3자에 의해 수집되고 활용된다면 분명 간단한 문제는 아니다.

이에 대해 논란은 있지만 다수의 전문가들은 개인정보보다 서비스가 주는 가치가 높다면 결국 사람들은 이러한 정보의 활용에 대해 대부분 동의할 수밖에 없을 것으로 예측한다. 한 차원 다른 서비스를 기대하고 서비스에 대한 눈높이가 올라간 사람들은 기대하는 편의를 누리기 위해 자신의 데이터가 공개되고 공유되는 부분에 대해 어느 정도 손실을 감수할 수밖에 없다는 사실을 알고 있기 때문이다. 이미 포스퀘어나 페이스북 등에 존재하는 위치정보를 기반으로 한 서비스를 위해 사람들이 자신의 위치정보를 제공하는 일에 익숙한 것이 그러한 사례 중 하나다.

결국 개인정보 관리가 중요하다는 문제의식과 함께 기업이 활용 가능한 정보의 기준과 범위를 구체적으로 정해 전체 구성원 간 상호 합의를 마련하는 일이 필요해질 것이다. 이 과정을 통해 빅브라더에 대한 과도한 경계를 줄일 수 있으며, 기업 역시 고객의 정보를 보호하는 범위 내에서 필요한 데이터를 활용할 수 있는 결정이 가능하다. 변화의 흐름을 거스를 수 없다면 그에 대한 현명한 가이드라인을 마련하는 일은 무엇보다 중요하다.

소셜 미디어 속 당신의 데이터를 팝니다

BBC 뉴스에 따르면 2012년 2월 소셜 미디어 데이터 플랫폼을 표방하는 데이터시프트DataSift 사는 트위터와 계약을 맺고 약 2년간 트위터에 남겨진 모든 공개 기록들을 판매한다고 발표했다. 2010년 1월부터 현재까지의 모든 트위터상 데이터를 다양한 필터를 통해 검색하면 기업들은 고객에 대한 더 정확한 인사이트를 얻을 수 있다는 게 데이터시프트의 설명이다. 이는 곧 트위터가 가질 수 있는 모든 종류의 정보를 기업들이 쉽고 편하게 확인해볼 수 있는 형태의 서비스로 제공하게 된다는 의미다.

소셜 미디어를 통해 만들어진 빅데이터를 비즈니스 측면에서 활용하는 세상은 이미 우리 바로 앞에 와 있다. 이런 데이터는 마케팅 부서에게는 제품과 브랜드에 대한 사람들의 반응을 한눈에 볼 수 있는 통계자료가 되기도 하고, 소셜 뉴스사이트에는 대다수가 보지 못하는 사건들의 연결고리를 찾아 큰 그림을 그려볼 수 있게 도울 수 있다. 금융 관련 기업에게는 시장과 주식의 흐름을 더욱 정확히 파악해 중요한 판단을 내릴 때 바탕이 되는 지식으로 활용할 수 있다.

데이터시프트는 단순히 데이터를 모아서 기업들에게 던져주는 게 아니라 사람들이 무심코 남긴 글에 섞인 뉘앙스, 위치정보, 웹사이트 링크, 다양한 콘텐츠를 포함하여 분석해 전달한다. 이렇게 가공된 정보들을 쉽고 빠르게 손에 쥘 수 있다면 이 정보를 활용하는 기업은 그렇지 않은 기업에 비해 더 빠르고 효과적인 전략 수립이 가능해진다.

물론 여기에는 비록 공개된 정보라고 하지만 프라이버시에 대한 우려가 적지 않으며, 뿐만 아니라 지나간 오랜 데이터가 과연 얼마만큼의 효율성을 가질 수 있는지를 문제삼아 부정적으로 바라보는 시각 또한 존재한다. 하지만 그러한 부분이 있음에도 원하든 원하지 않든, 사람들이 남긴 모든 공개된 데이터가 정보가 되는 시대가 왔다. 이 변화에 대한 대비를 서둘러야 할 것이다.[18]

시리에서 답을 찾다

아이폰 4S가 처음 소개되면서 가장 주목받았던 기능 중 하나를 꼽는다면 단연 시리^{Siri}일 것이다. 아이폰을 통해 우리가 질문을 하면 시리는 그에 대한 적당한 답을 제시해준다. 날씨나 전화 걸기 같은 비교적 명확한 질문에 대한 대답 외에도 장난스러운 질문에 위트 있는 답변을 제공해 많은 사람들로부터 좋은 반응을 이끌어내고 있다. 손 안의 비서라는 말이 어울리는 모습이다. 그런데 시리가 정말 '완전히 새로운' 서비스일까?

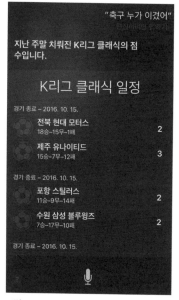
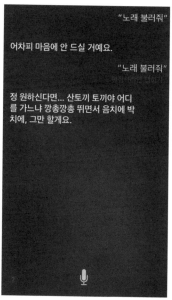

그림 4-4 시리는 오늘의 경기 결과에 대해서도 검색해서 읽기 좋게 보여주는 똑똑함을 보여주지만, 농담에도 감성적으로 대답하는 높은 완성도를 보여준다.

1964-96년, MIT 교수 조셉와이젠바움^{Joseph Weisenbaum}은 사용자가 일상적인 말을 입력하면 그에 대한 답을 주는 프로그램, 엘리자^{ELIZA}를 만들었다.[19] 기술 면으로 보면 단순 패턴 일치를 활용했을 뿐인, 상대적으로 간단한 프로그램이었으나, 기술을 떠나 기계와 '대화하는' 상황을 진지하게 받아들인 사람들이 있었다. 그 덕분에 이후로 다양한 채터봇^{chatterbot} 프로그램이 등장하게 된다. 그 중에서도 한국에 가장 잘 알려진 것으로 90년대 DOS 기반의 '맥스^{MAX}'와 MSN 기반의 '심심이'가 있다.

심심이의 경우 일반적인 채터봇 프로그램을 네트워크 기반으로 확장한 서비스로 볼 수 있다. 심심이와 비슷한 시기에 그보다 좀 더 발전된 형태의 아키네이터라는 서비스(http://en.akinator.com/)가 등장하기도 했다. 아키네이터는 사용자의 입력을 스무고개 방식으로 물어 그 답을 찾는 프로그램으로, 사용자 피드백을 받아 답을 산출하는 전형적인 패턴 인식 인공지능 프로그램이다. 아키네이터 서비스의 특징이라면 인터넷에 완전히 공개돼 있어 전 세계에 걸친 수많은 사람들이 피드백을 했다는 점이다. 지금까지 이야기한 대부분의 프로그램과 서비스들은 주로 오락이나 흥미 위주의 프로그램으로 실질적인 활용성이 떨어졌던 건 사실이다. 하지만 데이터를 기반으로 하는 인공지능에 대한 사람들의 관심을 유도하고 지속적인 발전을 견인했다는 점에서 주목할 만하다.

시리를 다시 생각해보자. 앞에서 이야기했던 사례를 통해서 알 수 있듯이 시리에 활용된 기술은 이미 과거에 소개되고 마련된 부분이다.

인공지능 기술도 있었고 음성인식 기술도 마련돼 있었다. 정보검색 기능은 말할 것도 없다. 시리는 이 모두를 종합해서 우리가 항상 휴대하고 다니는 스마트폰에 말로 질문하면 적당한 답을 네트워크상의 정보에서 검색해 알려주는 하나의 경험 서비스로 만들어 제공한 것이다.

결국 시리에 대한 관심은 단순히 기기를 텍스트가 아닌 음성으로 더욱 손쉽게 이용하고 제어할 수 있다는 정도에 그치는 것이 아니다. 사용자의 말이 가진 진정한 의미를 얼마나 자연스럽게 이해하고 반응하는지에 대한 부분이 자리하고 있다. 그리고 그 뒤에는 제한된 정보의 양과 충분하지 못한 처리 능력으로 인해 단순한 피드백에 그치던 기존에 비해, 엄청난 양의 정보를 바탕으로 다양한 방법으로 빠른 분석이 가능해지면서 더욱 사람과 가까워지고 있다는 차이점이 숨어 있다. 시리는 물론 점점 더 자연스러워지는 구글의 번역 서비스 또한 이러한 IT 기술이 가져온 변화하는 시대의 산물이다.

우리는 여기서 하나의 답을 찾을 수 있다. 소비자가 지갑을 여는 행위는 최고의 기술이나 최저 가격에 의해서만 결정되진 않는다. 물론 기술과 가격은 언제나 중요한 부분이다. 하지만 최근 그러한 부분에 있어 업체마다 차이가 줄어들면서 구매를 위한 차별화 포인트가 되지는 않는다. 결국 구매를 결정짓는 새로운 요인으로 감성이나 새로운 경험 같은 부분이 주목받고 있다. 이는 데이터를 볼 때 여전히 하나하나의 숫자와 그 정밀도가 중요하지만, 그보단 어떤 맥락에서 데이터가 나왔는지 고민하고, 그 흐름과 의미를 파악해 이를 적절히 활용하는 일이 더 중요할 수 있다는 관점과 일치하는 부분이다.

단순히 데이터를 수집하는 일이, 또는 데이터를 분석하는 일이 중요한 것은 아니다. 어쩌면 그건 누구라도 할 수 있는 일이다. 데이터의 수집과 분석된 의미가 사용자에게 전달됐을 때 생겨나는 새로운 경험이 소비를 결정짓게 되는 이유다.

5장

소셜 경험
in
콘텐츠 플랫폼

___ 소셜을 통한 경험의 확산

페이스북은 2011년 워너브라더스와 함께 「배트맨: 다크 나이트」를 3달러 또는 30페이스북 크레딧의 가격에 스트리밍 방식으로 제공하는 서비스를 선보였다. 페이스북은 이 중 수수료로 30%를 가져가는 것으로 알려졌다.

2010년 미국에선 영화 렌탈 체인 업체인 블록버스터가 파산하면서 실제로 오프라인을 통한 콘텐츠 유통이 막을 내렸다는 분석이 많다. 그 직후에 페이스북이 본격적인 콘텐츠 플랫폼으로의 시작을 알린 점은 이제 온라인을 본격적으로 활용한 콘텐츠 유통이 이뤄질 것이며 이에 대한 고객 경험 변화에 기업 대응이 필요함을 알리는 신호탄과 같은 일이었다.

이처럼 페이스북 같은 소셜 미디어상에서 콘텐츠를 직접 제공하고 소셜을 통해 소비를 확산시키는 방법이 앞으로의 콘텐츠 소비 경험의 주 목표가 될 것임은 어렵지 않게 예상해 볼 수 있다.

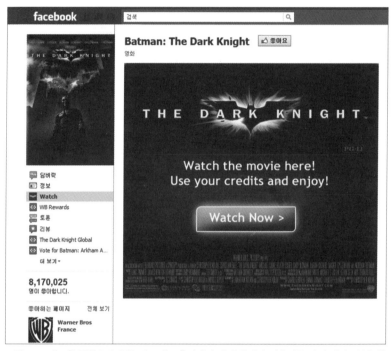

그림 5-1 새로운 콘텐츠의 유통 경로라는 측면에서 세계 최대의 사용자를 가진 페이스북은 항상 주목해야할 소셜 미디어다. 이미 콘텐츠 서비스 모델의 하나로 워너브라더스와 스트리밍 방식의 서비스를 소개하기도 했다.

뿐만 아니라 이러한 변화는 2011년 6월 현재 세계 최대 SNS인 페이스북이 넷플릭스 창업자 겸 CEO를 영입하면서 본격적으로 가시화되기 시작했다. 넷플릭스는 우편을 통한 DVD 대여 사업으로 시작해 최근 온라인 영화 스트리밍과 대여 사업 등으로 그 영역을 확대한 회사다.

넷플릭스의 CEO가 페이스북에 영입됐다는 점에서 세계 최대의 가입자를 보유한 페이스북에서 다양한 콘텐츠를 보유한 넷플릭스의 통합 서비스가 빠른 시간 안에 시장에 소개돼 새로운 변화를 가져올 것이라고 예상된다. 많은 사람들이 넷플릭스의 방대한 콘텐츠 숫자에 관심을 보이지만, 그들이 자신들의 콘텐츠로 어떻게 고객에게 효과적으로 다가서려는 노력을 해왔는지에 대해 고민해볼 필요가 있다.

넷플릭스 역시 페이스북과 마찬가지로 데이터 활용 기술을 보유하고 이를 효과적으로 활용하는 기업이다. 그 중 대표적인 기술이 고객 데이터를 기반으로 고객 개인마다의 취향을 분석해 영화를 추천해주는 서비스의 제공이다. 고객의 사용 정보를 바탕으로 분석하는 개인별 추천 서비스 제공을 통해 발생하는 넷플릭스의 매출 비중은 무려 80%에 달하는 것으로 알려져 있다. 넷플릭스는 이처럼 자신의 선호도나 취향과 같은 감성적인 부분이 매우 강조되는 콘텐츠 산업에서도 데이터를 기반으로 한 운영이 반드시 필요하다는 사실을 증명해 보였다.

이제 TV에서 방송을 하는 동안 트위터나 페이스북처럼 소셜 미디어를 통해 실시간으로 생각이나 정보를 교환하고 감동을 나누는 일은 낯설지 않다. 포털 사이트의 실시간 검색어를 살펴보면 시간대에 따라 검색 순위 상위에 해당 시간에 방송하는 인기 프로그램과 관련된 내용들이 자리하는 경우가 많다. 특히 이처럼 TV를 보며 소셜 미디어를 이용하는 최근의 소비 형태를 반영한 '소셜 TV 시청률'이란 지표가 소개되기도 했다. 이는 TV프로그램에 대한 SNS와 체크인 기반의 소셜 TV 앱 이용자들의 반응을 통합하는 방식이다. 미국 소셜 미디어 전문 조사기간 업체인 와이어드셋^{Wiredset}이 처음 선보인 방법으로 알려져 있다. 국내에서는 과거 KTH에서 TV토커스라는 서비스를 소개했는데, 이는 체크인을 기반으로 측정된 소셜 TV 정보를 제공하는 형태였다. 이처럼 소셜이 가져온 방송 소비 형태의 변화에 대한 파악은 최근 새롭게 주목받는 영역이다.

그림 5-2 TV토커스는 해당 서비스 이용자들의 체크인을 집계한 소셜 시청률 순위를 제공하고 좋아하는 방송 프로그램에 대해 대화할 수 있는 서비스다. (현재 공식 서비스는 운영 되고 있지 않으며 기존 제작된 페이스북 페이지만 존재한다.)

방송 외의 다른 콘텐츠 소비 역시 소셜이 가진 파급력에 의해 새로운 변화를 맞이하고 있으며 이러한 부분 역시 가볍게 넘길 수 없다. 콘텐츠 소비 형태는 이용하는 시간과 장소, 기기 등 다양한 여러 부분이 불과 몇 년 전과는 전혀 다른 모습을 보이고 있다. 10년쯤 전엔 모바일 기기를 통해 mp3로 음악을 듣는 일이 매우 일반적인 음악 감상 형태가 될 거라고 이야기하는 사람은 그리 많지 않았다. 하지만 지금은 다르다.

최근 케이팝^{K-Pop}의 한류 열풍은 소셜 미디어를 활용해 시간과 장소가 확장된 시장의 개념을 적극적으로 도입한 성공 사례다. 한국 대중가요를 의미하는 케이팝은 소녀시대와 카라로 대표되는 걸 그룹의 인기를 통해 본격적으로 알려지기 시작했으며, 최근엔 아시아를 넘어 유럽과 미국, 남미 등 전 세계 각지에서 인기를 얻고 있다. 최근엔 해외 유명 TV 프로그램에 직접 출연하는 것은 물론, 세계적인 팝 차트인 빌보드 차트에 '케이팝 차트'가 신설되는 등 단순히 국내 미디어에 의한 기사가 아닌 실제 현상임이 증명되기도 했다. 이처럼 케이팝이 세계적인 주목을 받게 된 바탕에는 알려진대로 오랜 연습생 제도를 통해 인재를 집중 트레이닝해 실력을 키우는 국내 기획사 특유의 육성 프로그램이 있다. 이를 통해 케이팝 스타들은 세계적으로 인정받고 차별화된 콘텐츠를 소개할 수 있었다.

하지만 이런 케이팝 콘텐츠가 시간과 장소 등의 환경이 전혀 다른 시장에 진출하고 세계적으로 확산되는 데에는 소셜 미디어, 특히 유튜브를 적극적으로 활용한 마케팅 활동이 그 중심에 있다.

국내 유명 기획사인 SM엔터테인먼트, YG엔터테인먼트, JYP가 유튜브에 올린 케이팝 영상은 전 세계적으로 22억 건이 넘는 조회수를 기록했다. 2011년 10월 유튜브에 공개된 대표적인 케이팝 스타 소녀시대의 '더 보이즈' 동영상은 4개월 만에 3천만 건의 페이지뷰를 기록했다. 이러한 흐름을 반영하듯 유튜브는 2011년 케이팝 장르를 음악 카테고리에 추가했다. 이와 같이 낯설 수도 있는 케이팝 콘텐츠의 소비를 소셜 미디어를 활용해 시간과 장소에 관계 없이 전 세계적으로 공유 가능하게 한 환경을 구축한 것은 한류 열풍의 또 다른 중심축이다.

물론 이것이 일시적인 유행으로 그치지 않을까 우려하는 목소리도 있다. 분명한 건 케이팝 콘텐츠가 소셜 미디어를 타고 전 세계 사람들에게 어필하는 소셜 경험으로 시너지를 낼 수 있다면 지속적으로 가능한 트렌드가 될 것이라는 점이다. 고객이 원하는 시점에 그들이 필요로 하는 차별화된 경험을 제공해 줄 때 해당 콘텐츠는 소비되고 공유될 수 있다.

그 변화의 시작점을 우리는 어디에서 찾을 수 있을까? 다양한 접근 방법이 있겠지만 여기에선 소셜 경험 전략이라는 측면에서 무엇이 필요하고 어디에 더 집중해야 할지 살펴보자. 콘텐츠 내용 자체의 품질을 높이는 것만큼, 빠르게 사용이 늘어나는 온라인과 모바일의 새로운 환경에 적합한 콘텐츠 소비 경험을 제공하는 것이 필요하다. 소셜을 통한 콘텐츠 소비 경험에 대해 주목해야 한다.

2011년 가장 인기를 끈 방송 프로그램 중의 하나가 '나는 가수다'라는 서바이벌 예능 프로그램이다. 초기 이 프로그램에선 7명의 가수가 일정 기간 준비한 곡을 경연 방식을 통해 서로 경쟁하고 청중 평가단이라는 관객의 투표를 통해 1명을 탈락시키고 또 새로운 가수를 소개하는 형태로 진행되었다.[1]

이 프로그램을 유심히 살펴보면 편집에서 유난히 강조하는 한 가지를 알 수 있다. 바로 관객들의 호응을 반영한 편집이다. 감동적인 노래를 들으며 눈물을 흘리는 관객이나 좋은 음악을 들은 뒤 기립해 박수를 치는 관객들을 집중해서 보여준다는 점을 쉽게 알 수 있다. 이는 혼자 즐기기보단 여러 명이 함께 즐길수록 관객은 더 몰입하고 더 큰 감동을 받는다는 점을 반영한 제작진의 편집이다. 바꿔 말해 제작자의 적절한 편집을 통해 콘텐츠를 수동적으로 주입시키는 경험인 것이다.

소셜을 활용한 새로운 콘텐츠 소비의 방향성으로 '함께' 소비(감상)한다는 측면이 있다. 함께할 때 콘텐츠 소비에 대한 경험이 더 적극적이고 활발해지는 것이다. 예를 들면 '나는 가수다'를 보면서 화면 속 관객들의 행동에 대해서만 반응하는 것이 아니라, 트위터나 페이스북 등의 소셜 미디어를 활용해 TV 콘텐츠를 함께 공유하고 이를 통해 만족도를 높인다는 사실을 확인할 수 있다. 이처럼 TV 시청 도중 SNS상의 사용자들과 의견을 나누며 호응을 얻은 콘텐츠의 경우, SNS를 함께 공유하는 다른 사용자들에게도 영향을 주고 이는 다시 시청률의 확대로 이어진다는 점에서 최근 콘텐츠 소비 측면에서 주목하고 관리해야 할 부분이 되어가고 있다.

사회적 증거란 다른 사람들의 행동에 따라 자신이 하는 행동을 판단하는 것을 의미하는 심리학 용어다. 코미디 프로그램에서 가짜 웃음을 군데군데 끼워넣는 것도 같은 이유에서 설명되곤 한다. '나는 가수다'에서 보여지는 청중의 눈물뿐만 아니라 사람들이 소셜 미디어에서 보여주는 뜨거운 반응 또한 마찬가지의 모습을 유도하고 있다. 새로운 형태의 콘텐츠는 물론 확산 환경을 통해 사회적 증거를 유도하는 역할은 더욱 다양해지고 있다.

그밖에 방송 콘텐츠뿐만 아니라 게임 콘텐츠에 있어선 이미 소셜 미디어를 플랫폼으로 활용한 소셜 네트워크 게임 영역에서 페이스북을 비롯한 다양한 업체들이 성공 사례를 보유하고 있다.

독립 문화 창작자를 위한 소셜 펀딩 플랫폼의 등장

공유하는 경험에 대한 욕구는 제품과 서비스의 제공에 대한 부분뿐만 아니라 이들이 시작되고 유통돼 현실화되는 전반적인 방식을 바꿔 놓았다. 그 대표적인 예가 바로 소셜 펀딩을 통해 독립 창작자를 지원하는 플랫폼과 이를 활용한 프로젝트의 등장이다.

연극, 영화, 만화 등 문화창작 활동을 하는 사람들은 많은 경우 그 활동에 있어서 현실적인 제약 사항에 부딪히곤 한다. 그 중 가장 해결하기 어려운 부분은 역시 비용의 문제다. 대부분의 창작자들이 원하는 건 금전적으로 큰 수익은 아니다. 순수하게 자신의 창작 활동을 위한 활동비 정도를 원하지만 시장의 논리로 인해 시작도 해보지 못하고 접어야 하는 경우가 많다. 내가 만들어낸 창작물이 누구에게 얼마나 소비가 될 수 있을지 그 수요를 가늠하기 쉽지 않다는 점은 현실적인 시작 자체를 어렵게 만드는 부분이다.

소셜 펀딩Social funding 또는 크라우드 펀딩Crowd funding이란 개인이나 단체가 어떤 프로젝트를 진행하는 과정에서 불특정 다수의 사람들로부터 필요한 자금을 기부받는 형태를 말한다. 미국의 '킥스타터(http://

www.kickstarter.com)'가 대표적인 사례다. 2011년 8월 「뉴욕타임스」에 따르면 킥스타터는 2년 동안 81만 3,205명의 사람들을 후원자로 끌어들였을 뿐 아니라, 7,500만 달러 이상의 후원금을 모아 1만 626개의 프로젝트를 만들어냈다.

이와 유사한 플랫폼으로 국내에는 '텀블벅(http://www.tumblbug.com)'이라는 소셜 펀딩 사이트가 운영되고 있다. 텀블벅은 독립적 문화창작자들을 위한 온라인 펀딩 플랫폼을 제안하며, 초대장을 통해 플랫폼을 이용할 수 있는 사람은 누구든지 프로젝트를 만들어 모금활동을 진행할 수 있다. 시작과 끝이 있는 프로젝트의 지원을 원칙으로 하며, 설정된 기간 내에 100%의 모금이 이뤄질 경우에만 후원금이 지불되고 성사되지 않을 경우에는 후원 자체가 무산된다. 특히 특정 웹 브라우저만 제한적으로 지원하는 다른 서비스들과 유사한 시스템에선 모금 활동이 제한적일 수 있어, 텀블벅은 인터넷 익스플로러는 물론 사파리Safari와 크롬Chrome 등 모든 웹브라우저에서 지불이 가능한 시스템을 준비해 두고 있다. 그리고 최종 프로젝트가 성공적으로 모금이 된 이후에 텀블벅에서는 5%의 수수료만 받는 구조로 운영된다.

텀블벅의 경우 2011년 1월 시작 이래로 같은 해 10월까지 40개의 프로젝트가 8,000만 원 이상의 후원금 모금에 성공했다. 이와 같은 소셜 펀딩의 구조는 구매할 예술작품이나 상품 등을 소비자가 기획 단계에서 선택하게 해 소비자 자신이 프로젝트를 만들어내는 구성원의 한 명으로 참여하고 있다는 의식을 갖게 해준다. 뿐만 아니라 제작자들은 여러 사람의 지원을 바탕으로 프로젝트를 운영할 수 있어, 최소 수요

미달이라는 위험부담을 극복하고 책임감과 자신감을 지닌 상태로 시작할 수 있다는 장점이 있다. 이와 유사한 개념의 국내 서비스로 와디즈(www.wadiz.kr), 펀듀(www.fundu.co.kr) 등이 있다.

그림 5-3 소셜 펀딩은 쉽게 말해 사회적 기반의 힘을 이용해 자본을 조달하는 방식이다. 창의적인 아이디어나 프로젝트를 SNS를 활용해 홍보하고, 소액 기부 등의 방식으로 후원받아 사업을 진행해 그 결과를 투자자에게 되돌려 주는 것이다. 아이디어는 있지만 자금이 부족해 실행하지 못하는 다수의 창작자들에게 새로운 대안을 제시해주는 서비스다. (사진은 텀블벅 웹사이트, tumblbug.com)

이제 소비와 생산의 모든 영역이 유기적으로 움직이는 새로운 형태의 콘텐츠 산업이 형성되고 있으며, 그 기반에는 소셜이 만드는 새로운 경험들이 존재한다.

소셜 미디어의 유행, 그렇다면 그 다음은 무엇일까

많은 사람들은 콘텐츠의 재생산이 더욱 활발해질 것으로 예측하고 있다. 단순히 자신이 만든 정보가 그대로 유통되는 것이 아니라 목적과 필요에 따라 새롭게 만들어지거나 통합되기도 하고 그렇게 조합된 내용은 개인마다 자신이 원하는 맞춤형의 모습을 선택할 수 있어 새로운 제안의 모습을 갖기도 하는 것이다.

그러한 예로 주목받는 서비스가 바로 '핀터레스트Pinterest'다. 핀터레스트는 이미지 기반의 서비스로 핀Pin과 인터레스트Interest가 조합된 이름으로 글자 그대로 메모판에 핀을 꽂는 방식과 유사하다. 인터넷에서 마음에 드는 이미지를 보았을 때 핀Pin 버튼을 눌러 자신의 스크랩 게시판인 핀보드에 저장하고 또 이러한 내용을 다른 사람들과 나눌 수 있게 해준다. 그리고 관심있는 핀을 '좋아요' 하거나 '리핀'하는 기능을 갖춰 더욱 쉽게 공유할 수 있게 한다. 즉 존재하는 정보를 개인이 원하는 대로 가공하게 해주고 또 타인과 공유하는 서비스인 것이다. 하지만 초기 단계부터 비즈니스 모델로 고민했음을 알 수 있는, 더 관심을 가질 만한 부분이 있다. 바로 가격정보가 담긴 핀을 가격별로 정렬해서 볼 수 있어 새로운 판매 채널로서의 가능성을 확인할 수 있다는 점이다.

그림 5-4 핀터레스트 화면. $20~50대의 선물이라는 항목을 고르면 아마존이나 엣시(Etsy: 수공예품 전문 쇼핑몰) 같은 사이트로 연결돼 구매할 수 있다.

데이터의 조합을 기반으로 개인화된 새로운 제안이 가능한 비즈니스라는 측면에서 '폴리보어^{Polyvore}' 역시 마찬가지로 주목할 만한 서비스다. 이 서비스는 실제 쇼핑몰 사이트와 연동된 아이템을 활용해 나만의 코디를 해볼 수 있으며 이를 타인과 공유할 수 있다. 핀터레스트와 유사한 부분이 많지만 패션이란 부분에 특화됐다는 점이 가장 큰 차별화 요소다. 실제로 핀터레스트에 있는 패션과 관련된 내용 중에 폴리보어에서 가져온 부분을 찾는 건 어렵지 않다. 개인적으로 모은 아이템을 조합하는 것은 물론 다른 사람들이 만들어 둔 내용을 볼 수 있고, 그 중 마음에 드는 아이템을 가져와 추가하거나 관련 제품의 사이트를 방문할 수 있다. 이처럼 나만의 아이템은 곧 다른 사람들의 참고자료이면서 새로운 재료로 활용될 수 있으며 이들은 조합돼 새로운 정보를 만들고 유통시키게 된다. 잘 꾸며진 여러 스타일들에 대한 소식을 접하고 또 살펴보는 과정에서 자연스럽게 쇼핑과 연결될 수 있는 형태를 갖췄을 뿐 아니라 소셜 미디어와의 연동이 쉬워 홍보 활동 등에도 직접적인 영향을 줄 수 있는 형태를 갖추고 있다.

이처럼 최근 주목받는 서비스들은 이미지를 기반으로 더욱 쉽게 접근할 수 있을 뿐 아니라 타 서비스와의 연동이나 비즈니스로의 활용에 대해 이미 충분한 고민을 했다는 점에서 기존의 서비스들과 차별화된 모습을 보여준다. 이를 기반으로 이미 2012년 초 핀터레스트는 1,100만 명이 넘는 순 방문자가 방문한 것으로 알려져 있는데, 이는 소셜 미디어 중 순 방문자 1,000만 명 돌파 시간 기준으로 가장 빠른 성장 속도다.

물론 구글플러스가 남성들만을 위한 서비스라는 이야기를 듣는 것처럼 아직 핀터레스트는 여성 위주로 주 사용자가 집중돼 있어 다뤄지는 아이템도 패션 같은 한정된 카테고리 위주로 구성되어 있다는 점이 극복해야 할 부분으로 지적된다. 이들 서비스가 직면한 더 큰 문제는 저작권 이슈다. 페이스북이 2012년 2월 기준 서비스 내 콘텐츠를 개인 핀보드에 추가하는 것을 막을 수 있는 옵트 아웃Opt out 코드를 적용하는 방향으로 결정하면서 저작권에 대한 이슈는 본격화되고 있다. 결국 이 부분의 해결 없이 핀터레스트 같은 서비스의 급속한 활성화는 어려운 일이 될 수 있다.

인터넷상에 존재하는 정보를 내가 원하는 모습으로 가공해 타인과 공유하는 일은, 결국 빅데이터 시대를 맞아 폭발적으로 증가하는 정보들을 더 쉽게 개인화할 수 있는 방법 중 하나다. 이미 정보는 충분히 다양해지고 많아진 만큼 이제 그러한 내용들을 어떻게 자신에게 필요한 부분만 찾아내고 활용할지가 중요해졌다. 이러한 내용을 반영하여 이미 네트워크상에 뿌려진 정보들을 의미있는 새로운 콘텐츠로 모으고 재생산하는 활동이 주목받고 있다. 이미 2011년 말 미국 유명 벤처 캐피털인 안드레센 호로비츠Andreessen Horowitz가 핀터레스트에 2,700만 달러를 투자했다는 내용은 그 가능성과 관심을 쉽게 확인할 수 있게 해준다.

일부는 자신과 연관된 사람에 의해 넘쳐나는 정보 속에 필터링된 정보를 기초로 자신만의 취향대로 정보를 가공해 공유하는 활동을 '소셜 큐레이션'으로 부르기도 한다. 큐레이션이라는 용어는 원래 미술전시를 해설해주는 사람의 역할에서 따온 호칭이지만, 최근에는 장르를 불문하고 수많은 정보들을 걸러내어 사람들이 원하는 형태로 가공하거나 그 해석을 돕는 역할을 총칭하고 있다. 사람과의 관계가 기본적인 신뢰와 판단의 바탕이 되는 소셜 큐레이션은 빅데이터 시대에 데이터를 모으고 그 안에서 필요한 정보를 고르는 과정이 단순한 데이터의 분석으로 그쳐서는 안 되고 사회적 관계를 고려한 다양한 변수를 고려해야 의미있는 활동이 될 수 있음을 보여준다.

스티븐 로젠바움은 그의 저서『큐레이션』을 통해 콘텐츠 큐레이터라는 새로운 수요가 증가할 것으로 예측하며 머지 않아 이러한 활동을 통해 온라인 콘텐츠가 검증될 것으로 소개한다.[2] 소셜이 만든 소셜 미디어라는 변화는 데이터의 양이 충분히 늘어날 수 있는 환경을 만들었고, 이제 그 안에서 개인이 필요한 정보를 찾아 통합하고 재생산해서 새로운 가치를 만들어 더 쉽게 활용하고 공유할 수 있는 방향으로 점 진적인 이동을 시작했다.

즐거움을 통해 소비자의 감성을 사로잡아라

딱딱한 비즈니스를 매력적으로 만들기 위한 방법으로 사람들에게 게 임적 요소를 더해 즐거움을 부여하는 사례를 발견할 수 있다. 게임에 서 반복되는 요소들을 활용해 기업 활동에 고객의 참여를 유도해 사람 들이 선뜻 하지 않을 일에 몰입시키고 반복적으로 사용하도록 만드는 기법을 게임화Gamification라고 한다. 이는 과거에도 꾸준히 활용돼 왔으 나, 최근 온라인상의 활동과 오프라인상의 실제 생활이 적극적으로 결 합되면서 그 효과가 극대화되어 더욱 주목받고 있다. 게임이라는 특정 콘텐츠에서 느낄 수 있던 재미 요소들이 게임과 크게 관계 없어 보였 던 비즈니스 영역에서 어떻게 활용되는지, 그리고 이들이 데이터와 소 셜이라는 측면에서 어떤 연관성을 갖는지 확인해보자.

'나이키 플러스Nike+'는 건강을 위한 제품에 다양한 게임 요소를 가 미한 서비스를 제공하고 있어 게임화를 설명하기 위해 자주 인용된다. 그리고 우리는 의식하지 못했지만 데이터가 효과적으로 활용되는 사 례를 여기에서 찾아볼 수 있다.

2006년 나이키는 애플의 아이팟과 연결할 수 있는 나이키 플러스 상품을 출시했다.[3] 나이키 플러스는 GPS와 기타 센서를 동원해서, 사 용자의 기록을 자동으로 네트워크에 전송해 주는 서비스와 상품 일체 를 제공한다. 중요한 점은 단순히 수치를 알려주는 것이 전부가 아니라는 점이다. 사용자는 자신의 목표를 달성했을 경우 웹사이트에서 뱃지를 받을 수 있고 이러한 기록을 소셜 미디어에 올리기도 하고 다른 사람들의 기록과 비교하며 경쟁하기도 한다. 뿐만 아니라 나이키 플러스 커뮤니티를 통해 공동의 목표를 달성하기도 하는 등, 나이키 플러스는 자칫 지루하기 쉬운 달리기라는 고독한 성격의 운동을 여러 사람들과 함께 하는 경험으로 바꿔 주었다. 이런 정보의 공유를 통해 사람들은 다른 사람과의 비교를 통해 자극받을 수도 있고 좌절할 수도 있고 아예 무시할 수도 있다. 결국 데이터를 어떻게 받아들이는가는 결국 사용자 자신의 몫이지만 분명한 사실은 데이터가 없었다면, 그리고 게임 요소들을 적극적으로 반영하지 않았다면 고객들에게 즐거운 경험을 제공하는 새로운 변화는 쉽게 구현되기 어려웠을 것이라는 점이다.

뚜렷한 목표를 설정해 경쟁과 보상이 제시되는 게임화의 또 다른 대표 사례는 '포스퀘어Foursquare'다. 포스퀘어는 위치 기반 서비스LBS, Location Based Service로, 모바일 기기를 통해 사용자가 자의적으로 현재 위치를 선택해 정보를 남길 수 있다. 단순히 그곳에 있었다는 사실 이외에도 누구와 있었는지, 무엇을 했고, 어떤 사진을 찍었는지를 '체크인'해 기록으로 남길 수 있다. 이렇게 체크인된 기록들은 친구들과 공유되기도 하고, 해당 장소에 방문한 다른 포스퀘어 서비스 사용자들에게 정보로 남기도 한다.

동네 레스토랑의 피자가 맛있었다는 체크인은 그의 친구들에게는 그날 저녁식사에 대한 자랑으로 들리겠지만, 다른 사람에게는 믿고 찾아가볼 만한 맛집 정보가 되는 셈이다. 특정 장소에 반복적으로 많은 체크인을 하거나 다양한 위치에 활동적으로 체크인하는 유저를 해당 장소에 대한 메이어^{Mayor}(시장)가 되게 만들어 주거나 다양한 뱃지를 얻게 해주는 등 포스퀘어는 소셜 서비스의 게임화에 성공한 서비스다. 물론 이러한 활동에 특별한 금전적 보상이 있는 것은 아니지만 많은 사용자들은 마치 게임을 하듯 체크인하고 메이어가 되기 위해 경쟁하며 이러한 상황들을 다시 소셜 미디어를 통해 공유하고 있다.

그림 5-5 포스퀘어(www.foursquare.com) 웹사이트의 모습(로그인 전). 친구들과 좋은 관계를 유지하고 주변에 무슨 일들이 벌어지는지 확인할 수 있다는 포스퀘어의 핵심가치를 상단에서 발견할 수 있다. 페이스북과도 연동되어 별도의 가입없이 페이스북 로그인 정보로도 포스퀘어 서비스를 이용할 수 있다.

특히 포스퀘어 같은 위치 기반 서비스는 그 특성상 다양한 정보를 활용하는 마케팅/홍보 활동 같은 기업 활동이나 교통 정보나 생활 편의 서비스처럼 공공 성격을 지닌 활동에 활용될 수 있다는 점에서 꾸준히 주목받고 있다. 실제로 포스퀘어는 2010년에 3억 8,000만 건의 체크인을 기록했으며, 이는 2009년에 비해 3,400% 증가한 수치라고 한다.[4]

물론 게임화를 한다는 점이 단순히 뱃지 취득이나 시장 제도를 도입하는 정도로 해결되는 것은 아니다. 당연한 얘기지만 고객이 정말 원하는 즐거운 경험을 제공할 수 있어야 한다. 활용 가능한 다양한 방법 중 데이터를 기반으로 하거나 소셜의 요소들을 최대한 적용할 수 있도록 검토가 필요하다. 지금 딱딱한 비즈니스에 고객들을 몰입시킬 방법을 찾고 있다면 자신이 속해 있는 제품과 서비스에 이런 부분을 어떻게 반영할지 고민해볼 필요가 있다.

___ 비영리의 사회적 활동에 사람들이 주목하는 이유

검은 터틀넥 셔츠에 청바지, 그리고 운동화. 이 세 가지 아이템을 조합하면 사람들은 자연스레 애플의 설립자이자 CEO였던 스티브 잡스의 모습을 떠올리게 된다. 기술적인 부분에 대한 설명이 상당부분 필요해 자칫 어렵고 재미없을 수 있는 신제품 발표회에서, 스티브 잡스의 간략하면서도 주요 키워드를 부각시키는 프리젠테이션은 모든 사람이 자신과 제품에 주목할 수 있는 강렬한 인상을 남겼다. 뿐만 아니라 그의 인생을 압축해서 들려주는 듯했던 2005년 스탠포드대학 졸업 축사는 많은 사람들에게 큰 반향을 일으켰을 뿐 아니라, 그가 인용했던 'Stay hungry, Stay foolish^{끊임없이 갈망하고, 우직하게 나아가라}'라는 말은 한동안 유행어처럼 사용되기도 했다.

이처럼 많은 청중 앞에서 자신이 가진 것을 이야기하는 프리젠테이션 또는 강연이라는 수단은, 지식과 정보의 공유가 성행하는 오늘날 사람들에게 가장 강력한 영향력을 행사하고 있는 분야다. 특히 멀티미디어 기술의 발전은 강연 내용을 녹화하고 편집해 파일로 만드는 일련의 활동을 편리하게 해주고 있을 뿐 아니라, 이렇게 만들어진 콘텐츠는 기존 매체와 함께 소셜 미디어를 통해 확산과 공유의 힘을 갖게 됐다. 오프라인과 온라인 활동의 경계는 물론 시간과 장소의 제약이 사라지면서, 지속적인 변화를 유도할 수 있는 새로운 확산성 콘텐츠라는 측면 역시 강화됐다. 또한 대부분 무료, 혹은 적은 비용으로 얻을 수 있다는 점 역시 콘텐츠의 파급력을 더욱 가속화시켰다.

오프라인상에서 함께 모여서 교감하는 이벤트와 그 결과물인 콘텐츠들이 온라인상에 쌓이고 공유되어 지속적으로 확산된다는 점에서, 최근의 다양한 강연 활동은 소셜이 만드는 큰 변화의 울타리 안에서 함께 움직이고 있다고 판단된다. 그리고 단순히 이를 강연 또는 교육의 변화로 볼 것이 아니라, 콘텐츠가 어떻게 만들어지고 유통되어 사람들을 움직이는지에 대해서 더 집중할 필요가 있다. 그런 관점에서 이익에 집중하는 기업이더라도 지금부터 설명할 활동과 조직에 대해 지속적으로 관심을 기울이고 살펴봐야 할 것이다.

TED

TED는 'Technology, Entertainment, Design'의 약자로 각 분야에 있는 전문가들이 자신들의 지식을 공유하는 컨퍼런스형 지식 콘서트다. 1989년 시작된 TED는 초기에는 해당 분야의 전문가들만이 모인 전형적인 컨퍼런스였지만, 2001년 크리스 앤더슨이 TED를 인수하면서 크게 변화하게 된다. 가장 큰 변화는 TED 행사 자체를 지식공유를 위한 축제의 장으로 만든 것으로 들 수 있는데, 그 기반에는 두 가지 의미 있는 기준이 있다. 첫 번째로 강연시간은 18분을 넘지 않는다는 점이고, 두 번째는 모든 강연 내용을 TED.com의 자체 채널과 유튜브를 통해 무료로 공유한다는 점이다.

TED의 강연에선 철학적인 인생의 담론을 이야기하기도 하지만, 많은 경우 해당 분야의 저명한 전문가들이 자신의 분야와 성과에 대한 이야기를 발표한다. 재미있게도 18분이라는 제한시간에 대해 대부분의 사람들이 처음에는 특정 지식을 전달하기에 충분하지 않은 시간이라고 생각한다는 점이다. 대다수 강연자들이 '18분은 어림도 없다. 1시간을 보장해 달라'라고 이야기할 정도로, 짧은 시간에 이야기를 담아낸다는 것은 쉽지 않은 일이다. 그만큼 TED에 서는 모든 강연자와 큐레이터들은 18분의 마법이라고 불리는 이 짧은 시간 안에 함축적이고 강렬한 메시지를 포함하고 전달하려고 노력하게 된다. 그렇기 때문에 그 결과물에는 풍부한 내용을 압축해 정확한 주제와 목표를 담게 되어 청중이 충분히 집중할 수 있는 동시에 인터넷과 스마트 디바이스라는 환경을 만나 더욱 빠르게 퍼질 수 있는 힘을 얻게 된다. 18분이라는 시간 안에 완성되는 콘텐츠는 휴식 시간에 회사 동료들에게 잠깐 보도록 권할 수 있으며 지루해지기 전에 집중해서 볼 수 있는 분량이기도 하다.

TED에서 만드는 강연은 기본적으로 모두 인터넷에 공유된다. 지금까지 올려진 강연들의 시청 건수는 수십억 회에 이른다. 물론 빌 게이츠, 앨 고어, 빌 클린턴, 보노, 제이미 올리버 등 전 세계 저명인사들이 다수 참여했던 것도 대중화에 큰 힘을 제공한 원인이다. 하지만 강연의 내용을 모두 무료로 공유해 인터넷만 되면 어디서나 볼 수 있는 형태로 제공한 점은, 수많은 컨퍼런스들이 자신의 콘텐츠를 수익사업의 모델로 삼는 현실에 신선한 자극을 줬다. 일회성 콘텐츠 판매를 통한 수익을 포기한 대신 TED는 이제 지식을 공유하는 장의 대명사가 된 것이다.

또한 BMW, 아우디, 마이크로소프트, 구글 등의 세계적인 기업이 스폰서로 참여하는 데서 확인할 수 있듯이 그 브랜드 가치 또한 극대화되어 있다. 스폰서 참여에도 단순 광고 노출이 아닌 기업의 사회적 프로젝트 공유, 새로운 아이디어 제안이나 신제품 시연 등의 조건을 걸어 행사의 한 부분으로 만들어 브랜드 가치를 높이고 있다.

TEDx

TEDx는 전 세계 어느 곳이라도 도시나 지명, 혹은 학교의 이름을 붙여서 그 지역에서 연사를 발굴하고 컨퍼런스를 열 수 있는 TED의 라이선스 프로그램이다. 그들이 제시하는 것은 TED의 강연 포맷과 TEDx라는 행사이름, 그리고 TED와 동일한 비영리적 행사 운영과 강연 콘텐츠 동영상 무료 공유 등의 가이드라인이다.

누구라도 라이선스를 신청할 수 있는 이 TEDx 행사는 2009년 여름 단 2건으로 시작되어 2011년 기준 전 세계적으로 5,000회의 행사가 열렸다. 한국에서도 TEDxSeoul 외 40여 개가 넘는 지역과 학교, 회사를 거점으로 하는 이벤트가 개최됐다. 동영상으로만 강연을 보던 전세계 사람들에게 '나도 TED 같은 행사를 만들어보고 싶다'라는 욕구를 실현시킬 수 있는 장이 됐다. 그리고 TED의 입장에서도 전 세계의 TEDx에서 만들어낸 수많은 콘텐츠를 TED라는 이름 아래 확보할 수 있는 도구가 됐다. 자신들의 브랜드 가치를 나누고 적당한 기준을 제시함으로써 자신들의 손이 미치지 않는 지역과 사람들로부터 새로운 콘텐츠 공급원을 얻어낸 셈이다.

바캠프

오픈소스 출판업계의 큰손인 오라일리O'Reilly 출판사의 창립자 팀 오라일리Tim O'Reilly가 주최하는 푸캠프Foo Camp는 대부분의 행사가 그렇듯이 초청에 의해서만 참석이 가능한 형태였다. 이에 반해 자유로운 참여와 공유를 위하여 기획된 것이 바캠프Bar Camp다. 오픈소스에 대한 행사가 닫힌 형태로 운영되는 것에 대한 소프트웨어 개발자들의 위트있는 반골기질이 그 시작이 아니었을까 생각된다. 바Bar라는 이름의 유래 또한 전통적으로 소프트웨어 개발의 교재에서 대명사격인 변수명으로 사용되던 푸바Foo-Bar에서 비롯됐다는 설이 유력하다.

공간이 허락하는 한 참가가 자유롭고, 발표자 또한 사전에 정해지지 않는다. 보통 당일 행사장에 놓여있는 보드나 종이에 발표자가 직접 자신의 이름과 주제를 적고 하나의 세션을 운영하게 된다. 2005년 8월에 최초의 바캠프가 미국 캘리포니아의 팔로알토 지역에서 열린 이후 전 세계 30여 개 도시에서 자유로운 형태로 열리고 있다. 행사의 조직과 준비 자체는 느슨하게 이루어지는 편이지만, 컨퍼런스 준비 과정 자체를 오픈소스화해 위키미디어 형태로 모든 준비과정을 정리하여 공유하는 것을 원칙으로 삼고 있다. 또한, 행사 현장에 참여한 모든 참여자들은 실시간으로 블로그나 사진, SNS, 위키, 영상 등을 통해 행사에서 얻은 경험과 정보를 공유해야 한다는 규칙이 있다. 국내에서는 바캠프 서울Bar Camp Seoul을 비롯해 UX 관련 업계종사자 등이 모여서 자율적으로 만든 UXCampSeoul 등이 있다.

페차쿠차

일본어로 '재잘거리다'라는 의미인 페차쿠차Pecha Kucha 행사는 프레젠테이션 형식 자체에 더 주목한다. 2003년 일본에 거주하던 영국인 건축가 마크 다이탐과 아스트리드 클라인이 처음 시작한 형태로서 20장의 프레젠테이션 화면을 각 장마다 20초의 제한시간을 두어 자동으로 넘어가게 만드는 형식이다. 결국 발표자는 400초의 시간 내에 발표를 마쳐야 하는 다이나믹한 강연이 된다.

전 세계 많은 도시에서 비영리 형태로 페차쿠차라는 이름을 딴 행사가 열리고 있고, 한국에도 '페차쿠차 서울'이 비정기적으로 열린다. 건축가로부터 시작된 행사라서 그런지, 주로 건축과 디자인, 예술 공연 등이 행사의 큰 축을 이루고 있다. 최근에는 컨퍼런스 자체의 이름보다는 그 발표 플랫폼으로서 '페차쿠차 형태로 발표한다'라는 개념으로도 많이 사용되곤 한다.

이그나이트

이그나이트Ignite는 주제나 지역, 집단 등에 조금 더 자유로운 형태의 컨퍼런스 플랫폼이다. IT 컨퍼런스와 세미나로 유명한 오라일리O'reilly에서 시작한 컨퍼런스 플랫폼으로 20장의 프레젠테이션 화면을 15초마다 넘겨서 5분에 발표를 마쳐야 하는, 페차쿠차보다 더욱 빠른 발표형태로 진행된다.

특별한 주제에 대한 제약이 없는 만큼 특정 업계나 사회에 대한 무게감 있는 내용부터 자기 PR이나 신변잡기적인 가벼운 이야기들도 많이 등장한다. 국내에는 연 1회 정기적으로 열리는 이그나이트 서울Ignite Seoul을 비롯해 지역과 기업 기반의 행사가 진행되고 있다.

컨퍼런스, 언컨퍼런스

일반적으로 학회 혹은 업계의 회의라는 의미로 사용되는 컨퍼런스 Conference는 특정 분야의 전문가들과 관심있는 사람이 모이는 행사로서 최신의 정보와 트렌드를 공유할 수 있는 장이 된다. 잘 정착된 컨퍼런스는 양질의 콘텐츠가 생산되는 최전선이기도 하다.

기존의 학계나 산업계가 학생이나 업계종사자들만을 위한 컨퍼런스를 만들고 있었다면, TED나 이그나이트 같은 행사가 만드는 폭넓고 자유로운 이야기의 장은 컨퍼런스라는 활동을 훨씬 대중적으로 만들었다는 데 가치를 부여할 수 있다. 특히 TED에서는 발표자를 섭외하고 내용을 함께 검토해 무대에 올리기까지의 활동을 함께 조율하는 사람을 큐레이터Curator라고 부를 정도로 발표 내용에 대한 엄격한 컨트롤이 이뤄진다. 이러한 엄격한 콘텐츠의 선택과 조율은 분명 양질의 강연 콘텐츠를 만들어 내는 데 큰 역할을 한다.

하지만 그만큼 참여나 활동이 제한적일 수밖에 없는 단점 또한 존재한다. 지식을 공유하는 활동의 핵심이 행사를 조직하는 특정 인력으로부터 조율된다는 것은 어쩐지 공유라는 형태와 어울리지 않아 보이기도 한다. 이러한 생각을 품은 사람들에 의해 조직된 것이 언컨퍼런스Unconference라는 형태의 행사다.

언컨퍼런스의 대표적인 행사가 앞에서 소개한 바캠프다. 참여자가 발표를 준비하기 전까지는 아젠다조차 제공되지 않으며 정해진 형태나 발표의 규칙 없이 진행되기 때문에 훨씬 다양한 정보를 접할 수 있는 장이 된다. 자율적인 주제와 토론을 통해 행사장에서 정보와 경험이 발전할 수 있는 형태를 가지고 있게 되지만, 조율되지 않는 진행방식으로 인해 발표자와 참여자의 지식과 역량에 따라서 내용의 퀄리티는 크게 차이가 날 수도 있는 단점 또한 있다. 참여자들이 스스로 정보를 조율하거나 적극적인 참여가 이루어지지 않으면 얻어갈 만한 지식이나 경험 자체가 발생하지 않는 행사가 될 수도 있는 것이다.

컨퍼런스나 언컨퍼런스나 동일하게 추구하는 것은 양질의 지식을 공유하는 활동이다. 컨퍼런스에서는 그 활동이 사전에 행사를 조직하는 인원들을 통한 큐레이션이라는 검증 과정을 거쳐서 공유되고, 언컨퍼런스에서는 행사가 진행되는 현장에서 조율되는 형태를 가지게 된다. 언컨퍼런스의 행사장에서는 참여자들의 이동 또한 자유롭기 때문에 발표자의 관점 또는 성향과 맞지 않을 경우엔 참여자가 중간에 빠져나가 버리는, 또 다른 의미로서의 큐레이션이 이루어진다. 그렇기 때문에 컨퍼런스는 상대적으로 전문가 집단이 비 전문가 집단에게 정보를 전달하는 형태에 적절하고, 언컨퍼런스는 특정 업계의 전문가들이 모일만한 주제를 위해서 열리기에 더 어울린다고 볼 수 있다.

최근 주목받고 활발해지고 있는 이런 행사는 책과 온라인을 통해서 얻는 지식보다 좀 더 직접적으로 받아들일 수 있을 뿐 아니라, 행사에 참여한 사람들 간의 적극적인 네트워크 활동을 통해 더욱 새로운 무언가를 만들어 낼 가능성이 높다. 결국 오프라인은 물론 온라인을 통해 더욱 촘촘해지는 네트워크에 맞물려, 조직하는 형태나 개념이 어떻든간에 같은 관심사를 가지고 있는 사람들이 물리적으로 함께 모여서 지식과 경험을 공유하는 활동은 점점 활발해지고 있다.

6장

소셜 경험
in
마케팅

___ 소셜 안에서 고객을 찾아라

다양한 정보는 고객에게는 소비 결정의 판단을 위한 기준으로, 기업에게는 고객을 알기 위한 소스로 활용된다. 오프라인과 온라인상에서 이러한 활동들은 꾸준히 지속되어 왔다. 풍부한 데이터를 정확히 분석해내는 활동은 오래 전부터 기업 경쟁력을 결정짓는 요인이었다.

포인트 카드의 비밀

우리는 무심결에 카페나 마트에서 포인트 카드를 만들고 사용한다. 그리고 이는 많은 사람들에게 추가 혜택을 제공하는 고객 만족 수단으로만 느껴진다. 하지만 우리가 사용하는 포인트 카드는 오프라인에서의 정보를 얻기 위한 매개체가 된다. 이는 표면적으로는 고객의 혜택을 표방하지만 단지 그것만으로 그치지 않는다는 점에 주의해야 한다.

이 포인트 카드 속에는 발급을 위한 과정에서 이미 이름, 나이, 생일,

직장, 이메일 등의 기본 정보가 포함된다. 그뿐 아니라 홈페이지 등을 통해서 자동차의 유무라든지 즐겨찾는 장소, 좋아하는 콘텐츠 등 다양한 정보를 추가로 작성하기도 한다. 이러한 정보는 기업이 원하는 고객에 대한 더 자세하고 정확한 데이터가 되며, 결국 포인트 카드는 고객 정보를 기업이 모을 수 있게 돕는 도구가 된다. 이를 바탕으로 기업은 고객에 대한 정보를 분석해 고객의 구매를 유도하는 맞춤형 마케팅이 가능하며, 이는 고객 리서치를 대신하는 강력한 도구가 된다. 이처럼 포인트 카드를 통해 고객의 정보를 수집해 정확한 타깃의 고객에게 마케팅 활동을 하는 것은 업계의 공공연한 비밀로 알려져 있다.

포인트 카드에 담긴 정보는 소비 패턴이라는 확실한 데이터세트 Dataset와 조합해서 활용할 수 있다는 점에서 특히 강력하다. 수많은 사용자를 성별, 연령이나 취미, 주 활동 장소 등으로 구분짓고, 그 카테고리별로 특징적인 소비 패턴을 찾아 해당 그룹에 적합한 추천을 할 수 있다. 예를 들어 30대 초반의 차를 소유한 직장인 남성에게 모바일 쿠폰을 보내 주유 할인 서비스를 전달하는 마케팅 방법을 생각할 수 있다. 무작위로 전체에게 전달하는 방법보다 이를 필요로 하고 관심을 가질 대상에게 보낼 수 있어 효율적이다. 데이터가 충분히 있다면 훨씬 표적화된 서비스를 제공할 수 있다. 앞에서 예를 든 30대 초반의 자동차를 가진 남성 직장인도 모두 같지는 않다. 누군가는 차에 큰 관심이 없다. 업무상의 이유로 유류비를 지원받아 운전하는 사람이라면 주유 할인 쿠폰에는 별 관심이 없을 수 있다. 반면 매일 자신의 차를 운전하며 조금이라도 저렴한 주유소를 원하는 사람에게는 적절한 마케팅 효과를 얻을 수 있다.

이처럼 세밀하게 분석한다면 소비패턴에 더욱 적절한 세분화된 마케팅 활동을 제공할 수 있으며, 결국 다양한 데이터는 이런 세심한 접근을 만드는 데 적절히 활용될 수 있다.

교통카드는 흔적을 남긴다

내 기록이 누군가에게 정보로 활용되는 건 생각보다 어려운 일이 아니다. 예를 들어 카드사 홈페이지의 교통카드 탭을 열어보자. 그 안에는 내가 지난 기간 동안 어느 버스 정류장에서 몇 번 버스를 타고 어디서 내렸는지, 어떤 지하철로 환승했는지, 생각보다 다양한 내용들이 일목요연하게 기록되어 있다. 이를 바탕으로 자신의 한 달간 동선을 그릴 수도 있고 자주 가는 장소를 한눈에 알아볼 수도 있다.

이러한 활동이 내가 아닌 다른 누군가에 의해 특정 목적을 위해 사용된다면? 이처럼 개인에 대한 정보는 다양한 온라인 서비스를 통해 여러 가지 형태로 흔적이 남는다. 개인의 기본적인 신상정보는 물론 만나는 사람, 즐겨먹는 음식, 좋아하는 장소는 물론 내가 가졌던 생각과 앞으로 하고 싶은 일까지 누군가가 마음만 먹으면 쉽게 확인할 수 있는 수많은 정보들이 기록되고 또 공개되고 있다.

기업이 가장 궁금한 점은 바로 고객의 생각과 행동이다. 예전엔 모으기도 힘들고 알 수도 없는 정보였지만 지금은 기업이 궁금해 하는 고객을 분석하는 일이 가능해졌다. 그리고 기존엔 어려웠던 더욱 정밀한 개인 맞춤형 마케팅에 점점 더 근접해졌다. 물론 분석에 대한 한계

는 여전히 존재한다. 하지만 이를 기업이 활발히 사용할 시기가 멀지

않은 것으로 보인다.

교통카드 이용내역							●접수일 ○이용일 (단위 : 원)	
접수일▼	이용일	이용카드	교통수단	승차시간/역	하차시간/역	승차거리/승객수		이용금액
12.04.07	12.04.06	본인	서울지하철	21:03 / 삼성	21:18 / 방배	6.9km / 1		200
12.04.07	12.04.06	본인	마을버스	21:23 / 방배역.서초∃	21:23 / 방배역.서초∃	0.1km / 1		0
12.04.08	12.04.07	본인	서울지하철	15:37 / 역삼	15:56 / 강변	8.7km / 1		1,050
12.04.08	12.04.07	본인	서울지하철	18:47 / 강변	19:03 / 역삼	8.7km / 1		1,050
12.04.09	12.04.08	본인	마을버스	17:23 / 방일초등학교	17:27 / 하나은행	0.7km / 1		750
12.04.09	12.04.08	본인	경기버스	17:46 / 총신대입구역	18:17 / 삼성래미안이	14km / 1		350
12.04.09	12.04.08	본인	경기버스	20:19 / 인덕원역4호∃	20:36 / 사당역	9.2km / 1		1,000
12.04.10	12.04.09	본인	도시철도	07:16 / 내방	07:42 / 가산디지털던	12km / 1		1,150
12.04.10	12.04.09	본인	도시철도	16:49 / 가산디지털던	17:19 / 내방	12km / 1		1,150
12.04.10	12.04.09	본인	간선버스	17:49 / 내방역.방배∃	17:52 / 방배프라자	0.8km / 1		0
12.04.10	12.04.09	본인	마을버스	18:00 / 합지박사거리	18:03 / 내방역3번출∃	0.6km / 1		0
12.04.10	12.04.09	본인	지선버스(800)	18:05 / 방배보건분소	18:18 / 국제전자센티	2.5km / 1		100
12.04.11	12.04.10	본인	도시철도	07:16 / 내방	07:43 / 가산디지털던	12km / 1		1,150
12.04.11	12.04.10	본인	도시철도	20:19 / 가산디지털던	20:49 / 내방	12km / 1		1,150
12.04.12	12.04.11	본인	마을버스	13:11 / 방배역.서초∃	13:19 / 유경약국	1.9km / 1		750

그림 6-1 카드사의 교통카드 이용내역. 날짜와 시간은 물론 승하차 위치, 교통수단, 승차거리
를 포함한 다양한 정보를 간편하게 확인해볼 수 있다.

내가 원하는 정보를 찾아라

구글이 처음 서비스를 시작한 1996년, 인터넷 검색 시장은 크게 야후
Yahoo와 알타비스타AltaVista가 양분하고 있었다. 당시 검색엔진의 성능
을 좌우하는 잣대는 검색 가능한 웹 문서의 수, 즉 데이터의 규모였다.
구글이 서비스를 시작할 무렵 2위 검색엔진이었던 알타비스타가 보유
한 인터넷 웹 문서의 수는 구글의 열 배를 넘었던 것으로 알려진다. 이
러한 시장 환경에 대응하는 구글의 방향은 다른 기업들과는 조금 달랐

다. 야후와 알타비스타의 검색은 많은 정보를 검색하는 데는 유리했지만 그저 숫자만 많았을 뿐 해당 정보가 중요한지는 알기 어려웠다. 여기에서 구글의 페이지랭크PageRank 알고리즘이 탄생했다.[1]

페이지랭크 알고리즘은 "어떤 정보가 가장 권위Authority 있는 정보인가?"라는 질문에서 시작한다. 사람을 대상으로 이 질문을 바꿔 생각 해보자. "어떤 사람이 더 권위 있는 사람인가?" 여기에서 우리가 질문을 생각할 때 누구에게 질문하는가라는 물음을 떠올릴 수 있다. 우선 더 많은 사람들로부터 인정받는 사람이 상대적으로 덜 인정받는 사람보다 더 권위 있다고 할 수 있을 것이다. 하지만 만 명의 디자이너가 꼽은 최고의 경제학자보단, 천 명의 경영자가 꼽은 최고의 경제학자 쪽이 더 신뢰할만하지 않을까? 이처럼 단순히 인정받는 사람의 숫자만으로는 신뢰할 만한 비교가 어렵다는 사실을 알 수 있다.

페이지랭크 알고리즘의 포인트는 바로 여기에 있다. 더 많은 정보에서 인정하는 (웹 문서의 경우엔 하이퍼링크Hyperlink로 인용한) 정보가 상대적으로 더 중요하다. 그러나 해당 정보를 인정해 주는 다른 정보가 얼마나 권위 있는 정보인가에 대한 요소도 함께 작용한다. 일반적으로 가장 권위 있는 사람은 또 다른 권위 있는 사람이 인정하는 사람이다. 물론 이런 방법으로 모든 사람이 인정할 수 있는 최고 권위자를 무조건 찾을 수 있는 건 아니다. 관점에 따라서 누군가는 상대적으로 좀 더 아래에 나온 사람을 최고 권위자로 꼽을 수도 있다. 그러나 이 방법으로 열 명에서 스무 명정도를 꼽는다면 대부분의 사람들이 만족하는 최고 권위자가 그 안에 들어가 있을 확률은 무척 높다고 할 수 있다. 정보 역시 마찬가지 기준이 적용된다.

　사실상 구글과 야후, 알타비스타로 검색했을 때 등장하는 문서를 하나하나 대조해 보면 큰 차이가 없다. 구글의 초창기, 구글로 검색한 문서는 야후 검색에서도 그리고 알타비스타에서도 등장했다. 차이라면 야후나 알타비스타에서는 열 페이지 또는 스무 페이지 뒤에 등장하는 중요한 정보들이 구글 검색에서는 첫 번째나 두 번째 페이지에 등장했다는 점이다.

　구글 이전의 서비스에서는 정보의 중요성을 감안하지 않고 검색의 결과만을 보여주었기 때문에 불필요한 검색 결과로 화면을 채우는 일이 발생했던 것이다. 이렇게 사용자가 원하는 정보를 선별해서 보여주는 구글의 검색 방식이 결과적으로 오늘날 이들 검색엔진들의 운명을 가르게 됐다.[2]

어떻게 이 제품을 추천하게 됐을까?

옥션이나 11번가 같은 인터넷 쇼핑 포털에 가면 고객에 맞는 추천 상품을 보여준다. 쇼핑몰이 경쟁적으로 제공하는 이런 개인화 서비스는 개인의 취향을 맞춰 주어 더 많은 구매를 유도하기 위해 경쟁적으로 발전하고 있다. 이와 같이 온라인상에서 행해지는 추천상품 제공이라는 알고리즘을 도입해 활성화시킨 기업은 미국 인터넷서점 아마존이다.

　이들의 알고리즘은 최대 매칭Max Matching이라 부른다. 이름은 거창하지만 사실 그 원리는 간단하다. 한 사람이 네 권의 책을 샀다면 비슷하게 책을 구입한 다른 사람들의 기록과 비교해서 가장 많이 중첩되는

5권 중 아직 사지 않은 다섯 번째 책을 추천하는 식이다.

물론 저장된 구매 이력 자체가 얼마 되지 않고 그 내용 또한 연관성이 없는 물건을 구매한 기록일 경우엔 엉뚱한 추천 결과가 생겨나곤 한다. 하지만 그 사람에 대해 더 많은 데이터가 쌓이면 매우 정교한 추천으로 이어질 수 있다. 물론 전제 조건이 있다. 당신의 구매 기록이 저장되고 활용된다는 부분에 대한 동의가 있어야 가능하다. 이러한 동의를 바탕으로 구매 기록을 활용해 다른 사람의 구매를 유도하게 된다

아마존에서부터 시작한 이러한 추천 방식은 다양한 쇼핑 포털 또는 뉴스 포털 등에서도 비슷하게 활용되는 것으로 알려졌다. 하지만 아직까지는 완벽하다고 하기 어렵고 사람의 직감을 따라가지 못하는 부분 역시 존재한다. 이런 다양한 측면을 고려해 정량적인 데이터 분석이나 정성적인 직감 어느 한쪽에 의존하기보다는 이러한 요소들을 적절히 조합해 활용하는 편이 현재까지는 가장 바람직하다.[3]

구글 역시 비슷한 정보를 제공한다. 자신의 웹사이트에서 구글 광고를 올려봤거나 지메일에서 본문 오른편의 추천 광고를 본 적이 있는 사람이라면 한 번쯤 의문을 가졌을 것이다. "이런 광고는 어떻게 추천되는 걸까?"

기본적으로 구글 광고는 광고가 위치한 페이지의 내용을 읽고 분석해서, 가장 유사한 광고로 꼽히는 몇 가지 중에서 하나를 표시한다. 뿐만 아니라 구글의 애널리틱스를 구글 애드와 연동해서 활용할 수 있게 되어있다. 이건 어떤 의미일까? 구글 애널리틱스는 데이터를 세분화하고 시각화해 새로운 방식으로 내용에 접근할 수 있게 해 광고 타겟

팅의 정확도를 높이고 마케팅 전략 강화에 도움을 주기 위해 사용되는 웹 분석 도구다.

애널리틱스를 설치할 경우엔 구글 검색엔진을 통해 분석한 내용에 맞는 광고를 싣는 정도에서 그치지 않는다. 애널리틱스를 통해 분석한 사용자 피드백에 따라 광고를 조절할 수 있다. 예를 들어 한 달 동안 A 페이지에서 주로 가, 나, 다 세 종류의 광고가 각각 25%씩 등장했다고 하자. 이 중 가 광고의 클릭율이 2%, 나의 클릭율이 1%, 다의 클릭율이 0.05%였다면, 이후 한 달 동안은 가와 나 광고를 다 광고보다 많이 노출되도록 해 더 효율적인 마케팅 운영을 통해 실적 개선이 가능하도록 할 수 있다.

왜 내게 비싼 가격을 제시했을까?

1990년대 말, 인터넷 서점 아마존은 일대 사건을 맞이한다. 문제는 사용자에게 메일로 발송된 카탈로그였다. 일부 고객이 자신에게 발송된 카탈로그에 나온 관심 서적의 가격이 아마존에서 직접 찾은 경우의 가격보다 높게 산정됐다는 점을 발견한 것이다. 같은 상품에 대한 카탈로그상의 가격이 아마존에서 확인한 가격보다 비싸다는 점을 알게 된 소비자들은 격분했다. 어떤 이유에서 더 높은 가격이 책정된 카탈로그가 고객에게 배달됐을까?

똑같은 책이라 해도 사람마다 적절하다고 생각하는 가격은 다르게 마련이다. 만약 구입을 원하는 책이 수업에서 사용하는 교과서이기 때문에 반드시 사야 한다면 수업을 포기하지 않는 한 가장 높은 가격에

라도 구입할 수밖에 없다. 그런데 만약 필요한 일부의 내용만 친구의 책을 복사해서 수업에 사용하겠다고 마음먹는다면, 그 책이 복사에 사용되는 비용보다 조금 더 비쌀 뿐이라 하더라도 고민하게 될 것이다. 경제학에서는 이런 상황을 가격 차별화 정책이라 한다.[4]

똑같은 대상에 대해 지불하려는 가격은 사람마다 서로 다르다. 단 하나의 가격만 매겨두면 그보다 높은 가격을 지불할 용의가 있던 사람은 사려 하겠지만, 그 가격에 만족할 수 없는 사람은 사지 않을 것이다. 판매자의 입장에서는 원가보다 조금이라도 더 받을 수 있다면 이익이다. 이 경우 판매자가 취할 수 있는 경제학에서 이야기하는 합리적인 선택은, 어떤 이유에서건 물건을 사려는 사람이라면 가격을 높여도 살 것이므로 더 비싼 가격을 부르고 그렇지 않은 경우 흥정하는 것이다.

아마존 역시 일반적으로 일어나는 이런 내용과 마찬가지의 활동을 했다. 하지만 아마존이 다른 점이라면 기계와 데이터 분석을 통해 자동적으로 흥정에 가까운 가격을 제시했다는 점이다. 이는 아마존이 그 이전부터 사용자의 웹사이트 사용을 추적하고, 기록하고, 분석해온 결과다. 그들이 만들어낸 문제의 카탈로그는 그 분석의 정점에 있다.

아마존은 사용자의 행동양식을 분석했다. 그리고 이를 통해 사용자가 가장 필요하다고 생각하는 책, 어쩌면 꼭 사야 한다고 생각할 책을 선정해서 그에 적합한 가격을 매겼다. 그 과정에서 누군가에게 필요한 책은 다른 사람에 비해 더 높은 가격을 책정한 결과가 나올 수 있었다. 이 사례는 정보를 수집하고 분석하는 일뿐만 아니라 어떻게 활용해야 할지에 대한 고민이 중요함을 보여준다. 단순히 데이터를 활용한 분석을 넘어 고객의 관점에서 깊이 있게 고민하는 과정이 필요하다는 사실을 보여주는 결과다.

내 친구의 소식이 광고가 되기까지

지금의 소비자는 그 어느 때보다 능동적이며 정보에 밝은 적극적인 소비의 주체다. 기업의 브랜드 가치와 제품, 서비스 구매에 대한 판단은 이미 기업이 아닌 소비자에게 넘어왔다. 현대의 소비자들은 아마존으로 제품 리뷰를 확인하고 페이스북에 사진을 올려 친구들의 '좋아요'를 실시간으로 확인하고 트위터를 통해 이러한 내용을 전할 수 있다.

이런 현명한 소비자에 대응하기 위해 이제 기업은 변화하는 시대에 제품의 장점만을 모아서 설명하는 일방적인 마케팅이 아닌 양방향으로 소통하는 채널이 필요해졌다.

광고에서의 변화는 확실하다. 기존의 매스 마켓 사용자를 대상으로 보여주던 TV, 신문 광고들에서 현재의 소비자들은 구글의 정교한 검색 로직과 페이스북의 스폰서 소식Sponsored Stories을 통한 광고를 접하고 있다. 페이스북의 스폰서 소식은 아직 잘 다듬어진 공식화된 프로세스는 아니지만, 현 시대에 가장 영향력 있는 광고의 형태가 될 조짐을 보인다. 차세대 광고플랫폼으로 주목받는 스폰서 소식은 어떤 가능성을 보여주는가?

스폰서 소식은 간단히 말해 나와 내 친구들이 페이스북에서 먹고, 보고, 노는 일상의 이야기들, 즉 내 뉴스 피드를 채우는 친구들의 활동이 페이스북 화면 오른편 광고영역에 뜨는 형식을 말한다.

스타벅스의 커피가 맛있다는 인식을 심어주기 위해 TV 속 모델의 만족스러운 표정보다 더 효과적인 건, 내 친구 철수가 마신 바닐라 라떼 사진과 그가 남긴 '좋아요'라는 흔적이다. 이런 개인적인 소셜 관계를 바탕으로 믿을 만한 내 친구가 좋아하는 커피가 바로 스타벅스라는 메시지로 다가온다면 내게는 거부감이 적을 수밖에 없다. 예를 들어 철수가 스타벅스에 가고 스타벅스 팬페이지에 '좋아요'를 눌렀다는 소식은 철수의 친구들 뉴스 피드에 '철수가 스타벅스를 좋아합니다'라는 메시지로 전달된다. 내가 신뢰하는 친구가 좋아하는, 그리고 그 친구에 의한 이야기들이 광고가 된 셈이다.

스폰서 소식이라는 새로운 형태의 광고가 가능한 건 페이스북이 대단히 파급력 있고 효과적인 소셜 미디어이자 플랫폼이기 때문이다. 페이스북은 스폰서 소식 이외에도 '페이스북 광고Ads'라는 형태의 광고 방식도 지원한다. 페이스북의 페이지나 페이지 속의 특정 포스트를 직접 노출시켜 광고하는 방식인데 광고를 접할 사람들의 위치, 나이, 성별, 관심사, 취향, 언어, 학력 등을 정해 정밀하게 타기팅된 마케팅을 펼칠 수 있다. 단순히 한국의 18세 이상 모든 사용자에게 광고를 노출시키는 방법보다 같은 지역에 사는 30세 이상 여성에게 동네 화장품 가게가 더 많은 광고 효과를 볼 수 있다는 사실은 굳이 설명이 필요 없을 것이다.

페이스북 광고는 3단계로 구성된다. 광고의 형태를 정하는 첫 번째 단계를 지나면 바로 광고 타깃을 정할 수 있는 화면을 띄워 정밀한 광고 전략을 세우게 하고, 마지막으로 광고 예산을 정하게 함으로써 간편하지만 효과적인 온라인 광고를 가능하게 만든다. 여기에 페이스북이 일방적인 정보 전달의 매체가 아니라 사용자들의 자발적인 활동을 바탕으로 끊임없이 업데이트되는 소셜 미디어라는 장점을 더하면 스폰서 소식이라는 형태의 광고가 나오게 된다.

페이스북을 통해 친구들 소식을 확인하던 중 나와 같은 화장품을 쓰고 있는 동갑내기 친구가 즐겨 찾는 화장품 가게에서 30%나 할인된 가격에 구입했다는 사실을 알게 되면 나도 그 가게에 들러볼 마음이 생기게 된다. 아마도 내 친구는 자랑할 마음으로 남긴 글이겠지만, 해당 소식을 접하는 그녀의 많은 친구들에게는 화장품 가게를 방문하게 만드는 홍보의 글이 되는 것이다.

이는 다른 비즈니스 영역에서도 비슷하게 적용된다. 오늘 아침 출근길에 내 동료가 새로 생긴 음식점의 오프닝 행사를 보고 일과 후에 나와 그 가게에 들러보기로 이야기했다는 페이스북의 내용이 또 다른 내 친구들에게 광고로 전달되는 형태가 된다. 이런 과정을 통해서 새로 생긴 그 음식점은 자연스럽게 알려지게 된다. 그 어떤 광고보다도 나와 내 주변인에게 와 닿는 형태의 홍보가 완성된다.

페이스북 광고와 스폰서 소식이 일회성 홍보, 즉 그냥 한 번 보고 지나가는 광고가 되지 않고 사용자들과 지속적인 관계를 맺을 수 있는 배경에는 페이스북의 '페이지'가 있다. 페이스북 페이지는 특정 제품이나 기업 브랜드, 지역 비즈니스와 유명인들이 만드는 공식적인 홍보의 장이다. 기업의 다양한 정보와 서비스가 페이스북의 인적 네트워크를 타고 전 세계 사용자들에게 전달되는 채널이 되는 것이다.

물론 일반인들도 커뮤니티 페이지를 만들어 다른 사람들과 의견을 공유하거나 의미 있는 활동을 전개해 나갈 수 있다. 이렇듯 페이지가 기업과 커뮤니티의 효과적인 정보 전달 채널로 자리잡을 수 있는 이유로는 바로 페이스북만의 독특한 '좋아요' 문화 때문이다. 내가 '좋아요'라고 선택한 페이지는 내 모든 친구들의 뉴스 피드에 남겨지게 되고, 친구들이 좋아하게 되는 페이지는 이렇게 친구들을 통해 전 세계 사용자들에게 퍼지게 된다. 잘 만들어진 페이지로 더 많은 '좋아요'를 확보하고 이를 스폰서 소식을 통해 더 많은 친구들에게 알리게 되는 것, 페이스북이 친구 중심의 거대한 인적 네트워크의 집합체라는 특성을 가장 잘 살려서 광고 플랫폼으로 진화할 수 있는 이유이자 원동력이다.

나와 취향이 비슷한 친구가 남긴 개인적인 이야기를 내 주변의 친구들에게 알리는 것, 즉 광고이지만 광고가 아니며 입소문의 효과는 누리지만 상업적인 광고의 냄새는 풍기지 않는 방식, 이것이 페이스북이 노리는 새로운 형태의 광고다. 이는 평면적으로 키워드를 매칭해서 뿌리는 광고와는 차원이 다른 새로운 형태로, 온라인에서 가장 효과적인 바이럴 마케팅이 될 수 있다.

나의 현재 행동 패턴이 미래를 결정한다

빅데이터 시대에서 사람의 행동은 반드시라고 표현해도 좋을 만큼 대부분 기록(행적)을 남긴다. 온라인에서의 행동 패턴, 즉 웹사이트를 방문하고, 문서를 읽고, 링크를 클릭하는 디지털의 행동은 두말할 나위도 없다. 더불어 오프라인에서도 어떤 물건을 샀는지, 어느 장소를 방문했는지, 하루 중 어떤 시간대에 주로 활동하는지 모두 기록된다. 현대의 일상은 온라인과 오프라인이 촘촘하게 연결되어 있는 만큼, 행적의 기록도 온라인과 오프라인을 모두 오간다. 그리고 상당수 서비스 제공자는 이러한 사용자의 행동 패턴을 분석해서 개인화Personalize에 활용한다.[5]

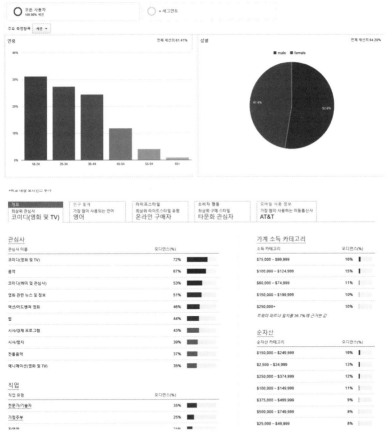

그림 6-2 구글 애널리틱스 / 그림 6-3 트위터 인사이트. 이들은 사용자의 인구 통계 정보와 관심사 등 다양한 정보를 보여주고 확인할 수 있다.

구글의 구글 애널리틱스와 트위터의 트위터 인사이트가 보여주는 다양한 정보와 이를 뒷받침하는 사용자의 메타 데이터는 어떻게 얻은 것일까? 바로 사용자의 행동 패턴을 분석한 결과다. 그리고 이러한 사용자 분석은 다시 광고의 타겟팅이나 서비스의 개인 최적화로 이어진다. 앞서 아마존과 넷플릭스처럼 사용자의 구매 패턴을 통해 새로운 상품을 추천하는 일은 이제 너무나 당연한 운영 방침이 되어서 가족조차 몰랐던 딸의 임신 사실을 지적하거나 하는 일은 더 이상 놀랍기만 한 일이 아니다.[6]

그 대표적인 사례가 페이스북이다. 페이스북은 사용자의 관심사, 프로필은 물론 사용자가 콘텐츠를 소비하는 패턴을 분석하여 사용자에게 최적의 타임라인을 제공한다.[7] 비슷한 시기에 여러 친구가 각각 콘텐츠를 올리더라도, 친구와의 친밀도, 콘텐츠에 대한 관심 정도에 따라 타임라인 상위에 등장하거나 심지어는 전혀 알지 못할 수도 있다. 또한, 기존에 공통 친구 관계와 검색 기록 등으로 이루어진다고 알려져 있던 친구 추천 알고리즘 또한, 지리 정보를 반영하여 실제 오프라인에서 자주 마주치는 친구를 추천하는 기능도 실전 배치를 목전에 두고 있다.[8] 그뿐만 아니라 앞으로 분석을 통해 사용자의 자살 예방 기능도 추가할 예정이라 한다.[9] 데이터의 분석이 정교해질수록 온라인과 오프라인의 간극은 줄어들고 있다. 물론 아직까지는 보안과 사생활 침해의 문제에 관한 많은 논란이 남아 있다. 하지만, 데이터 분석이 사회 현상은 물론 점차 산업의 변화 또한 점차 이끌어가고 있으며 생각보다 변화는 빠르게 다가온다는 점은 누구도 부정할 수 없는 현실일 것이다.

데이터는 돈이다

페이스북과 함께 소셜 미디어 시장을 견인하고 있는 트위터는 공개 서비스 플랫폼이다. 심지어 데이터를 활용할 수 있는 API까지 일부 무료로 공개하고 있다. 수많은 트위터 사용자의 활동을 보조하기 위한 서비스 유지 비용은 만만치 않을 것이다.

트위터는 2010년과 2011년, 2년에 걸쳐 데이터센터를 크게 확장하고 2011년 4사분기에는 웹 인터페이스를 대대적으로 개보수하기도 했다. 트위터의 성장을 가능하게 하는 힘은 바로 이들이 보유한 사람들의 관계 데이터다. 수억 명의 사람들이 서로 관계를 맺고 대화하는 데이터를 뽑아서 볼 수 있다는 점이 트위터의 가치를 만드는 것이다. 그렇기 때문에 트위터는 더 많은 정보를 사용자에게서 얻어내려 애쓴다.

트위터가 보유한 데이터는 과거 다른 온라인 서비스가 보유한 친구 Buddy 관계에서 형성된 데이터와는 분명한 차이를 갖는다. 우선 팔로우 관계에 있는 사람이더라도 몇 년이 넘도록 한 마디 대화도 없었을 수 있고, 반대로 등록돼 있지 않지만 많은 대화를 나눴을 수도 있다. 대화의 내용도 둘 사이의 다이렉트 메시지DM가 아니면 공개돼 있다. 트위터 서비스를 이용하는 많은 기업들이 목적에 맞는 다양한 검색툴과 분석툴로 트위터의 글을 정보로 다룬다.

페이스북은 트위터에 비해 조금 더 적극적이다. 2011년 페이스북은 타임라인 인터페이스를 추가하고 개선하며 동시에 광고 스폰서 링크를 개선했다. 과거에도 친구 관계에 있는 사람을 분석해서 광고를 추가하긴 했지만, 이제는 단순히 친구 관계에 있는 것뿐만 아니라, '좋아요' 버튼을 누르거나 댓글을 달거나 사진 안에 함께 태그되거나 내용을 공유하는 등 서로의 인터랙션 정도를 분석해서 '더 친한' 친구의 내용에 '더 많은' 가중치를 부여하도록 만들었다. 뿐만 아니라 2012년 7월에는 사용자의 검색내역과 결과를 추적해 푸시 광고를 뿌리는 새로운 형태의 모바일 광고도 기획하고 있음을 밝혔다.[10] 사용자의 개인적이고 일상적인 작은 정보를 광고로 활용한다는 이 계획은 데이터의 가치를 더욱 높여준다.

데이터는 현실을 반영하며 현실에서 강력하게 활용할 수 있기에 그 힘을 가질 수 있다. 트위터나 페이스북 같은 곳에서 만들어지는 관계 데이터는 사용자 맞춤 마케팅을 위한 분석에 활용할 수 있다는 측면만으로도 비즈니스상의 가치를 가진다. 그리고 데이터를 모으고 분석하는 능력이 더 개선될수록 그 가치는 더욱 높아질 것이다.

___ 비즈니스에 직결되는 분석

소비자들은 이제 다양한 정보를 통해 소비를 결정하고 또 주위 사람들과 자신의 결정을 공유한다. 소셜 미디어를 포함한 최근의 변화는 기업이 제공하는 일방적인 정보가 아닌 내 친구 또는 내가 속한 커뮤니티의 믿을 만한 사람의 정보를 통해 의사 결정을 하는 등 기존과는 다른 소비 형태를 만들어냈다. 최근 일어나는 변화를 바탕으로 어떤 활동에 더 집중해야 할지 확인할 필요가 있다.

주목해야 할 두 가지 키워드: 검색과 공유

소비자의 구매 심리와 이를 기반으로 하는 구매 과정을 설명하기 위해 1898년 E. S 루이스는 AIDA라는 개념을 제시했다. 이는 고객이 제품이나 서비스에 주목Attention하고 관심Interest을 갖게 되고 사고 싶은 욕구Desire를 갖게 되면 구매Action하게 되는 흐름을 나타낸다. S. 롤랜드 홀은 여기에 욕망과 행동 사이에 기억Memory하는 단계를 포함한 AIDMA 형태의 소비자 구매 과정을 제창했다.

인터넷의 발달은 이러한 소비자의 구매 과정에도 변화를 가져왔다. 아키야마 류헤이가 '홀리스틱 커뮤니케이션'을 통해 주창한 AISAS는 참여와 공유라는 최근 변화의 핵심과 맞물려 있다. AISAS는 주목Attention하고 관심Interest을 갖게 되는 과정은 동일하지만, 이 후 제품에 대한 정보를 찾고Search 이를 통해 구매Action한 후 다시 이 정보를 공유Share하게 된다. 특히 공유는 다시 구매에 영향을 주고 구매는 다시 공유에 영향을 주는 순환 흐름을 갖고 있다.

많은 사람들이 쇼핑몰상의 댓글이나 트윗의 평가 등을 보며 한 번쯤 구매 여부를 고민해본 경험이 있을 것이다. 이제 소비자는 구매한 후 제품에 대한 정보를 스스로 온라인 게시판, 블로그, 트위터 등에 제공하고 있다. 그리고 잠재 고객들은 이러한 내용을 검색해 새로운 구매로 연결하게 된다. 이제 단순히 정보를 확인하고 수집하는 '검색'에 머무르지 않고 이를 자발적으로 적극적인 '공유' 활동과 연계하는 일은 그리 낯선 소비 활동이 아니다. 이는 소셜 미디어가 활성화될수록 더 중요해지고 있으며, 개인과 기업이 원하는 다양한 소셜 데이터를 만드는 하나의 축이 되고 있다.

새로운 시대, 고객보다 고객을 더 잘 알아야 한다

기업은 늘 자발적이고 열성적인 고객을 원한다. 그리고 그러한 고객을 형성하기 위해 기업은 끊임 없이 노력해왔다. 스마트 기기의 확산을 이끈 애플에 대한 모든 동향은 요즘 특히 관심의 대상이 되고 있다. 그 중 하나로 국내에선 애플 매니아라는 말보다 소위 맥빠 또는 애플빠라 불리는 열성적인 고객 팬층에 대해서도 다양한 분석이 나오고 있다.

물론 예전부터 마니아라든지 오타쿠 등으로 불리는 특정 소비층에 주목한 사례가 없었던 것은 아니다. 하지만 개인적이고 자신만의 세계를 형성했던 과거의 형태와는 달리 최근 주목받는 애플의 열성 고객군의 경우 소셜 미디어를 통해 적극적으로 브랜드나 제품을 소개한다. 그리고 이들은 사회적인 분위기와 여론을 형성하게 되므로 기업 활동에 대해 더 직접적인 영향력을 행사한다. 그들은 제품을 가장 먼저 구입하기 위해 출시 전날부터 애플 스토어 앞에 길게 줄 선채 그 기대감과 애정을 표현하기도 하지만, 안테나게이트 같은 품질 이슈에 대해선 누구보다 적극적으로 의견을 나타내고 개선을 요구하기도 한다. 어느 쪽이든 그들의 행동은 자연스럽게 매체를 타고 전파돼 기업 활동에 큰 영향을 주게 된다. 결국 기업의 입장에서는 이런 열성층의 반응에 신경 쓰지 않을 수 없다.

최근 들어 애플 외에도 비슷한 현상을 보이는 고객군을 쉽게 볼 수 있는데, 이러한 사람들을 '에반젤리스트Evangelist'라는 용어를 사용해 표현하기도 한다. 이들의 가장 큰 특징은 기업과 고객 간의 정서적인 파트너십을 기반으로 자발적으로 활동하며 특히 금전적인 부분을 염두에 두지 않는다는 점이다.

이러한 사람들의 대부분은 제품이나 서비스에 의해 전혀 새로운 경험을 하거나 감동을 받은 적이 있다는 공통점을 지닌다. 고객이 자신에게 특별했던 경험을 공유하고 같은 감동을 받았던 무리의 한 사람이 되는 과정을 통해 집단 소속의 과정을 경험할 수 있다. 그렇다면 이러한 부분을 기업은 어떻게 만들어 줄 수 있을지를 고민할 수밖에 없다. 이때 고려할 부분이 바로 소셜 네트워크 분석을 활용해 고객을 제대로 알기 위한 이해를 시작하는 것이다.

어떤 주장을 뒷받침하기 위해 정성적인 부분도 분명히 중요하지만 여전히 정량적인 근거가 뒷받침될 때 사람들은 더 큰 신뢰를 보인다. 사람들은 소셜 미디어를 통해 자신이 좋아하고 싫어하는 것을 말하고 어디서 일을 하고 어디에서 식사하는지, 지금 무엇을 샀고 앞으로 무엇을 살지에 대해 끊임없이 이야기하며 이러한 내용들은 또 다른 의미의 정보가 되어 네트워크상에 쌓여가고 있다. 특히 기쁘고 슬프고 즐겁고 우울한 자신의 감정적인 정보를 기록하는 일 또한 적극적으로 하고 있다.

IT 기술의 발전에 힘입어 점점 더 정교해지는 소셜 네트워크 분석은 과거에 비해 쉬워지고 또 그만큼 필요한 비용 또한 낮아지고 있다. 이를 바탕으로 지금까지 정성적인 부분에 주로 의존하던 내용을 정량적으로 보여줄 수 있다는 점은 분명 과거와 차별화 요소를 갖는 부분이다.

고객이 제품이나 서비스를 만나고 또 사용했을 때의 감정은 분명 중요하지만 지금까지는 관리하기 힘든 부분이었다. 현재까지 이를 파악하기 위해 가능한 수준은 포커스 그룹을 대상으로 인터뷰하는 정도로 제한적이었다. 하지만 개인에 의해 운영되는 소셜 미디어의 확산을 통해 고객들이 직접적으로 느끼는 감정을 파악하는 데 도움을 얻을 수 있게 됐다. 뿐만 아니라 이를 위한 정보의 양 또한 급격히 증가하게 됐다.

소비자가 구매를 결심하는 순간

인간은 완벽하게 논리적이고 객관적인 방식으로 의사를 결정하지 않는다. 누군가를 좋아하거나 싫어하는 감정도, 물건을 구매함에 있어서도 사람들은 각자의 논리로 행동한다. "소비자 구매결정의 잣대가 바뀌고 있다."는 보고서에서는 이런 현상을 '정보의 일부분을 무의식적으로 혹은 고의적으로 무시하는 효율적인 인지 프로세스'라는 의미에서 '휴리스틱Heuristic'이라고 부른다. 인간은 어떤 물건을 구입할 때 객관적인 사실들을 종합적으로 고려해 구입하는 것이 아니라 자신의 경험과 습관, 제한적인 정보를 사용해 의사를 결정한다는 논리다.[11]

앞에서 정의한 휴리스틱은 일반적으로 HCI에서 정의하는 디자인 방법론인 휴리스틱 평가와는 분명 차이가 있다.

HCI의 휴리스틱 평가가 웹사이트를 평가하기 위해 인지적으로 평가하는 방법에 대해 정의해놓은 규칙이라면, LG경제연구원에서 발행한 보고서에서의 휴리스틱은 더 넓은 의미에서 의사를 결정하는 기준에 대해 접근한다. 여기서는 소비자가 구매를 결정하는 데 있어 두드러지게 보이는 성향들을 설명하기 위해 도입된 것으로 판단된다.

휴리스틱 평가

사용성의 대가인 제이콥 닐슨이 정의한 이 휴리스틱 평가는 전문가가 웹사이트의 사용성을 판단할 수 있는 기준이 되는 10가지 조항들을 정리한 것이다. 사용자가 웹의 인터페이스를 받아들임에 있어 사용성 같이 자의적으로 해석될 수 있는 영역을 더욱 전문적인 트레이닝을 받은 사람에 의해 판단하는 발견적 평가방법으로 해석되고 있다.

정보의 양이 급속히 증가하는 지금의 환경은 모든 내용을 고려해 사람들이 판단할 수 없게 만들고 있다. 그로 인해 사람들은 다양한 변수 중 자신의 구매를 결정하는 판단의 근거가 되어줄 몇 가지 주요 기준을 갖기 시작했다. 주변인과 전문가의 의견에 무게를 두거나, 한정된 시간이나 수량 같은 희소성에 의존하는 것이 그 대표적인 사례다. 소비자들의 휴리스틱에서 보이는 이와 같은 성향들은 최근 사회적인 트렌드로 주목받는 소셜의 큰 틀과도 깊은 관련이 있다.

소셜의 시대에 들어오면서 다양한 정보가 실시간으로 흐르게 됐다. 하지만 모든 사람들이 같은 수준의 정보를 확보하는 것은 아니며, 사실 수많은 정보들을 제대로 파악하는 작업 역시 쉽지 않다. 결국 수많은 정보 속에서 자신이 필요로 하는 정보에 가장 가까운 것은 무엇이며 또 직접적인 관계가 있을지 판단할 수 있는 기준이 필요해졌다. 이는 사람들로 하여금 앞에서 언급했던 것과 같은 맥락의 결정 요소들에 더 의존하게 만들었다. 그 중 대표적인 것이 판단이 필요할 때 네트워크로 연결된 자신의 지인들이나 파워 블로거 같은 소셜의 세계에서 영향력 있고 신뢰할 만한 사람들에게 의존하는 모습이다. 때로는 사람들의 이러한 기준을 활용해 기업들은 사람들을 집중하게 만들기도 한다.

유행처럼 번진 소셜 커머스는 반값이라는 파격적인 가격요소를 기반으로 하는데, 이와 함께 마치 TV 홈쇼핑 같이 줄어드는 수량과 한정된 시간을 지속적으로 노출시키는 구매 환경 역시 고객의 판단을 결정짓는 요소로 뒷받침되고 있다.

빅데이터 시대를 맞이한 소비자들은 구매 의사 결정에 직간접적으로 영향을 주는 다양한 요소들에 대해 네트워크 환경 속에 여러 가지 모습으로 흔적을 남기고 있다. 그리고 그 모습들은 소셜 미디어 등을 통해 자연스럽게 실시간으로 드러나 보이고 있어 다양한 분석을 통해 이를 어떻게 활용할지, 그리고 어떻게 고객의 구매로 자연스럽게 연결할 수 있을지가 관심의 대상이 되고 있다. 고객들은 이제 자신들만의 판단 기준을 갖기 시작했다. 이는 고객 스스로의 경험에 의해 만들어지기도 하지만 주변의 평판이나 객관적인 진정성에 의해 형성되기도 한다.

기존에 없던 방법으로 높은 성장을 만들자, 그로스해킹

드롭박스Dropbox는 구글드라이브Google Drive 등과 치열하게 경쟁하고 있는 클라우드 기반 저장 서비스 중 하나로 많은 사용자를 보유하고 있다. 드롭박스사Dropbox,Inc.는 자사 홈페이지를 통해 2016년 기준 드롭박스 서비스를 전 세계 5억 명의 개인 사용자가, 드롭박스 비즈니스

Dropbox Business 서비스를 15만 기업이 사용하고 있다고 밝히고 있다. 많은 사용자를 확보하기 위해 드롭박스는 꾸준히 캠페인과 이벤트를 진행해 왔다. 사업 초기 신규 사용자 대부분이 친구를 통해 사용하게 된다는 것을 알게 되었고, 친구 추천으로 사용할 경우 두 사람 모두에게 500MB의 무료 용량을 제공하는 추천 프로그램을 진행했다. 그 결과 회원 가입률이 60% 증가했다고 한다.[12] 비슷한 관점에서 사람들로부터 여전히 자주 언급되는 또 다른 이벤트가 있다. 2012년 진행된 '스페이스 레이스Space Race'다. 새로운 사용자가 학교 이메일 주소를 인증하고 드롭박스를 설치하면 참여자 수에 따라 포인트가 지급된다. 포인트가 특정 수준을 넘으면 해당 학교의 모든 참여자에게 2년 동안 저장 공간이 추가로 제공된다. 드롭박스는 이를 통해 200만명 이상의 새 사용자를 획득한 것으로 알려져 있다.[13]

앞에서 언급한 드롭박스 사례는 물론 초기 핫메일Hotmail의 서명 메시지였던 '추신: 사랑해요. Hotmail에서 당신의 무료 이메일 계정을 가지세요(PS: I love you. Get your free e-mail at Hotmail)'와 지메일Gmail이 핫메일과 비슷한 맥락에서 기존 이용자의 초대를 통해서만 서비스를 사용해 볼 수 있게 홍보했던 방법과 유사하다. 이들은 모두 그로스해킹을 이야기할 때면 자주 등장하는 대표 사례다.

그로스해킹은 2010년대 중반 컨퍼런스나 세미나 등에 지속적으로 등장하고 있지만, 이는 실리콘밸리의 IT기업이 꾸준히 활용해 기술 주도의 마케팅 기법이다. 그로스해킹에는 다양한 해석이 존재하지만, 그 중 위키피디아(https://ko.wikipedia.org/wiki/Growth_hacking)에서 정의하는 그로스해킹은 다음과 같다.

"그로스해킹Growth hacking은 창의성, 분석적인 사고, 소셜 망을 이용하여 제품을 팔고, 노출시키는 마케팅 방법으로 스타트업 회사들에 의해 개발되었다. 온라인 마케팅의 한 종류라고 볼 수 있는데, 그로스해커growth hacker들은 검색엔진 최적화, 웹사이트 분석, 콘텐츠 마케팅, A/B 테스팅과 같은 이미 대중화된 기술을 잘 이용하고 있다."

그로스해킹이라는 마케팅 용어 안에 해킹Hacking이라는 단어가 등장한다는 점에 주목할 필요가 있다. 그로스해킹을 만들기 위해서는 기존과는 다른 관점의 마케팅 활동이 필요하다. 우선 기존 사용자의 데이터와 행동을 분석해 이벤트를 준비할 수 있어야 하고, 사용자의 행동 자체가 서비스 확산과 자연스럽게 연결되어야 한다. 즉, 기존의 사용자들이 자연스럽게 서비스를 사용하면서 주변에 소개도 하고 참여도 자발적으로 유도하게 만들어야 하고, 이런 활동들이 궁극적으로 서비스 확장(사용자 유입 증가)으로 이어지도록 해야 한다. 그리고, 이러한 활동에는 데이터 분석과 기술적 뒷받침이 필요하다. 드롭박스의 경우 학교별 사용자 관리와 이를 기반으로 포인트를 계산하고 해당 사용자에게 혜택을 제공하기 위한 기술이 요구되었다. 이 밖에도 여러 내용이 있겠지만, 타겟팅된 사용자를 대상으로 기술과 마케팅이 결합된 다양한 실험을 통해 적은 예산으로 사업의 고성장을 유도하는 방법이어야 한다는 점은 공통된 목표이다. 라이언 홀리데이Ryan Holiday가 저서 『그로스해킹』(길벗, 2015)을 통해 밝힌 실행을 위한 네 단계를 정리하면 다음과 같다.

제품 시장 궁합Product Market Fit → 그로스해킹 찾기 → 구전 효과 만들기 → 유지와 최적화[14]

다른 기법들과 마찬가지로 그로스해킹 역시 실행을 위해선 여러가지 어려움이 따른다. 사용자의 행동으로부터 큰 영향을 받는 만큼 서비스의 내용은 물론 사용자의 취향이나 기간 등에 따라 효과가 현저히 다를 수밖에 없다. 사람들의 관계와 전파에 의해 이루어지는 만큼 나쁜 입소문이 형성될 경우 그 피해 또한 더 빠르게 확장될 수 있다. 특히 고객의 빠른 변화에 대응하기 위해 데이터를 기반으로 지속적으로 실행을 반복하고 시행착오를 거치는 경영진의 의지가 매우 중요하다.

최근 그로스해킹이 자주 언급되다 보니 '과도한 관심이 집중된 트렌드'라거나 '유행어와 같다'라는 주장들도 있다. 하지만 구전 효과, 좀 더 타겟팅된 고객, 데이터의 분석과 반영 등 그로스해킹에서 다루는 많은 부분들은 관점의 차이는 있지만, 완전히 새로운 내용이 아닌 그동안 꾸준히 다뤄진 활동이다. 용어의 정의에 갇혀 미리 그로스해킹의 가능성이나 실행 방법을 한정지어 이해할 필요는 없다. 대신 사람들의 숨겨진 니즈를 파악하고 그들의 목소리에 집중해 기존과 차이를 만들 수 있는 전략을 찾아 실행하는 것에 더 많은 관심이 필요해 보인다.

___ 감동을 만드는 우연한 경험의 비밀

빅데이터 시대의 수많은 정보들을 어떻게 활용할 것인가는 많은 기업들이 고민해야 할 화두다. 현재까지의 소셜 미디어 활용을 보면 그 속의 정보를 어떻게 끄집어 내어 비즈니스에 활용할 것인가보다는 유행하는 서비스를 단순히 고객과의 양방향 커뮤니케이션에만 활용하는 일이 대부분이다. 물론 그 자체로도 굉장히 의미 있는 일이기는 하지만 모든 기업들이 유사한 활동을 하게 돼 서비스 자체를 활용하는 일만으로는 경쟁력을 가질 수 없는 때가 곧 오게 될 것이다. 그때는 다양한 정보들을 활용하고 분석해 기업이 원하는 정확한 고객을 찾아내고 또 그들에게 원하는 모습을 보여 줄 수 있는 기업만이 고객을 확보하게 될 것이다. 이미 그런 관점에서 맥킨지와 액센츄어 같은 컨설팅 회사들과 IBM, EMC를 비롯한 많은 IT업계의 강자들은 빅데이터를 활용한 정보의 중요성을 강조하고 있다.

빅데이터 시대라는 말 자체가 이미 무수한 데이터에 대한 접근과 비교가 가능한 시대를 의미한다는 점에 주목하자. 데이터를 빠르게 분석하고 판단할 수 있는 주체는 비단 기업만이 아니다. 비영리 단체도, 심지어 개개인이 방대한 데이터를 공유하고 분석하며 기업과 서비스를 재단할 것이다.

투명성은 소비 패턴까지 바꿔 버렸다. 이제 많은 사람들에게 당연하게 되어버린 예가 바로 가격 비교 서비스다. 90년대 인터넷 쇼핑 가격 비교 사이트가 등장한 시기를 돌이켜 보자. 그 이전까지 제품과 가격에 대한 정보는 소비자에게 제대로 공개되지 않는 철저한 보안 영역이었고, 따라서 이를 비교하거나 확인해보기 어려워 일방적으로 바가지를 씌우는 일도 공공연하게 벌어지곤 했다. 가격 비교 사이트의 본질은, 단순히 공개돼 있던 가격표를 한 곳에 모아 보여주기 시작한 것뿐이다. 그러나 그 단순한 정보의 공개가 시장 전체를 뒤흔들었다. 얕은 거짓말은 공개된 정보 앞에서 쉽게 벗겨지고 이는 다시 비난의 화살로 돌아오기 쉽다. 이처럼 기업 역시 진정성을 보이는 노력이 필요하다.

모든 사람은 데이터를 남긴다. 결국 데이터는 사람의 일이고, 사람이 만든 세상의 일이다. 데이터는 데이터이기 때문에 중요한 것이 아니다. 데이터는 사람과 세상을 보여주는 지표가 되어주기 때문에, 전략적 판단을 내릴 수 있는 근거가 되어 주기 때문에 중요한 것이다.

이미 발 빠른 기업들은 온라인상의 정보를 활용하려는 노력과 의지를 보여주기 시작했다. 물론 아직은 고민에 그치는 정도에 머무르기도 하고 초보적인 수준에서 활용하는 단계인 경우가 많다. 하지만 그에 대한 고민을 시작하고 행동으로 옮기고 있다는 측면에서 이미 한 걸음 앞서 나가고 있다는 의미일 것이다. 시작 단계에서 어떤 활동이 일어나는지 살펴보는 일이 어쩌면 빅데이터 측면에선 그리 큰 도움이 되지 않을 수도 있겠지만, 비즈니스적인 인사이트를 얻는다는 측면만으로도 충분히 가치 있는 사례가 될 것이다.

소셜 데이터 기반의 무작위적 활동을 고민하라

무작위적 친절Random Acts of Kindness은 최근 온라인에서의 소통이 늘어나면서 온라인을 기반으로 더욱 주목받는 기업의 마케팅 전략이다. 무작위적 친절이란 글자 그대로 기업이 고객에게 무작위로 친절을 베푸는 전략적 기업 활동을 의미하며, 고객들에게 진심으로 다가가 인간적이고 매력적인 기업의 모습을 만드는 방법이다. 특히 소셜 미디어를 통해 고객에 대한 소통이나 정보에 대한 확인이 더욱 쉬워지면서 많은 기업들이 이를 적극적으로 활용하려 노력하고 있다. 트렌드 전문 웹사이트 '트렌드와칭(www.trendwatching.com)'에서는 2011년 11가지 주요 소비 트렌드를 이야기하며 그 첫 번째로 무작위적 친절에 대해 언급했다.

무작위적 친절은 트위터에서 트윗을 공유하거나 페이스북에서 '좋아요'를 눌렀으므로 제공하게 되는 단순한 보상 활동이 아니다. 글자 그대로 친절을 무작위로 베푸는 활동으로, 이를 위해 전략적으로 소셜 미디어상의 정보들을 파악하고 친절을 필요로 하는 고객을 찾고 적합한 활동을 진행한다는 데 차이점이 있다. 이러한 무작위적 친절 활동이 성공하기 위한 핵심은 바로 소셜 경험 전략을 구축하는 두 개의 핵심축인 고객의 정보 활용과 경험 공유다.

공개된 고객의 정보 활용은 자발적으로 공개하는 소셜 미디어를 통해 더욱 쉽게 가능해졌다. 트위터나 페이스북을 통해 개인의 정보를 확인하는 일은 그리 어려운 일이 아니다. 로레알 그룹의 비오템Biotherm 이 그 대표적인 사례다. 비오템은 @BioThermBeauty라는 트위터 계정을 만들어 피곤하거나 지쳐있다는 글을 트위터에 남긴 사용자들 중 일부에게 스킨 샘플을 무료로 제공했다. 이처럼 자발적으로 제공된 고객 상태에 대한 정보를 기업 활동에 응용하는 일은 과거처럼 번거롭고 어려운 일만은 아니다.

경험에 대한 공유 또한 SNS를 통해 손쉽게 이뤄진다. 고객들은 자신이 아는 가치 있는 경험에 대해 소셜을 통해 적극적으로 공유할 준비가 돼 있다. 물론 평범하고 일반적인 경험이 파급력을 가지진 않는다. 단순한 소통만을 위한 것이라면 모르겠지만, 적극적인 기업 활동이라는 측면에선 고객에게 의미 있고 특별한 경험을 제공할 필요가 있다는 점이 핵심이다.

2010년 토마스 쿡 그룹의 자회사인 핀란드여행사(http://www.tjareborg.fi)의 사례를 살펴보자. 이 여행사는 무작위로 한 가족을 선정해 태국 푸켓 해변으로 가는 여행 티켓을 떠나기 3시간 전에 공지하고 제공했다. 이들의 여행은 TV에 소개됐을 뿐 아니라, 크리스마스 휴가기간 중 온라인을 통해 공개되고 또 확산됐다. 이처럼 무작위적 친절은 온라인상에서 벌어지는 것이 전부는 아니며, 오프라인과의 연계 역시 가능하다. 물론 이때도 이러한 모든 활동이 결국 온라인을 통해 자발적이고 파급력 있게 확산되고 공유된다는 점이 핵심이다.

무작위적 친절이라는 컨셉에서 실시되는 마케팅 또는 홍보 활동의 중요한 특징은 비교적 비용 대비 효율적인 활동이 가능하다는 점이다. 그리고 이를 위해 기업이 큰 범위의 전략적 수정을 할 필요도 없다. 이는 소셜 미디어에 기반을 둔다는 점에서 얻어지는 부수적인 효과라 할수 있다. 물론 진심 어린 소통을 지속적으로 해나간다는 기본적인 조건을 만족시킬 때의 이야기다.

무작위적 친절을 의미 있게 만드는 요소는 바로 진정성을 볼 수 있는 인간적인 측면이다. PR컨설팅 기업 에델만의 2010년 신뢰도지표조사에 따르면 기업에 대해 평가할 때 투명성과 정직한 관행이 10가지 항목 중 가장 중요한 요소이며 재무적 수행이 최하위 순위로 나타났다. 하지만 재무적 수행 능력은 2006년엔 세 번째로 중요한 요소였다.[15] 이처럼 기업을 바라보는 시선은 시간이 지남에 따라 달라지고 있다.

기업이 무작위적 친절을 어떻게 활용하는지 살펴볼 수 있는 또 다른 대표적인 사례로 다양한 소셜네트워크와 위치 기반 서비스를 적극적으로 활용해 고객들에게 놀라운 경험을 선사한 네덜란드 항공사 KLM의 사례가 있으며 이는 별도로 자세히 확인해보겠다.

무작위적 친절을 만들기 위한 기초
무작위적 친절을 위한 활동 역시 제대로 실행하는 것이 중요하다. 이를 위한 필요 사항들을 확인해보자.

- 진실해야 한다

  일시적인 행동은 곤란하다. 오늘날의 투명한 시장에선 브랜드의 진정성을 가진 태도를 보여줘야 한다.
- 개인적이어야 하나 지나치면 안 된다

  사람들은 자신의 개인적 상황이나 필요에 딱 맞는 무작위적 친절은 좋아한다. 하지만 스토킹 당하는 기분을 원하지는 않는다. 기업은 자신들의 무작위적 친절 행동이 적절한지 확인해야 한다.
- 온화하게, 하지만 무신경해서는 안 된다

자기 중심적인 기업 마케팅 활동이 아니라 순수하게 베푸는 인간적인 차원이 느껴지는 무작위적 친절이 환영받는다.

- **공유할 수 있게 하라**

  무작위적 친절의 수혜자인 자신이 받은 '선물'에 대해 친구나 가족과 공유할 만한 이유를 제공하라.

- **관대하라**

  오늘날 관용을 중요시하는 소비자는 기업의 관대함을 언제든 수용할 마음의 준비가 돼 있다. 하지만 다수에게 그냥 잘해주는 것보다는 소수의 사람들에게 진정으로 관대한 편이 낫다.

- **의미와 목적이 있어야 한다**

  소비자들 스스로 무작위적 친절 활동에 참여하도록 장려하라. 그리고 이에 대해 공개적으로 보상하면 저절로 이야기가 퍼져나간다.

- **실제가 되라**

  사람들을 정말로 놀라게 하고 싶은가? 그렇다면 일상 생활 속에서 가족이나 친구, 동료들에게 둘러싸여 있을 때 무작위적 친절이 이뤄져야 한다. 오프라인에서의 행동은 항상 영향력이 강하다.

- **방해하거나, 밀어붙이거나, 판매하려 하지 말라**

  무작위적 친절은 기업이 의도하는 대로 이야기하는 것이 목적이 아니다. 받는 사람들에 관한 내용임을 잊지 말아야 한다.

- **무작위적 친절 행동을 남발하지 말라**

  무작위적 친절을 받지 못한다고 소비자들이 화를 내지는 않는다.

(이 내용의 출처인 trendwatching.com은 세계적인 트렌드 회사로 매달 세계 전역의 160,000명 이상의 구독자들에게 트렌드를 소개하는 트렌드 브리핑Trend Briefing을 무료로 보내고 있다.)

___ 오늘날 소비자는 현명한 소비를 원한다

소셜 미디어를 포함한 네트워크상의 활동이 일상화되면서 일어난 변화 중의 하나로, 소비를 위해 기업의 정보보다 내 주위 친구와 커뮤니티 지인의 정보에 기반해 결정을 내리는 흐름이 있다. 그리고 그 과정에서 기존에는 주목하지 않았던 가치를 찾고 이를 소비와 연결시키는 움직임이 존재한다. 이러한 소비 활동은 다시 소셜 미디어를 타고 주위에 전파돼 이러한 가치를 원하는 다른 고객에 전달되어 새로운 소비 흐름을 만들기도 한다. 고객의 이러한 변화 요구를 파악하고 그에 맞는 제품과 서비스를 제공하는 것은 기업이 놓쳐서는 안 되는 중요한 일이다.

속도가 최우선시되던 때가 있었다. 이를 강조하기 위해 패스트 푸드, 패스트 패션 등과 같이 빠르다는 의미를 지닌 '패스트Fast'라는 단어를 직접 사용하기도 했다. 그리고 이러한 빠른 결정 뒤에는 데이터의 분석과 활용이 숨어있다. 하지만 속도만을 강조한 인스턴트의 어두운 부분을 알게 된 소비자들 중엔 더 이상 무분별한 속도 과잉을 원하지 않는 흐름이 나타나기도 한다.

그리고 일부 소비자들은 함께 사는 세상을 위한 현명한 소비를 원하기 시작했다. 물론 아직까진 이러한 흐름에 대해 겉으로 드러난 모습만을 반영하거나 기업의 이미지를 위한 차별화 전략 정도로만 다루는 모습 또한 어렵지 않게 찾을 수 있다. 결국 진정한 의미를 담은 하나의 큰 흐름으로 변화시키는 힘은 소비자와 기업의 진정성에 달려있다.

바로 지금 필요한 제품을 가장 먼저 제공하라

의류 산업은 트렌드에 따라 여러 가지 변화를 선보였는데, 그 중 두 가지 기업 전략은 전혀 상반되는 형태로 소비자에게 접근해 주목받고 있다. 우선 현재 가장 성공적인 의류 비즈니스의 형태로 자라Zara나 유니클로Uniqlo로 대표되는 패스트 패션Fast Fashion이 있다.

이들은 타 기업들이 몇 달에 걸려 제품을 출시하는 데 비해 몇 주로 제작 기간을 단축시켰다는 점에서 가장 큰 경쟁력을 지닌다. 이를 통해 기존엔 기업이 정한 디자인을 일방적으로 소비자에게 전달하는 방식을 벗어나, 소비자의 니즈를 디자이너에게 전달해서 이를 반영한 제품을 다시 소비자에게 전달할 수 있다.

기존에는 어려워 보였던 의류 업계에서의 적시라는 개념이 어떻게 의류 생산 전략에서 가능해졌을까? 여러 가지 이유가 있겠지만 가장 주목해야 할 내용 중 하나로 데이터 분석과 활용의 비밀이 숨어있다.

패스트 패션을 얘기할 때 가장 먼저 떠오르는 브랜드인 자라의 사례를 짚어보자. 자라의 운영방식 역시 지금 유행하는 패션의 흐름을 반영한 다양한 제품을 단기간에 소량으로 제조 판매하는 방식이다. 즉각적으로 변화를 반영해 시장 수요에 따라 아웃소싱을 통해 공급을 조절하는데, 이를 통해 가격 경쟁력 확보를 주요 전략 요소로 반영할 수 있다. 하지만 시장의 요구사항을 적시에 대응한다는 건 말처럼 쉬운 일이 아니다. 특히 이 과정에서 잘못된 판단이 생길 경우 발생하는 재고라는 부분은 패스트 패션이라는 산업 형태 자체를 어렵게 하는 주요 제약 사항이다.

자라는 이와 같은 패스트 패션의 비즈니스 형태를 유지하기 위해 데이터에 기반한 알고리즘을 적용한다고 알려졌다. 이는 상품의 수요와 가격 예측을 가능하게 하며 그에 기반해 다양한 제품이 빠르게 유통되기 위한 매장별 적정 재고 산출에 활용된다. 다시 말해 자라의 모든 매장 판매 기록이 입력돼 데이터베이스가 되며, 이를 분석해 지금 고객이 가장 원하는 제품을 판단하고 제작할 수 있을 뿐 아니라 가장 잘 판매할 수 있는 매장에 이익을 극대화할 수 있는 적정 물량을 공급하는 것이다. 그리고 이런 판단의 기준에는 과거와 같이 경험 위주의 결정이 존재하는 것이 아니다. 바로 끝없이 늘어나는 데이터를 분석하고 그 결과를 기반으로 다양한 관점에서 고민해 운영되는 것이다.

분명 자신의 니즈가 반영된 옷을 원하는 시기에 제공받을 수 있다는 점에선 만족스러운 경험이 될 수 있다. 하지만 속도와 가격이라는 효율에 과도하게 집중함에 따라 그에 대한 부정적인 부분이 나타나기도 한다. 저개발국의 값싼 노동력으로 환경규제를 덜 받고 옷을 생산하기 때문에 다량의 화학약품과 독성물질이 생성돼 노동자의 건강을 해치기도 하고, 환경오염 주범으로 지목되기도 한다. 유행주기가 짧아 불필요한 자원 낭비를 유발하는 측면에서 비판받기도 한다. 최근 소비자들이 관심을 갖기 시작한 윤리적인 소비의 관점에서 바라본다면 비판적인 시선에서 결코 자유로울 수 없다.

현명한 소비 문화의 확산

패스트 패션과 정반대의 관점에서 생겨난 트렌드 역시 존재한다. 영국의 윤리적 패션 그룹인 피플트리^{People Tree}에서 2011년 2월 런칭해 주목받은 'Love from Emma'가 있다.

그림 6-3 피플트리의 웹사이트(peopletree.co.uk). 공정하게 거래된 소재로 만드는 건강한 옷을 파는 웹사이트이다. 영화 배우 엠마 왓슨의 이름으로 브랜딩해 유명해진 라인도 있을 정도로 패스트 패션의 반대개념으로 많은 사람들이 피플트리의 활동을 지지하고 있다.

해당 제품들은 바나나 섬유로 만든 모자 같이 모두 100% 유기농 면으로 제작됐다. 뿐만 아니라 모두 원산지에 정당한 가격을 지불한 제품이기도 하다. 이 제품 컬렉션에 사용된 엠마라는 이름은 바로 우리가 영화 해리포터 시리즈의 헤르미온느 역할을 통해 잘 알고 있는 영국의 배우 엠마 왓슨이다. 그녀가 윤리적 소비 활동을 위해 옷을 선택한 이유는 '바나나와 커피 말고 모든 것이 공정 무역일 수 없는 걸까?'라는 질문에서 시작됐다고 한다. 또한 그녀는 인터뷰를 통해 무엇이든 공정 무역이 가능하며 이를 통해 비록 소비자는 돈이 더 들겠지만 누군가에겐 더 나은 생계를 만들어줄 수 있다고 자신의 생각을 밝힌 바 있다. 그녀는 우리에게 공정 무역과 윤리적 소비는 특정 영역에서 행해지는 것이 아니며, 크지는 않지만 노력이 필요한 우리의 행동을 통해 세상의 누군가는 더 나은 삶을 만들어갈 수 있음을 알려준다.[16]

비슷한 흐름 중에 공정 여행Fair travel이 있다. 아름다운 자연을 즐기고 자신을 새롭게 하기 위해 여행을 떠나는 경우가 많다. 하지만 우리가 방문하는 주요 관광지들은 이러한 여행객들을 수용하기 위해 대형 리조트와 호텔을 건설 운영하면서 자연을 파괴하고 과도한 에너지 소비를 유도한다. 그뿐 아니라 관광지로 변해버린 터전으로 인해 지역 주민들은 기존의 삶과 다른 관광업에 종사해야 하는 등의 원하지 않는 변화가 일어나게 된다. 그로 인해 나의 즐거움을 누리고자 했던 여행은 본래 의도와는 다르게 여행지의 경제와 환경, 그리고 문화에 악영향을 미치게 되고 그들의 즐거움과 행복을 빼앗아 가는 일이 되고 만다.

공정 여행은 자신의 즐거움을 위해 사람과 자연을 파괴하는 여행이 아닌, 해당 커뮤니티에 기여하고 자연 그대로를 받아들이는 것은 물론 여행자 자신도 진정한 의미의 성장 기회를 가질 수 있는 여행으로 책임 여행이라 부르기도 한다. 여행에서 만나는 이들의 삶과 문화를 존중하고, 내가 여행에서 쓴 돈이 그들의 삶에 보탬이 되고, 그곳의 자연을 지켜주는 여행이 바로 공정 여행이다.

공정 여행을 위한 방식과 종류는 다양하다. 몇 가지 알려진 예를 살펴보자. 우선 지역 경제를 살리는 여행이 있다. 이를 위해 여행지에서 만난 판매자와 공정하게 거래하고 그들을 존중하며, 현지민이 운영하는 숙박업소와 식당을 이용하고 지역 생산품으로 생산된 먹거리를 이용하는 등의 활동이 필요하다. 다음으로 탄소 배출을 최소화하는 여행이다. 일회용품과 플라스틱 제품의 사용을 줄이고 짐을 가볍게 꾸리며 자주 짧은 기간의 여행보다는 오랜 기간 지역에 머무르는 여행을 권장한다.

그리고 환경을 보호하는 여행이다. 물을 낭비하지 않고 화학 세제 사용을 줄이며 음식을 남기지 않는 등의 활동이 필요하다. 이 외에도 여행지에 대한 관심을 가지고 문화 유산을 훼손하지 않는 여행지의 문화를 존중하는 여행과 현지인의 인권을 존중하고 노동력을 혹사하지 않는 여행지의 지역민과 만나는 여행도 있다.[17]

물론 이러한 방식의 여행은 여행자의 입장에선 불편할 수 있다. 힘들기도 하지만 비용도 더 많이 들 수 있다. 하지만 왜 여행을 떠나는지, 어떻게 여행할지 같은 여행에 대한 근본적인 고민을 하거나 여운이 남는 진정한 의미의 소통이 담긴 여행을 바란다면 공정 여행은 분명 한 번쯤 생각해볼 만한 여행 방식이기도 하다.[18]

막스 하벨라르, 공정 무역의 시작

공정 무역 커피나 초콜릿 같이 생활 속에서 쉽게 발견할 수 있고 소비되는 식료품에 대한 관심은 이러한 변화가 반영된 대표적인 영역이다. 세계적인 커피 프랜차이즈 업체인 스타벅스는 2000년대 커피 농장의 농부들을 착취한다는 비판이 커지고 사회적 이슈가 되자 그 전까지 공정 무역 원두 사용을 하지 않던 방침을 철회하고 공정무역 인증 커피를 구매하기로 결정했다. 전 세계적으로 윤리적인 소비에 대한 기대치가 높아지는 시점에 스타벅스 같이 고객 친화적인 이미지를 중요하게 생각하는 기업의 입장에선 반드시 따라야 할 사회적인 추세였다. 그래서 탄생하게 된 블렌드가 카페 에스티마다. 이는 제3세계 커피 생산자에게 존경을 담은 커피라는 의미를 담은 스페인어로 공정하게 거래된 커피콩의 구매를 스타벅스도 피할 수 없었음을 의미한다.

그림 6-4 스타벅스 스토어의 카페 에스티마 페이지. 윤리적 소비에 대한 사람들의 관심에 대응하기 위해 스타벅스는 공정 무역 인증 제품이라는 타이틀이 필요했다.

이처럼 기업이 사회적 구성원으로서의 역할을 충실히 이행하느냐에
대한 문제는 점점 중요해지고 있다. 윤리적인 소비와 비례해 함께하는
세상을 만들어가는 일에 대한 관심이 높아지는 것이다. 기존에 범사회
적인 운동이라는 것은 많은 돈과 노력을 들여서나 할 수 있는 일방적
인 기부의 형태였지만, 다양한 미디어와 플랫폼이 존재하는 현대시대
에는 사회적인 인프라에 직간접적으로 영향을 미칠 수 있는 자발적인
활동을 포함한다.

이제 사람들은 특정 계층이나 자격조건을 가진 사람들만을 위한 서
비스에 더 이상 환호하지 않게 됐다. 넓은 의미의 윤리적 소비는 단순
히 소비 활동 그 자체에 목적이 있는 것이 아니라, 윤리적 사회를 만들
어 지속성을 갖게 만드는 것이 가장 근본적이고 핵심적인 변화다.

그림 6-5 공정 무역 로고. 네덜란드에서 시작된 공정 무역에 대한 움직임은 이제 전 세계적으
로 통용되는 개념으로 자리잡았다. (출처: 막스 하벨라르 공식 웹사이트. http://www.maxhavelaar.ch/)

일찍부터 책임 있는 소비에 대해 앞장서온 단체가 있다. 바로 막스 하벨라르^{Max Havelaar}다. 물타툴리의 소설 속 주인공의 이름이기도 한 막스 하벨라르는 정당한 가격으로 커피를 거래해 줄 것을 요구한 멕시코 치아파스 주 커피 생산자들에 대한 네덜란드 시민단체들의 응답이기도 하다. 이는 공정 무역의 시작으로 알려져 있다.

공정 무역은 제 3세계의 생산자들이 국제 무역 속에서 자신들의 온전한 권리를 확보할 수 있도록 최소한의 구입가격을 보장해주고 기술적인 도움을 통해 지속 가능한 삶을 누릴 수 있게 공정한 대가를 지불하는 개념을 말한다.

그 동안의 원조 개념에서는 가난한 농가를 위해 금전적인 지원을 해주는 데에 불과했지만, 공정 무역의 개념은 커피 생산 농가에게 제대로 된 값을 지불하고 구매를 하는 동등한 관계로서의 접근이다. 기업의 입장에서는 어차피 사게 되는 커피콩에 정당한 금액을 지불하는 것, 그리고 소비자의 입장에서는 한 잔의 커피를 구매하더라도 공정 무역으로 구입된 커피콩으로 만들어진 커피를 사는 행위를 통해 만족스런 윤리 소비 경험을 가지는 현명한 소비 경험의 패턴을 만드는 방법이 된다.

커피에서 시작한 막스 하벨라르의 공정 무역은 카카오와 초콜릿, 차^{Tea} 같이 다양한 식료품으로 확대 전개돼 왔다. 아울러 공정 무역 인증제도와 함께 이제는 식료품뿐만이 아니라 전 세계의 다양한 생필품이 공정 무역의 깃발 아래 거래되고 있다. 우리나라에도 아름다운 가게를 포함해 울림, 두레생협, 페어 트레이드 코리아 등의 다양한 단체들이 공정 무역을 실천하고 있다.

그림 6-6 막스 하벨라르의 다양한 공정 무역 제품들. 아직까지는 주로 커피콩의 공정한 거래에 국한되어 있지만, 초콜릿과 바나나 같이 먹는 식료품에서 꽃과 옷 등의 무역품으로 확대되고 있다. (출처: 막스 하벨라르 공식 웹사이트. http://www.maxhavelaar.ch/)

공정한 거래를 통해 만들어진 상품을 구입하는 소비자가 얻는 경험은 다분히 사회적인 관점에서 설명할 수 있다. 물건을 구매하는 일을 단순한 소유의 관점에서 바라보는 것이 아닌 선택에서 공유에까지 이르는 총체적인 경험이라는 측면으로 바라볼 필요가 있다.

군이 처음부터 소비자가 시간과 돈을 희생해가면서 구매하는 게 아니라, 스스로를 위한 소비를 하려고 마음먹었을 때 소비의 형태를 선택할 수 있도록 다양한 기회가 제공돼야 한다. 그 안에서 발생한 소비가 고객이 인지할 수 있는 형태의 자랑스러움일 때 윤리적 소비는 자연스러운 소비 경험의 일부분이 될 것이다. 이렇게 매일 일어나는 소비를 특별한 경험의 기회로 만들어주는 것은 고객의 만족스런 경험을 위해 기업들이 적극적으로 만들어야 할 움직임이기도 하다.

공급자가 만드는 소비 경험의 차이

음식은 인간의 가장 기본적인 생존 조건이기에 어떤 부분보다 관심을 갖게 되기 마련이다. 마트에서 구입할 수 있는 다양한 식재료들은 일반적인 농작물부터 유기농이라고 표시된 고가 제품들까지 다양하다. 대부분의 소비자가 식품을 선택하는 기준은 단연 맛과 품질이다. 하지만 탄생과정이 투명하고 그로 인해 맛과 품질이 일정 이상 보장되며, 무엇보다 물건을 구매하는 경험을 기분 좋게 만들어주는 제품이 있다면 소비자가 선택할 확률이 높아질 것이다.

알린 버트의 '백그라운드 스토리즈'라는 프로젝트도 같은 맥락에서 이해할 수 있다. 내가 구매한 초콜릿의 원료인 카카오가 어디서 생산되었고, 어떤 과정을 거쳐서 내 손에 들어오게 됐는지를 알려줄 수 있다면 소비자는 단순히 식품을 구매한 것이 아니라 초콜릿의 탄생에 대한 전반적인 경험을 함께 구입한 것이 될 수 있다. 백그라운드 스토리즈에서는 초콜릿의 겉면 표지를 이용해 벨리즈에서 수확한 카카오가 이탈리아의 공장을 거쳐 '그린 앤 블랙스 유기농 초콜릿'으로 만들어지는 과정을 시각적으로 표현하는 프로젝트를 발표했다.

초콜릿의 패키지(그림 6-6)를 통해 카카오의 원산지와 제작과정 전반을 공유함으로써 소비자가 궁금해하는 사항(예를 들어 "이 초콜릿은 믿을 수 있는 식품인가?"라든가 "건강한 경로로 만들어졌는가?" 같은 질문들)에 대해 미리 답해줄 수 있다. 기업이 소비자들에게 진정으로 신뢰를 얻기 위해서 생산 전반에 대해 투명하게 공개하는 것만큼 빠르고 정직한 방법은 없다. 원자재를 고르고 구매함에 있어서까지 고객과 고객이 느낄 경험을 미리 고민하고 소비자에게 투명하게 전달되도록 한 노력을 통해 기업은 고객경험의 관점에서 진정성이라는 가장 강력한 무기를 얻을 수 있다.

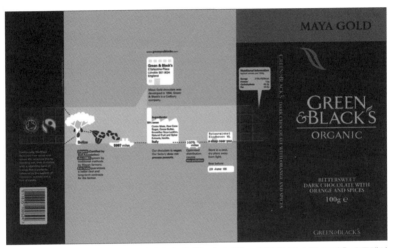

그림 6-7 초콜릿이 만들어지는 전체적인 과정을 패키지에 그려넣어 내 손에 들어온 초콜렛의 생산과정 전반에 대해 전달하고 이 경험을 통해 믿고 구매할 수 있게 한다. 알린 버트의 프로젝트는 www.backgroundstories.com에서 확인해볼 수 있다.

이와 같이 제품의 전체적인 제작과정을 고민한다는 측면에서 최근 많은 기업들의 다양한 노력을 찾아볼 수 있다. 대형 할인매장 월마트Walmart는 세계 최대 유기농 구매업체 중 하나다. 이 기업은 5년간 유기농 목화만 구매할 뿐 아니라, 유휴 기간 동안 목화 경작지에서 재배되는 작물 역시 구매하겠다고 선언했다. 결국 단순히 친환경 원자재를 확보하겠다는 주장과 활동도 중요하지만 그보다는 전체 공급망의 관점에서 관련된 모든 접점과 상생할 수 있는가를 고려하는 활동은 더욱 중요하다. 마찬가지 관점에서 현재 월마트는 비영리 기관인 'Organic Exchange'와 함께 유기농 목화 농장을 발굴하는 활동을 병행하고 있다.

국내에서도 다양한 노력들을 찾아볼 수 있는데, 이중 '유레카 목장'이라는 소규모 농산물 브랜드는 제품의 생산에서 판매에 이르는 모든 과정을 공급 사슬의 관점에서 고민했다. 요즘은 건강한 음식에 대한 높아진 관심으로 다양한 유기농 제품들이 소개되고 있다. 이들 제품들의 특징은 신선하고 좋은 재료로 만들어졌다는 점인데, 우유와 버터, 치즈, 요구르트 등의 유제품들이 대표적인 유기농 식품에 포함돼 있다. 유레카 목장은 이런 유제품들을 판매하는 온오프라인 쇼핑몰을 함께 운영한다.

윤리적인 관점에서 생각했을 때 유레카 목장의 유제품들은 옳은 선택이다. 소들을 방목해서 키우면서 항생제를 쓰지 않으며, 목장은 HACCP(위해 요소 중점 관리 기준) 마크도 획득해 공정 전체에 있어 검증된 제품들을 생산하기 때문이다. 하지만 유레카 목장은 생산하는 제품들이 유기농이거나 윤리적 소비를 지향한다는 모토에서 한발 더 나아가 모든 과정에서 더 좋은 제품을 만들고 더 큰 가치를 전달하기 위해 고민했다는 점에서 다르다.

그림 6-8 유레카 목장 전경. 유레카 목장의 로고는 소가 매일 풍부한 영양소를 섭취하도록 돕는 영양가 높은 청보리를 형상화해서 만들어졌다. 유레카 목장의 다양하고 신선한 제품들은 웹사이트(http://eurekacheese.com)에서 구매할 수 있다.

유레카 목장의 유제품은 방목해 스트레스를 받지 않고 풀을 뜯어먹고 자란 소에게서 채취한 우유와 사탕수수를 그대로 졸여서 만든 비정제당을 사용해 만들고, 포장에 있어서도 환경과 지구를 생각한다는 대의명분에만 갇히지 않고 구매자에게 와 닿도록 포장의 거품을 빼서 비용과 가격을 절감하는 부분까지 고민해서 만들었다.

하지만 유레카 목장이 고객들에게 자신들의 제품에 대한 가치를 전달하고자 했던 가장 큰 부분은 친환경적인 제품을 만든다는 사실이 아니라 친환경적으로 만들었기 때문에 다른 제품에 비해 차별화된 맛이 있다는 사실에 대한 강조였다.

이렇게 사계절 방목한 소를 통해 만들어진 우유는 계절마다 그 맛과 향이 조금씩 다른데 봄에는 새싹을 먹기 때문에 감미로운 맛이, 여름

엔 영양소가 풍부한 풀을 뜯기 때문에 진한 맛이, 가을엔 낙엽과 억새의 균형 잡힌 맛이, 그리고 겨울엔 건초 위주의 깔끔한 맛이 난다고 한다. 윤리적이라는 측면에 분명 고객의 새로운 가치와 경험을 만든다는 측면에서 주목받고 기업은 그에 대해 깊이 있게 고민해야겠지만, 맛과 품질과 같은 기본적인 요소는 당연히 제공돼야 한다는 점을 잊어선 안 된다.

그림 6-9 계절별로 맛이 다른 우유의 느낌을 살려주는 뚜껑. 이처럼 기본적인 제품의 가치에 대한 부분은 필수적으로 제공돼야 하는 부분이다.

유레카 목장의 노력처럼 자연과 소, 인간이 모두 만족할 수 있는 방법으로 비즈니스를 운영하는 것뿐만이 아니라 이런 노력들이 지속성을 가지고 이어질 수 있도록 다각도의 접근이 필요하다. 유레카 목장은 포장에서 배달, 웹사이트와 블로그 등을 통한 홍보, 판매 같이 공급의 과정에서 일어나는 모든 요소들을 포함한 윤리적 소비의 사이클을 만들어냈다. 이렇듯 유기농 식품을 만든다는 공급자의 입장을 전달하는 데에서 끝나지 않고 구매자들이 가질 경험에 대해 미리 고민한다면, 유레카 목장의 유제품처럼 차별화된 제품으로의 포지셔닝이 가능해지는 것이다.

7장

소셜 경험
in
비즈니스

___ 함께 사는 사회는 경험의 공유를 통해 이뤄진다

현명한 삶을 원하는 사람들의 바람이 소셜을 만나 사회적인 시너지를 만들어내는 소셜 경험의 세계에서, 좋은 경험이 소셜을 타고 다른 사람들과 공유되는 건 당연한 흐름이다. 소셜 경험은 단순히 제품이나 서비스를 사용하고 나서 작성하는 후기가 아니라 기업의 사회적인 활동과 정부가 공공정책을 디자인함에 있어 바탕이 되는 기본적인 개념으로 발전하고 있다. 넓은 의미의 소셜 경험에서는 단발성 경험이 아닌 지속 가능한 경험의 사이클을 만드는 것이 가장 근본적이고 핵심적인 변화의 출발점이 되기 때문이다. 다양한 미디어와 플랫폼이 존재하는 현대 사회에서는 사회인프라에 직간접적으로 영향을 미칠 수 있는 다양한 환경 요소들에 대한 관심도 높아지고 있다.

그런 의미에서 아이디오^{IDEO}의 공공 프로젝트와 프랑스 파리의 새로운 시도는 매우 성공적인 모범답안이라고 말할 수 있다. 아이디오는 성공한 디자인 컨설팅 업체의 노하우를 살려 변화를 바라는 개인이 실제로 변화를 만들 수 있는 최소한의 툴킷을 만드는 프로젝트를 통해 사회적인 공헌을 이루었다. 그리고 파리시는 친환경적이면서도 스마트한 방법으로 모두가 공감하는 변화를 이끌어냈다.

파리의 자전거에서 답을 찾다

유행과 낭만의 도시 파리에서 흔하게 볼 수 있는 모습 중의 하나는 같은 모양의 자전거를 타고 다니는 사람들이다. 앞에 바구니가 달린 이 회색 자전거는 양복을 입은 신사에서부터 청바지를 입은 젊은 여성까지 다양한 연령층의 사람들이 타고 다닌다. 이들은 어떻게 같은 모양의 자전거를 타고 다니게 된 걸까?

대답은 파리의 공공자전거 대여 시스템인 '벨리브'에 있다. 벨리브는 프랑스어로 자전거를 뜻하는 벨로^{Vélo}와 자유를 뜻하는 리베르떼^{Liberté}의 합성어로 파리 곳곳에 위치한 대여소에서 자전거를 임대해 원하는 만큼 사용하고 목적지 근처에 있는 대여소에 반납하는 시스템을 가리키는 말이다.

사용자가 상황과 기호에 따라 대여시간, 반납장소를 정할 수 있어 시민들의 지지와 호응 속에 성공한 도시정책 사례로 평가받고 있다. 파리시민들의 생활 곳곳에, 그리고 파리를 찾는 관광객들에게 유용하고 편리한 교통수단으로 자리잡은 이 벨리브에는 파리시민들의 삶의 질을 높이고 파리를 찾는 관광객들을 감동시키고자 했던 파리시의 노력이 고스란히 녹아 있다.

파리는 유럽의 역사만큼이나 오래된 도시로, 인구에 비해 좁은 도로와 부족한 주차공간으로 차를 수용할 수 있는 인프라가 부족하며 상습적인 교통체증을 보이고 있었다. 또한 대기오염도 심각한 수준이어서 시민들의 환경과 건강에 대한 사회적인 경각심도 상당히 높은 상태였다. 이를 해결하기 위한 파리시의 접근은 친환경적이면서 기존의 교통시스템이 지닌 태생적인 한계를 극복하는 발상에서부터 시작했다. 시민들의 건강을 챙기면서 도시의 운영을 효율적으로 해나간다는 두 마리의 토끼를 잡기 위해선 제도적이고 지속적인 지원이 필요했다.

골목골목이 복잡한 파리에서 대중교통 수단인 지하철과 버스로는 원하는 위치까지 도달하려면 여러 번 환승을 해야 하고 도보로 걸어야 하는 거리도 상당하다. 하지만 매번 자동차나 택시를 이용하기에는 상습적인 정체와 부족한 주차공간으로 필요 이상의 시간이 걸리는 것 또한 사실이다. 집에서 지하철역까지 이동할 때 혹은 버스에서 내려 사무실까지 짧은 거리를 이동하는 경우 가장 적합한 교통수단은 바로 자전거다.

이는 파리를 찾는 관광객들에게는 더욱 큰 감동으로 다가오기도 한다. 파리의 모습을 놓치고 싶지 않은 관광객들에겐 지하철을 타려고 지하로 내려가는 상황 자체가 그리 달갑지 않은 일이다. 이동 중에도 아름다운 도시를 감상하고자 하는 관광객들은 버스 이외에는 적절한 이동수단이 없다. 이런 상황에서 자전거는 짧은 구간 효율적인 이동을 가능하게 할 뿐 아니라 파리의 경치를 즐기며 그들의 손에 들린 지도와 여행책자를 효과적으로 활용하게 해줄 수 있다.

자전거가 좁은 공간에서도 유용한 이동수단이며 주변의 풍경을 즐기며 속도 조절을 할 수 있어 좋은 관광 도구이기는 하지만 그동안 자전거가 도심에서 사용되는 형태는 상당히 제한적이었다.

파리시 대부분의 도로는 자전거 이용자를 위한 별도의 공간을 포함하고 있으며 지하철역마다 준비된 자전거 주차장도 있다. 자전거를 지하철까지 운반하고 이동하는 데 필요한 시설 등이 일정 수준 이상 갖춰져 있음에도 불구하고 자전거를 이용해서 출퇴근을 하는 사람은 그리 많지 않았다. 가장 큰 문제는 자전거를 항시 소지해야 한다는 것이었다. 자신이 소유한 자전거를 이용해 출퇴근하게 되면 버스는 물론이거니와 혼잡한 지하철을 이용하기가 쉽지 않으며 그날의 스케줄에 상관없이 퇴근길에 다시 자전거를 타고 집으로 돌아와야 된다는 단점이 있어 행동반경을 제약하게 된다. 그렇다고 지하철역 근처에 마련된 자전거 주차장에 묶어두고 다니기에는 잦은 파손과 분실이 걱정돼 실제로 자신의 자전거가 있음에도 자전거로 출퇴근하는 사람은 드문 편이었다.

벨리브를 사용한다면 이런 고민에서 자유로울 수 있다. 환승 중간에 대중교통이 닿지 않는 장소로 이동하기에는 대여와 반납이 자유로운 벨리브가 가장 편한 방법이 되는 것이다. 더군다나 매연 없는 교통수단을 제공하는 파리시의 공공정책에 대한 높은 평가와 함께 시민들 스스로가 자신의 선택과 행동이 윤리적으로 옳은 일이라는 자부심을 동시에 충족시키는 기회가 된다. 물론 약탈과 파손 같은 반달리즘 Vandalism이라는 부정적인 측면도 드러나고 있지만, 이에 대응하는 지속적인 노력과 관리를 통해 벨리브를 대여하고 반납할 수 있는 플랫폼의 시설 확대로 그 서비스 폭을 넓혀가고 있다. 이에 자극받은 다른 도시도 비슷한 형태의 자전거 플랫폼으로 저마다의 그런 시티를 꿈꾸고 있다.

복잡한 도심에서 자전거 타는 일을 편하게 만드는 개선이 일반적인 개선의 형태라면, 실제로 시민들이 자전거를 통해 매일매일의 일상에서 도움을 받는 실리적인 경험은 현대 사회가 바라는 변화의 모습과도 일치한다. 친환경적이면서도 시민 한 명 한 명이 불편을 감수하는 등의 희생할 필요가 없는 공공 정책이기에 빠른 시간 내에 제도적인 시스템으로 자리잡을 수 있었던 것이다.

더군다나 스마트 기기의 보급에 발맞추어 아이폰 앱으로도 출시되어 이동 중에도 편하게 각 정류장별 재고 보유현황이나 정류장의 위치를 파악할 수 있도록 돕는다. 스마트 기기와 소셜 미디어를 타고 벨리브라는 사회적인 제도가 시민들의 경험으로 공유되는 것이다.

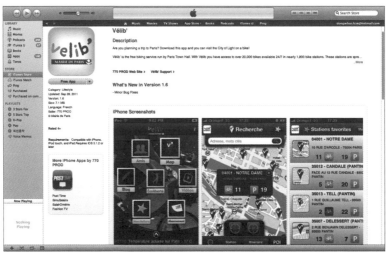

그림 7-1 아이튠스를 통해 다운받을 수 있는 벨리브(Velib) 앱의 모습. 이동 중에도 정류장의 위치와 재고현황 등을 실시간으로 확인할 수 있어 편리하다.

인간 중심 디자인을 통해 이뤄지는 사회적 활동

아이디오IDEO는 전 세계의 일류기업들을 고객으로 가진 세계적인 디자인 컨설팅 회사다. 이들은 특히 인간 중심의 디자인으로 기업들이 사람들을 더 잘 이해하도록 도우며 혁신과 성장을 이끌어내는 디자인 전략을 만들기로 유명하다.

이런 성공적인 비즈니스와 디자인 방법론을 배경으로 아이디오는 IDEO.org를 통해 다양한 사회공헌 서비스를 기획, 전파하고 있다. 특히 IDEO.org는 인간 중심의 디자인 방법론을 다양한 프로젝트에 응용해 다양한 커뮤니티가 발전적인 미래를 가질 수 있도록 돕고 있다.

이 중 'TEDx in a box'라는 프로젝트와 '인간 중심 디자인 툴킷' 프로젝트는 변화를 만들고자 결성된 커뮤니티가 뜻을 펼칠 수 있도록 기초 도구와 가이드라인을 제공한다. IDEO.org는 이런 노력들을 공유해 커뮤니티 운영과 우수 사례를 서로 배울 수 있는 기회를 제공하고 있다.

TEDx in a box는 TED 같은 경험을 제공하기 위해 TED의 라이선스를 통해 만들어지는 독립적인 지역 커뮤니티인 TEDx를 위한 툴킷이다. TEDx는 전 세계 다양한 지역에서 자체적으로 운영되는 커뮤니티다. 강연의 형태를 띠고 지역 주민들에게 꿈과 희망의 메시지를 전달하기 위해 만들어진 커뮤니티를 표방한다. 서울과 도쿄 같은 대도시에도 있지만 어쩌면 TEDx가 가장 필요한 아프리카나 남아메리카의 주민들은 상대적으로 부족한 사회적인 인프라로 인해 제대로 된 TEDx 경험을 가지기 힘든 게 사실이었다.

TEDx in a box를 통한 아이디오의 목표는 이런 제한적인 환경에서도 더 제대로 된 TEDx 경험을 만들 수 있도록 지역 커뮤니티가 TEDx 이벤트를 진행하는 데 필요한 모든 내용을 담은 툴킷을 만드는 것이다. 그래서 현지 사람들에게 TEDx의 가치가 경제적 여건이 허락하는 사람들만의 활동이 아니라 진정으로 세상을 변하게 하는 활동의 시작이자 구심점이 될 수 있도록 만들어주는 것이다.

TEDx in a box에는 소형 발전기와 프로젝터, DVD 플레이어와 케이블 등의 다양한 도구들이 준비돼 있다. 전기가 없는 아프리카의 오지에서도 즉석으로 프로젝트를 돌려 TED영상을 상영할 수 있는 소극장을 마련한 것이다.

아이디오의 인간 중심 디자인 툴킷도 TEDx in a box와 같은 취지로 만들어졌다. 이 툴킷은 아이디오가 지난 수십 년간 축척한 인간을 중심으로 생각하는 디자인적인 사고와 방법론을 아프리카와 남아메리카 주민들의 커뮤니티를 개선하고 혁신하는 데 쓰일 수 있도록 만들어 놓은 것이다.

전 세계의 모든 NGO와 사회적 기업들이 무료로 사용할 수 있는 이 방법론은 지역 주민의 삶과 그들이 진정으로 필요로 하는 것을 찾도록 돕는다. 이렇게 아이디오는 비즈니스를 통해 축적된 경험과 노하우를 활용해 지역 커뮤니티를 활성화시켜서 지속 가능한 혁신과 변화를 만들어낼 수 있도록 이끌어주고 있다. 좋은 경험을 만들어주기 위해서는 숙련된 기획력뿐만 아니라 잘 구성된 플랫폼과 활용 가능한 방법을 지원해주는 일 역시 매우 중요하다.

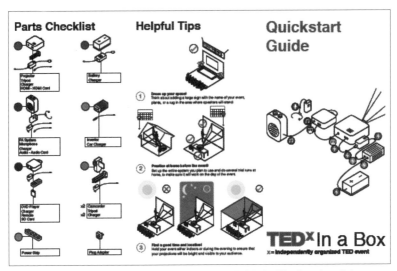

그림 7-2 TEDx in a box를 활용해 활동을 준비하고 진행하기 위한 퀵 스타트 가이드. TEDx in a box는 Robin, Emily, Sarah, Liz, Marika 등이 참여한 IDEO.org의 프로젝트다. (출처: https://www.ideo.org/projects/tedx-in-a-box)

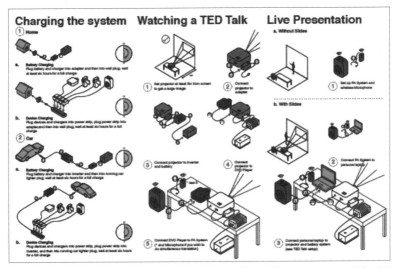

그림 7-3 TEDx in a box는 제한된 환경에서도 TED의 지역 라이선스인 TEDx의 경험을 제대로 전달할 수 있도록 그에 필요한 모든 내용을 담기 위해 구성된 툴킷이다.

다양한 커뮤니티들이 공유하고 같이 만들어나갈 수 있는 이런 아이디오의 시도들은 함께 사는 세상을 만들기 위한 가치 있는 생각들의 확산과 전파를 돕는다. 아이디오가 인간 중심 디자인 툴킷을 통해 이루고자 하는 것이 바로 가난에 시달리는 사람들에게 지속 가능한 꿈과 경험을 주는 것이다. 누군가의 관심과 노력은 또 다른 누군가에겐 새로운 시도와 도전을 위한 지식이 되고, 이런 변화가 모일 때 모두가 함께 참여하는 경험 속에서 우리가 꿈꾸는 사회는 현실화될 수 있다.

___ 기업의 사회적 활동

최근에는 기업이 직접 사회적인 활동을 진행하는 일 또한 어렵지 않게 발견할 수 있다. 더 나아가 사회적 활동뿐만 아니라 사회적 이익과 기업의 이익을 함께 찾는 움직임도 존재한다. 특히 이러한 활동은 기존 매체를 통해 확산되는 경우보다는, 소셜 미디어를 통해 사람들을 참여시키고 가치 있는 활동을 만들어내는 일과 연결되는 경우가 빈번해졌다.

물론 자본주의 사회에서 기업의 가장 큰 목적은 이윤 창출이다. 기업의 모든 의사 결정과 전략 방향은 이익을 최대한 창출하는 데 있다. 그로 인해 다른 한쪽에서는 무자비한 개발과 착취에 힘들어하는 어두운 면이 존재하게 된다. 이런 사회적인 문제들을 해결하고자 기업의 사회적인 책임과 윤리성을 강조하며 생긴 개념이 바로 기업의 사회적 책임, CSR^{Corporate Social Responsibility}이다.

전 세계 소비자의 86%는 기업이 비즈니스 활동에 대한 관심과 마찬가지로 사회적 책임 활동에도 동일하게 관심을 가져야 한다고 믿는다.[1] 이러한 흐름은 최소한의 윤리성으로 정부나 사회단체에 어필하던 개념에서 벗어나 소셜과 경험의 시대를 맞이해 더욱 적극적으로 참여를 유도하는 이벤트를 통해 사람들을 움직인다. 뿐만 아니라 착한 소비에 대한 관심 등을 바탕으로 단순히 사회 구성원으로 역할을 강조하던 사회적 책임과 달리 기업이 추구하는 경제적 관점을 함께 바라보는 흐름도 형성되고 있다. 이제 단순히 보여주기 식의 활동을 벗어나 기업의 입장에서도 실질적 가치를 창출해낼 수 있는 진정한 상생의 요소를 갖춘 지속 가능한 움직임에 초점이 맞춰지는 것이다. 그리고 실제로 소비자를 참여시키고 체험 가능한 활동들을 바탕으로 책임을 넘어 전략적 방향으로 꾸준히 진화 중이다.

더욱 인간적인 활동들은 기업에 윤리적 이미지를 선사할 뿐 아니라 네트워크상에서 지속적으로 활동 내용이 공유되면서 기업에 우호적인 흐름을 형성시키는 데 중요한 역할을 하게 된다. 이처럼 종전에 사용하던 정보 획득 방법을 통해 찾아내기 힘든 새로운 방향성을 빅데이터 속에서 찾아내고 이를 기업 활동에 적용하는 일은 기업 이미지를 위한 결정과 나아가 새로운 사업 기회를 찾는 데 중요하고 필요한 일이다.

소셜 경험의 시대에 사회적 책임을 넘어선 기업의 성장 전략은 어떻게 진화하는가?

기업의 사회적 책임을 말한다

미국의 경영학자이며 「파이낸셜타임스」에 의해 비즈니스 구루로 뽑히기도 한 마케팅권위자 필립 코틀러는 이미 2007년 『CSR 마케팅』이라는 책을 통해 기업의 사회 참여가 중요하며 이를 기업이 단순히 의무적 활동으로 받아들이지 않고 전략적으로 활용하는 트렌드를 보이고 있음을 밝힌 바 있다. 뿐만 아니라 그는 기업의 사회 참여 사업을 통해 판매와 시장 점유율이 증가할 뿐 아니라 브랜드 이미지 제고와 투자 매력도의 증가가 가능하고 인재 확보 등에서도 유리할 수 있다고 이야기 한다.[2]

필립 코틀러는 기업의 사회적 참여에 대한 6가지 유형을 제시했다. 그 첫 번째는 특정 사회 문제에 대한 대중의 관심과 기금 모금이나 자원봉사자 모집 등을 장려하기 위해 기업이 기금, 기타 기업 자산을 제공하는 공익 캠페인Cause promotion으로 특정 사회 문제를 널리 알리고자 하는 특징을 갖는다. 두 번째는 공익연계 마케팅Cause-related marketing으로 기업이 특정 상품의 판매율에 비례한 금액이나 일정 비율에 해당하는 회사 매출액을 사회 문제 개선을 위해 기부하는 방식이다. 세 번째는 사회 마케팅Corporate social marketing으로 개개인의 행동 변화에 초점을 둔 캠페인을 개발 실천하고 또 지원하는 활동을 의미한다. 네 번째는 가장 오랜 기간 주목받아온 기업의 사회적 활동 중 하나인 사회공헌 활동Corporate philanthropy이다. 이는 특정 사회문제나 공익사업에 현금이나 물품, 서비스, 장비 또는 기술 등을 직접 기부하는 방식으로 이뤄진다. 다섯 번째는 지역사회 자원봉사 활동Community volunteering으로 지역

사회의 사회 문제에 대해 기업 차원에서 시간과 재능을 투자하는 자원 봉사를 지원하고 권장하는 방식이다. 마지막은 사회 책임 경영 프랙티스Socially responsible business practice인데, 이는 경영과 투자 활동을 통해 환경 보호와 사회 복지 개선에 기여하는 활동을 말한다. 이런 다양한 활동을 통해 필립 코틀러는 지속 가능한 사회를 위한 사회적 풍토가 만들어질 수 있으며 기업의 장기적 성장을 위해 사회 참여 활동을 적극적으로 진행해야 한다고 강조하고 있다.

이처럼 단순한 활동이 아닌 장기적인 전략적 측면에서도 기업의 사회적 활동에 대해 반드시 고민해봐야 한다. 그리고 이미 많은 기업들이 그러한 방향성을 갖고 있을 뿐 아니라 다양한 형태의 사회적 참여 활동을 제시하고 또 실천하고 있다.

눈에 보이는 변화들

사회적 책임은 이제 다양한 모습으로 진행되고 있다. 기업의 윤리성에 대해 높아진 관심과 소셜을 통한 빠른 정보의 흐름을 기반으로 최근 많은 기업에서 다양한 종류의 활동들을 운영하고 있음을 발견할 수 있다. 국내의 경우에도 기업이 직접 운영하는 복지재단을 통한 사회 봉사 활동이나 기업 역량을 접목시킨 사회 활동 등 다양한 형태의 움직임을 확인할 수 있다.

국내 많은 기업이 CSR 활동을 진행하고 있지만, 특히 이러한 흐름을 선도하는 대표 기업 중에 유한 킴벌리가 있다. 1984년부터 시작된 '우리강산 푸르게 푸르게'라는 나무를 심고 숲을 가꾸는 환경보호 활동은 이 회사의 대표적인 캠페인이다. 그 외에도 여성 리더십 개발과 고령화 사회에 대비한 가족 친화 캠페인, 문학을 공유하고 한글의 편리성과 아름다움을 알리는 문학 지원 활동, 건강한 위생문화를 위한 초중고생 생활건강교육 등 다양한 활동을 진행하고 있다. 실제로 기업 실적 측면에선 유한 킴벌리가 최상위 수준이라고 말하기 어렵지만, 한국에서 가장 존경받는 기업을 조사할 경우 해마다 빠지지 않고 선정되는 등 다양한 사회 공헌 활동을 바탕으로 기업 가치를 꾸준히 높여가고 있다.

재능 기부를 통한 활동도 이제 흔히 접할 수 있다. 프로보노Pro bono로 불리기도 하는 이 활동은 자신이 가진 전문적 지식, 기술, 서비스 등을 활용해 진행하는 봉사 활동을 의미한다. 특히 이는 개인의 차이를 존중해 각자 자신이 가진 전문적인 역량을 통해 도움을 준다는 점에서 차별점을 가진다. 그 중에서도 사회적 약자들에 대해 무보수로 법률서비스를 제공하는 활동은 프로보노의 대표적인 사례로 잘 알려져 있다.

포털서비스 업체인 네이버의 경우 '네이버 블로그 재능기부'라는 활동을 전개하고 있다. 유명 인사가 네이버에 있는 자신의 블로그를 통해 자신의 재능이 담긴 콘텐츠를 나누면 이에 공감하는 블로거들이 온라인에서 기부를 위해 만들어진 '해피빈'을 활용해 기부에 참여하는 캠페인이다. 가수 이효리, 드라마작가 노희경, 뮤지컬 프로듀서 설도윤, 음악감독 박칼린, 작가 김영하 등 다양한 분야의 전문가들이 이 행사에 참여하고 있다. 이처럼 재능 기부 또한 여러 각도에서의 접근이 직접 일어나고 있으므로 앞으로 더욱 다양한 형태로 참여할 수 있게 될 것이다.

___ 경제적 관점과 사회적 관점 모두를 위한 활동

기업과 사회가 함께하는 가치, 즉 상생과 기업의 사회적인 책임 같은 부분이 중요하다는 점에 대해선 많은 기업이 이미 잘 알고 있는 내용이다. 소셜 미디어를 통해 기업들의 제품이나 서비스에 대해 직접적인 감상과 비평이 공유, 확산되는 시대적 흐름에 맞춰 기업들도 소셜 미디어상의 분위기에 민감하고 신속하게 반응한다. 반면에 이를 기업 본연의 목적인 이윤 창출과 연결하는 전략적 흐름으로 받아들이는 기업들은 아직 많지 않다. 다양한 이유가 있겠지만 무엇보다도 기존에 많은 기업들이 주목하던 사회적 책임은 수익을 함께 나누는 재분배의 관점과 함께 사회의 구성원으로 활동한다는 점에 주목하고 있어 사회적 관점에서 분명 가치가 있지만, 새로운 가치를 창출한다는 근본적이고 혁신적인 기업 전략의 장기적 관점에선 부족했던 것이다.

공유 가치의 창출을 이야기하다

경쟁과 기업 전략을 핵심 분야로 전공한 경영 전략의 구루 마이클 포터Michael Porter는 2011년 「하버드비즈니스리뷰」를 통해 '공유 가치의 창출CSV, Creating Shared Value'이라는 개념을 새로이 제안했다.

CSV는 기업 이익과 사회적 이익이 공유하는 영역에서 새로운 가치를 창출하는 적극적인 활동이다. 기업이 수익창출에만 집중하는 좁은 시야를 버리고, 경영이란 다양한 사회 구성원들과 연계된 활동이라는 점을 이해하고 기업의 구조적인 사회적 활동이 지향되도록 디자인되어야 한다는 내용을 밝힌 것은 시사하는 바가 크다.

특히 그는 CSV(공유 가치의 창출)라는 개념을 통해 기업이 주목하던 CSR(기업의 사회적 책임)이라는 기존 개념을 넘어서 공동체와의 가치 공유를 통해 기업과 사회가 함께 성장할 수 있어야 한다는 점을 강조하고 있다. 이를 위해 기업은 사업 기회와 의사 결정을 경제적 가치와 사회적 가치의 조화를 추구하는 CSV라는 기준에 맞춰야 한다는 점을 강조한다. 이익 창출과 무관하게 판단되던 CSR과는 달리, 기업과 공동체가 상생할 수 있는 가치 창출에 주목하는 CSV는 기업의 장기적인 발전과 경쟁력 향상을 위한 투자로 바라본다는 점이 큰 차이다.

자원 고갈 같은 사회적 이슈는 결국 장기적인 관점에서 대부분의 기업에 비용을 증가시키는 요인이므로, 이를 줄이기 위해 CSV 관점에서 접근해 활동을 전개하는 것은 결과적으로 기업에 도움이 된다. 결국 공유 가치의 창출은 기업의 사회적 책임에 대한 근본적인 인식 전환을 요구하는 수준으로 이해할 수 있다.

스위스 식음료업체인 네슬레의 경우 비용 감소가 아니라 생산성 향상에 초점을 둔 기업 운영을 통해 CSV의 모범 사례로 평가된다. 네슬레는 '좋은 음식, 좋은 삶'이란 슬로건 아래 CSV 관점에서의 노력을 소개하는 홈페이지(http://www.nestle.co.kr/csv/what-is-csv)를 운영할 정도로 공유 가치의 창출에 적극적이다. 특히 캡슐커피인 네스프레소 사업의 경우 값싼 커피 원두를 찾는 대신 커피 재배 농가를 교육하고 필요한 자금을 지원하여 기술력을 높이는 데 집중함으로써 2000년 이후 매년 30%의 높은 성장률을 올리고 있다. 이는 협력업체에 대한 투자를 통해 높은 품질의 자재를 공급받아 성공적인 기업활동을 이룬 사례다. 이처럼 단순한 자선 사업으로 접근하는 방식이 아니라, 기업 성공의 전략적 방법 중 하나로 공유 가치 창출을 고민하고 실천하는 것이 필요하다.

그림 7-4 스위스 식음료업체인 네슬레는 공유 가치 창출의 모범 사례로 자주 언급되고 있으며, '좋은 음식, 좋은 삶'이란 슬로건 아래 CSV 관점에서의 노력을 소개하는 홈페이지를 운영하고 있다. (사진은 네슬레의 2012년 기준 CSV 웹사이트. 네슬레 코리아의 공유가치창출 웹사이트 주소는 2016년 기준 다음과 같다. http://www.nestle.co.kr/csv/what-is-csv)

마이클 포터의 제안이 갖는 의미

현대 경영 전략의 아버지로 불리는 마이클 포터(Michael Eugene Porter)는 하버드 경영대학원의 교수이며 세계적인 컨설팅 업체인 모니터 그룹의 공동 창립자다.

경영학에 관심이 있다면 누구나 한 번쯤 접해보았을 5가지 경쟁 요인 모델(5 Forces model)은 산업 내 경쟁을 결정하는 5가지 요소를 통해 산업 구조를 분석하고 경쟁 전략을 세우는 모델로, 바로 마이클 포터에 의해 1979년 발표된 내용이다. 뿐만 아니라 가치사슬(Value chain)로 불리는 기업 활동 각 단계의 부가가치 창출과 활동의 연계에 대한 모델 또한 그가 정립한 모델로 알려져 있다. 그는 경쟁론, 경쟁우위, 국가 경쟁우위 같은 다양한 저서를 통해 지속적으로 '경쟁'과 '전략'에 대한 통찰력을 우리에게 전해주고 있다.

이러한 마이클 포터가 최근 경영 컨설팅 회사 FSG의 대표인 마크 크레이머와 함께 주창한 내용이 바로 공유 가치의 창출(CSV, Creating Shared Value)이다. 마이클 포터는 2011년 12월 동아 비즈니스포럼에 참석해 CSV는 자본주의 개념을 기반으로 하는 기업 활동의 지속 가능성과 정당성을 확보하는 그 자체라고 언급하며, 커져가는 기업의 규모만큼 지역 사회 문제에 대한 관심과 해결하려는 노력이 필요하다고 이야기하기도 했다. 결국 기업은 사회에 대한 책임을 지는 것에서 한 발 더 나아가 기업과 공동체 모두를 위한 가치를 만들 수 있는 상생의 방향으로 가야 한다는 의미다.

마이클 포터와 마크 크레이머가 사례로 이야기했던 방글라데시의 웨이스트 컨선(Waste Concern)은 슬럼가에서 모은 700톤의 쓰레기를 유기 비료로 바꾸는 쓰레기 처리 시설을 통해, 환경을 개선하면서 매출을 벌어들이는 기업 영리와 사회적 역할이 함께 혼합된 비즈니스 모델을 보여줘 CSV에 대한 이해를 더욱 명확하게 해준다.

CSV는 비교적 새로운 개념으로 기업 사례들이 늘고 있으며 그에 대한 결과를 관찰하고 분석할 필요가 있다. 하지만 꾸준히 전략의 방향을 제시한 마이클 포터 교수가 최근 제안한 내용이 사회적 가치와 기업의 나아갈 길을 함께 고민하고 그 방향을 제시했다는 데 더 큰 의미를 갖고 있으며 주목할 필요성이 있다. 즉 기업의 전략을 고민한다면 경쟁 모델과 가치 사슬에 대한 고민을 하듯이 이제 사회적인 역할에 대한 부분을 반드시 고민할 필요가 있다는 것이다. 마이클 포터의 연설내용은 2010년 Corporate Philanthropy Summit의 유튜브 영상 'Michael Porter: Creating Shared Value'을 통해서도 들어볼 수 있다.[3] 이 시대 경영 전략 분야의 최고 구루가 주목했다는 점만으로도 기업 이익과 사회적 가치를 어떻게 가져갈지 고민해볼 가치가 있을 것이다.

사회적 책임을 넘어선 기업 성장 전략

소셜 미디어의 활발한 사용은 공동체 의식을 점점 더 강조하고 있다. 이로 인해 사회적 가치를 만들어 나가기 위한 기업의 실천적 활동 역시 지속적으로 강조되고 있다. 앞에서 소개한 CSR에서 CSV로의 변화 또한 마찬가지 관점에서 생각해볼 수 있다. 비슷한 맥락에서 주목받는 기업 활동의 하나가 코즈 마케팅Cause marketing이다.

코즈 마케팅은 기업과 사회적 이슈가 연관되어 상호이익을 위해 연계된 마케팅을 의미한다. 여기서 코즈Cause는 흔히 사용되는 의미인 원인이나 이유가 아닌 '대의'란 뜻으로 사용된다. 즉 마땅히 행해야 할 도리라는 의미다.

코즈 마케팅의 개척자인 제리 웰시는 코즈 마케팅을 자선과 연계된 마케팅Marketing related philanthropy으로 부르기도 했다. 하지만 코즈 마케팅은 사회적 책임을 의미하는 CSR과는 분명한 차이점을 가진다. CSR이 사회 구성원으로 해야 할 역할을 강조하고 있다면, 코즈 마케팅은 사회의 공익적 가치를 기업 활동의 하나인 마케팅 활동에 초점을 맞추고 연계해 전략적 관점에서 기업 이윤을 창출한다는 부분이다.

특히 제품 차별화 요소를 만들기 어려운 현실에 윤리적 소비는 구매자에게 자신의 소비를 통해 사회의 변화에 기여한다는 가치 있는 소비 경험을 만들어 구매 결정 시 분명한 차별점을 주게 된다. 이를 통해 기업은 공익적 가치를 기반으로 한 경제적 가치를 만들 수 있다. 그리고 기업은 코즈 마케팅이란 콘텐츠를 통해 기업과 브랜드 이미지 제고라는 측면에서 특히 좋은 효과를 얻을 수 있다.

대표적인 사례는 1983년 진행된 아메리칸 익스프레스의 '자유의 여신상 복원 프로젝트'다. 코즈 마케팅이라는 용어가 처음 알려진 계기로 알려진 이 사례는 자유의 여신상 복원 공사를 진행하던 프로젝트에 아메리칸 익스프레스 카드가 신규 발급될 때 1달러, 그리고 거래할 때 1센트가 기부되는 형태의 캠페인이었다. 이를 통해 캠페인 시작 5개월 만에 신규카드 발급이 45% 증가하는 등 기업 측면에서도 주목할 만한 성과를 얻었을 뿐 아니라, 170만 달러를 자유의 여신상 복원에 기부할 수 있었다. 즉 단순히 기업이 일방적으로 금액을 제공하는 방식이 아니라, 고객의 가치 있는 소비가 기업 이윤을 창출하는 동시에 사회 변화에도 기여하는 사회적 활동을 동시에 만들 수 있었던 것이다.

비슷한 관점에서 잘 알려진 내용이 바로 탐스슈즈TOMS Shoes다. 이는 그 형태에 있어서 코즈 마케팅과 유사한 모습을 보이기도 해 그에 대한 사례로 자주 언급되기도 한다. 하지만 그 방향성에 있어 분명한 차이가 있다.

더 나은 내일을 위한 신발Shoes for a Better Tomorrow이란 의미를 신발 라벨에 적기 위해 탐스TOMS라고 줄인 기업명에서 알 수 있듯이 탐스슈즈는 기부를 기업의 원동력이자 일의 핵심으로 가져가고 있다.

특히 탐스슈즈의 일대일 기부공식, 소위 원포원One for One이라 알려진 비즈니스 모델은 유명하다. 이는 소비자가 신발을 한 켤레 구매하면 한 켤레는 신발 없이 생활하는 빈민국 아이들에게 기부되는 형태다. 그리고 단순히 같은 신발을 보내는 것이 아니라 현지 요청에 맞춰 계속 진화시켜 제작하고 있다. 이런 활동을 통해 2006년 런칭 첫해에만 1만 켤레의 신발을 기부했고 2010년 9월 총 100만 켤레의 신발을 기부했으며, 2011년 기준으로 23개국에 총 200만 켤레의 신발을 기부한 것으로 소개됐다.[4]

이러한 착한 기업 철학과 활동을 바탕으로 탐스슈즈는 짧은 시간에 인지도 확보와 브랜드 가치를 높일 수 있었고 새로운 글로벌 브랜드로 거듭날 수 있었다.

그림 7-5 소비자가 신발 한 켤레를 구매하면 다른 한 켤레가 맨 발의 아이들에게 기부되는 일대일 기부 공식인 원포원(One for One) 활동을 통해 탐스는 그들만의 고유한 철학을 인정받고 있다. 탐스는 뜻을 같이 하는 기빙 파트너들과 함께 신발 기부행사를 상시 진행하고 있다. (출처: 탐스 코리아)

이러한 활동은 특히 입소문을 통해 전달되는 것이 중요하다. 탐스슈즈 역시 스칼렛 요한슨, 리브 타일러, 키이라 나이틀리 같은 헐리우드 스타들이 탐스슈즈를 신은 모습이 담긴 사진이 공개되고 이러한 내용이 퍼져나가면서 인기가 폭발적으로 증가한 것으로 알려져 있다.

최근 소셜 미디어를 통한 같은 관점의 활동이 늘어나면서 이를 활용해 기업이 진행 중인 코즈 마케팅을 확산시키고 홍보하는 모습을 자주 접하게 된다. 물론 이런 경우에도 제품과 서비스의 품질은 기본이다. 탐스슈즈가 주목할 만한 기업 활동으로 자주 언급되는 것 역시 일대일 기부라는 사회적 활동 측면을 떠나서 편안한 착용감과 다양한 디자인 그리고 유기농 소재 사용과 같은 품질에 대한 우수함과 꾸준한 노력이 있기 때문이다.

하지만 탐스가 진행하고 있는 원포원이 코즈 마케팅과 결정적으로 다른 점은 상품 판매를 촉진시키거나 브랜드의 이미지 메이킹을 위한 단순한 마케팅 활동이 아니라 브랜드 설립의 목표이자 철학이라는 점이다. 즉 탐스에서는 원포원을 마케팅이나 홍보 수단으로 언급한 적이 없다. 탐스가 진행하는 광고, 프로모션, 소셜 미디어 활용 등 마케팅 활동은 원포원을 전개하기 위한 것이지 상품을 판매하기 위해 전개하는 것은 아니라는 의미다.

물론 탐스의 활동을 참고하여 이를 코즈 마케팅을 위한 방법으로 적용시키는 것은 효과적인 일이 되리라 판단된다. 그런 관점에서 탐스의 활동이 비록 정확히 코즈 마케팅의 사례가 아니라 하더라도 관련 활동을 활성화하기 위한 방법으로 지속적으로 언급될 수 있을 것이다. (최근 코즈 마케팅 사례를 언급하면서 일부에서 탐스를 언급한 것도 비슷한 관점에서 접근한 것으로 유추된다.)

그림 7-6 수익금 일부를 사회에 기부하는 기존의 기업들과 달리 탐스는 일대일 기부공식을 현실화시켰다는 데 차이점을 갖는다. 이러한 탐스의 브랜드 철학을 통해 많은 사람들의 관심을 사로잡았을 뿐 아니라, 디자인과 품질면에서도 사람들의 만족을 이끌어 내어 빠른 시간에 글로벌 브랜드로 성장하고 있다. 이러한 탐스의 새로운 원포원 과제는 시력 장애를 개선하고자 하는 탐스 아이웨어라고 한다. (출처: 탐스 코리아)

코즈 마케팅은 물론 탐스와 같은 기업 철학에서 나오는 활동에 이르기까지 공익이라는 사회 가치와 함께 윤리적 경험을 고객에게 전달해 줄 뿐 아니라, 이를 기반으로 기업의 근간이 되는 이윤 창출 활동 역시 함께 가능한 기업 활동은 분명 주목할 가치를 갖고 있다. 다양한 영역에서 사회적 가치와 경제적 가치를 함께 만들어낼 수 있는 기업 활동이 앞으로 더욱 주목받게 될 것이다.

8장

큐레이션 시대의
소셜 경험 전략

___ 행복 확산 캠페인이 증명한 바람직한 소셜 경험 전략

빅데이터 시대, 네트워크상의 고객에 대한 정보들을 모으고 분석하는 일이 왜 중요하며 어떤 과정을 거치게 되는지 확인해 보았다. 네트워크상에서 쏟아져 나오는 수많은 정형 또는 비정형 데이터들을 수집하고 통합하고 분석해 기업에 필요한 비즈니스 전략을 수립할 수 있는 인사이트를 확보해 고객을 공략해야 한다. 도출된 인사이트를 기반으로 좀 더 새로운 형태의 기업 활동을 구성해 기존과 다른 경험을 고객에게 전달하는 일은 소셜 기반의 변화에 대응하기 위한 필수적인 활동이다.

각 장에서 관련 사례들을 소개했지만 여기에선 좀 더 구체적으로 몇 가지 내용을 살펴보려 한다. 물론 이제부터 소개하는 사례와 방법이 빅데이터 시대에 대응하기 위한 모든 전략은 아니다. 하지만 기존과 달리 구체적인 정보에 근거한 비즈니스를 만들기 위해선 어떤 방향으로 전략을 잡아야 할지, 그리고 소셜을 기반으로 한 새로운 고객들의 반응에 무엇을 제공해야 할지 고민하는 기업이나 조직이 있다면 분명 참고하고 또 고민해볼 만한 내용들이 될 것이다.

'행복은 어떻게 확산되는가' 캠페인은 KLM이 고객들에게 차별화된 경험을 제공하기 위해 전개한 무작위적 친절의 좋은 사례다. 이는 처음부터 잘 짜인 전략의 결과며, 소셜 경험을 전략으로 활용하려는 기업들에게 모범답안이 될 만한 요소를 충분히 갖췄다.

행복은 어떻게 확산되는가의 성공 요인

KLM의 캠페인은 앞서 말한 대로 포스퀘어와 트위터를 활용해 당일 KLM과 관련되거나 관심을 보인 승객을 찾고, 그들이 어떤 성향을 지녔는지 파악해서 그들에게 선물을 전달하는 과정을 포함했다. KLM은 이 모든 과정을 녹화해 일련의 메이킹 필름을 제작해 유튜브 동영상을 올려 공유했다. 동영상에는 KLM 이벤트 팀이 캠페인을 어떻게 진행했는지 자세히 보여주고 있어 그들의 활동을 참고하려는 기업들에게 도움이 된다. 이 캠페인을 잘 살펴보면 몇 가지 성공 요인을 발견할 수 있다.

첫 번째, 소셜 미디어의 적절한 활용

사실 KLM의 캠페인은 처음부터 소셜 미디어의 힘 없이는 불가능한 이벤트였다. 이벤트 팀은 승객들이 포스퀘어로 체크인을 하고 트위터로 KLM에 대한 트윗을 남겼을 때 그들의 위치를 파악하고 성향이나 취미 등을 알 수 있었다. 몇 백명의 탑승객 중 소셜 미디어에 정보를 남기는 사람들이 캠페인의 대상자가 되는 것이다.

그림 8-1 포스퀘어와 트위터 등의 소셜 미디어를 통하면 승객들의 정보와 위치를 어렵지 않게 확인할 수 있다. KLM은 당일 공항에서 이동하는 승객들을 찾아 적절한 선물을 준비하는 이벤트를 실시했다.

　포스퀘어는 현재 사용자가 있는 위치를 기반으로 주변의 장소들을 선택하는 '체크인' 서비스를 제공하는데, 이는 주변 또는 불특정 다수의 대중에게 자신이 현재 어디에 위치해 있으며 체크인한 장소를 좋아한다는 암묵적 동의 아래 일어나는 행동이다. 트위터도 마찬가지로 특정 키워드나 해시태그를 첨부해서 트윗을 남길 수 있다. 이는 곧 사용자의 선호와 생각이 이에 관심을 가지고 지켜보는 팔로워들에게 공개되며 사용자는 이에 동의했다는 의미도 된다.

포스퀘어와 트위터는 승객이 어디에 있고 무엇에 관심을 가지며 어떻게 행동할지에 대해 미리 알 수 있었다는 점에서 타게팅된 마케팅을 펼칠 수 있는 좋은 기회였던 셈이다. 더군다나 예상치 못했던 친절함에 감동받은 승객들이 소셜 미디어를 통해 기분 좋은 경험을 다시 공유하는 과정에서 소셜 미디어가 가진 확산의 힘을 볼 수 있었다.

기업이 스스로 행한 좋은 일을 얘기할 때는 아무도 관심을 갖지 않지만, 개인이 기대 이상의 서비스와 감동을 받아서 공유할 때는 기업의 신뢰성과 진정성에 더 많은 점수를 주기 마련이다. KLM 이벤트 팀은 페이스북 계정에 선물과 받은 사람들의 다양한 표정이 담긴 사진을 올려 지속적으로 이 캠페인이 회자될 수 있게 했다.

캠페인은 40명의 승객에게 선물을 주는 이벤트였지만 결과적으로 1억 명이 넘는 트위터 사용자들에게 퍼져 나갔다. 이로 인해 KLM은 2011년 소셜 브랜드 순위에서 22위를 차지했으며(2011 SB100 리포트에 따르면 이는 트위터보다도 2계단 높은 순위였다. www.socialbrands100.com), 특히 소셜 참여 순위에서 높은 점수를 받는 계기가 됐다.

그림 8-2   KLM의 이벤트는 이렇게 페이스북을 타고 전 세계에 알려진다. 페이스북에 올려진 사진들은 각각의 사진에 대해서뿐만이 아니라 이 사진들이 올려진 앨범과 KLM 팬페이지 자체에 대해서도 좋아요(Like)를 받을 수 있어 더 많은 사람들에게 공개되고 노출될 수 있다.
(페이스북 계정 http://www.facebook.com/media/set/?set=a.448232065772.249528.273795515772, 플리커 계정 http://www.flickr.com/photos/55167980@N04)

두 번째, 고객 데이터의 활용

소셜 미디어에는 그동안 기업들이 많은 돈을 주고도 가질 수 없었던 개인적인 데이터들이 많다. 여기에는 유저들이 무심히 던진 생각들, 자주 가는 레스토랑, 자주 어울리는 친구, 맛있었던 디저트 사진들, 어제 본 TV 프로그램 등과 같이 시간을 두고 분석하면 한 사람의 생활 패턴까지 드러나는 다양하고 개인적인 정보들이 흘러 다닌다.

　무작위적인 친절에서는 이런 다양한 정보들을 최대한 활용해 그들이 가장 놀라워할 만한 작은 감동을 이끌어내야 한다. 실제로 이벤트 팀은 회의실 소파에 모여 앉아 노트북과 스마트폰으로 트위터 웹사이트를 띄워두고 KLM 위치에 체크인하고 KLM을 언급해 트윗을 남긴 사람을 찾았다.

　이벤트 팀은 린다라는 승객의 트위터 프로필 사진과 그녀가 남긴 멘션을 보고 그녀가 스포츠를 좋아한다는 사실을 알 수 있었다. 그들이 준비한 선물은 운동할 때 손목에 찰 수 있는 나이키 손목시계였다. 트위터에 남긴 그녀의 트윗에서 성향을 파악해 맞춤형 선물을 할 수 있었던 것이다. 이로 인해 그녀는 여행지에서도 자연스럽게 조깅을 할 수 있어 대단히 만족스러운 선물이 됐다. 또한 나이키 손목시계는 트위터와 연동해 달린 거리와 속도 등을 남길 수 있어 KLM의 선행에 대한 자연스러운 확산도 가능하게 하였다. 물론 그녀가 이미 그 손목시계를 갖고 있지 않다는 사실까지 알고 있기에 가능한 선물이었을 것이다. 그녀에 대해 이벤트 팀이 사전에 알고 있었다는 사실이 중요했다.

그림 8-3 린다에게 선물을 건네는 과정은 영상으로 기록됐고, 이는 유튜브에 올려져 많은 사람들을 함께 놀라게 했다.

이벤트 팀이 윌리엄에게 선물한 여행책자 역시 이런 분석을 거쳐 준비된 선물이다. 이벤트 팀은 윌리엄을 위해 축구중계를 하는 뉴욕 시내의 모든 스포츠 바를 표시했다. 출장으로 좋아하는 축구 경기를 놓치게 된 윌리엄이 이 책을 받고 얼마나 크게 기뻐했을지는 충분히 상상이 간다. 단순히 뉴욕시 안내 책자를 구입해 주는 것으로 끝나는 선물이 아니라, 소셜 미디어에 올려진 고객 정보를 바탕으로 각종 스포츠 바가 꼼꼼하게 형광펜으로 표시된 책자를 건넨 것이 차별화된 부분이다.

그림 8-4 윌리엄이 선물로 받은 론리 플래닛(Lonely Planet) 뉴욕시 가이드. 론리 플래닛 여행 책자는 방대한 양의 정보로 유명하지만, 오늘 저녁 아인트호벤의 경기를 생중계할 펍의 위치를 알기란 쉽지않다. 그런 윌리엄을 위해 이벤트 팀은 친절히 책에 표시를 해준 것이다.

물론 여기에는 개인적이되 너무 사적인 부분까지 선을 넘지 않는 중용의 자세도 필요하다. 사용자들이 가볍게 남긴 데이터를 통해 개인적인 취향과 니즈를 짐작하는 것은 좋으나, 큰 슬픔이나 아픔 등을 겪어 힘들어할 사람들에게 건네는 어쭙잖은 위로는 오히려 독이 될 수 있다. 감정의 깊은 영역까지 침범하지 않도록 언제나 선을 지키며 선의를 베풀 수 있는 적절한 균형 감각이 필요하다.

세 번째, 소셜 미디어와 고객 데이터를 활용한 접근 전략

KLM의 캠페인은 한 달 정도 진행됐고 40명의 고객에게 선물을 전달했다. 선물은 위에서 밝힌 대로 너무 크지도 그렇다고 무시할 만큼 작지도 않은 적절한 선을 유지했고, 지속적으로 제공하는 서비스가 아닌 단기 이벤트였다. 이는 모든 탑승객들을 대상으로 하는 봉사가 아니라 무작위로 작은 소비자에게 깜짝 선물을 남기되 혜택을 받지 못한 승객들이 역차별을 느끼지 않도록 선물을 남발하지 않는 전략이 숨어있었다. 사람들은 기대하지 못한 이벤트에서의 친절함에 더욱 감동하고 사람들과 공유하고 싶어 한다. 낯선 장소로의 여행이나 출장길에서 생기는 이 작은 친절이 천문학적인 비용이 들어간 마케팅 노력보다 훨씬 감동적으로 다가설 확률이 커지는 이유다.

KLM의 캠페인은 그 후 소셜 미디어에서 확산되며 대단히 성공적인 이벤트로 평가받는다. 그렇다고 다른 항공사가 KLM과 똑같은 캠페인을 벌이는 것은 의외성과 충분한 감동이라는 측면에서 크게 의미가 없는 일이 될 가능성이 높다. 하지만 다양한 소셜 미디어의 채널들 속에 존재하는 다양한 사용자들의 데이터를 활용한다면 제2, 제3의 성공사례가 탄생할 수 있다.

KLM의 '행복은 어떻게 확산되는가' 캠페인처럼 무작위성을 확보하고 입소문이 날 수 있도록 기대 이상의 경험을 제공하며 소셜 미디어를 통해 많은 사람들에게 충분히 공유되는 것, 이것이 무작위로 베푸는 선행이 소셜 경험 전략의 중요한 케이스가 되는 이유다. 많은 기업들이 KLM을 모범 사례로 삼아 다양한 사회적 경험을 만드는 데 고민하고 주력해야 할 것이다.

혼자 떠나는 여행, 내 옆자리에 앉을 사람은 누구일까

여행이나 출장을 혼자 갈 때 비행기 좌석 옆자리에 누가 앉을지 궁금했던 경험은 누구나 한 번쯤 있을 것이다. 하지만 소설이나 영화에서 자주 보게 되는 우연한 만남은 현실에선 기대처럼 이루어지진 않는다. 앞에서 소개했던 KLM은 사람들의 이러한 바람을 SNS를 활용하여 사람들의 이러한 기대를 겨냥한 서비스를 소개하기도 하였다.

KLM에서 소개했던 Meet & Seat 서비스는 같은 항공기에 탑승하는 승객들의 페이스북이나 링크드인 공개 프로필 등 온라인상에 있는 정보를 활용해 출발하기 전 미리 어느 좌석에 어떤 승객이 앉을지 알 수 있게 도와준다. 항공 예약 관리 메뉴에서 다른 승객과 공유하고 싶은 SNS상의 내 프로필 정보를 선택하고 출장이나 여행의 목적 그리고 공개 가능한 일정 계획을 코멘트에 기록하면, Meet & Seat 서비스를 이용하는 다른 승객의 프로필 정보와 좌석을 조회해 비슷한 관심사를 가진 사람과 교류할 수 있게 된다. 이를 통해 공항 대기 시간이나 비행 중 대화를 나누거나 도착 지역과 일정 등에 대한 정보를 공유할 수 있어 지루할 수 있는 여행 경험을 새롭고 신선하게 만들어 준다. 온라인상에 스스로 공개한 내용이라 하더라도 개인의 프로필은 조심스러울 수 밖에 없다. 이러한 프라이버시와 관련된 고객의 불안을 해결하기 위해 프로필 공개 정도의 조절이 가능하며 이런 기록들은 항공편 출발 후 48시간 뒤 자동으로 삭제되도록 하였다. SNS상의 정보를 활용해 고객에게 새로운 소셜 경험을 선물했던 KLM의 다른 서비스와 마찬가지로, 이 서비스 역시 페이스북과 링크드인과 같은 소셜 네트워크 상의 프로필 정보를 활용하였다. 관심사가 유사한 고객들의 교류를 유도하여 더 나은 고객 경험을 제공한 서비스 전략 사례다.

영국 브리티시에어웨이British Airways, BA에도 눈여겨볼 만한 내용이 있었다. 바로 노우 미Know Me라고 불리는 승객 정보 관리 프로그램이다. 노우 미는 BA의 직원들이 아이패드를 이용해 승객 명단과 좌석 등의 탑승 기록 그리고 기내식 주문 메뉴 등을 기록하고 데이터베이스화해서 제공하는 승객 맞춤형 서비스를 말한다. 최신 스마트 기기를 통해 고객의 정보를 데이터화하고 이를 통해 차별화된 서비스를 만들어 고객에게 새로운 경험을 제공한 사례다.

앞에서 예로 든 KLM과 BA 같은 항공 산업 외에도 다양한 산업 분야에서 정보를 데이터화하고 이를 통해 고객이 원하는 서비스를 제공해 결국 사람들에게 새로운 경험을 제공해주는 노력은 계속 이루어지고 있다. 특히 구매 이력, 매장 소재지를 기반으로 하는 위치 정보 등 사람들의 다양한 데이터를 모으기 쉬운 카드 업계 등에서도 빅데이터 기반의 활동을 공개하거나 강조하고 있다. 이처럼 기존에 정확히 알지 못하고 짐작에 의해서만 이루어지던 적지 않은 기업 전략들이 이제 좀 더 구체적이고 정확하게 고객에 맞춰 구성되어 제공되기 시작했다. 그러한 변화의 바탕엔 여러 가지 활동들이 있겠지만, 앞에서 살펴본 데이터를 기반으로 좀 더 깊이 있게 고객을 이해하고 그들의 공감을 끌어내기 위한 기업의 활동으로 이어지는 전략적 분석이 있어 가능했을 것이다.

___ 소셜 경험으로 승부하라

적극적인 소통이 만드는 새로운 가치와 경험의 반영에 대한 열쇠는 사람들 사이에서 형성되는 관계, 즉 소셜이 갖고 있다. 그리고 소셜을 기반으로 한 데이터 분석은 사람들의 니즈를 더 정확하게 파악하고 이를 통해 실시간의 사업적 통찰력을 가질 수 있게 한다. 급변하는 시대에 새로운 경쟁력을 만들기 위해선 넘쳐나는 정보를 어떻게 활용할 것인가에 대해 과거보다 더 깊이 있는 고민이 필요하다.

최근 접하는 다양한 사회적인 변화들은 소셜 미디어와 연계해 해석되는 경우가 많다. 기존 매체에 비해 훨씬 강력해진 전달력과 자발적인 공유의 힘을 갖고 있는 이 새로운 매체는 진정성과 공감의 요소를 갖추고 있다면 충분히 사회적 폭발력을 제공할 수 있다는 사실을 증명해왔다. 그리고 그로 인해 비즈니스 측면에서는 물론 정치 사회적인 관점에서 지속적으로 많은 관심을 받고 있다. 빠른 속도로 진화하는 소셜 미디어는 점점 단순한 전달에 그치지 않고 사람들의 생각을 조합하고 개인의 생각을 담아 재생산해내는 큐레이션의 형태를 갖추고 있으며, 이 과정에서 끊임없이 새로운 정보들이 증가하고 있다.

다양한 정보 기반의 변화에 대응하기 위해 어떤 변화가 필요할까를 고민하고 있다면 그 시작점은 고객과 기업에 대한 정확한 이해라 하겠다. 그리고 진정성은 이 모든 것에 핵심 요소가 된다.

진정성을 지닌 태도에서 더욱 인간적이고 매력적인 기업의 모습은 시작되며, 이는 현명한 소비와 연결된다. 이제 소비의 판단 기준은 비용과 품질에만 의존하던 과거와는 다르다. 진정성을 느낄 수 있는 새로운 경험이 점차 중요한 판단의 잣대가 되고 있다. 이러한 변화한 소비의 모습은 공정 무역, 공정 여행, 윤리적 패션 등에서 찾을 수 있다.

기업은 사회적 책임에 기준한 단순한 활동을 넘어서 기업 철학을 바탕으로 적극적인 사회 변화를 유도하거나 공유 가치의 창출을 위한 개념을 고민하는 등 전략적인 기업 성장 방향을 만들기 위한 적극적인 고민을 하기 시작했다.

일상이 된 온라인 활동과 그 흔적들을 바탕으로 엄청난 양의 정보가 만들어지는 소위 빅데이터 시대를 우리는 이미 맞이했다. 작은 개선을 유도하든 큰 방향성의 변화를 지향하든 이제 넘치는 정보를 제대로 분석해 활용하는 능력은 전략적 결정에 있어 높은 우선 순위를 가진다. 계속 진화하는 소셜 기반의 새로운 시대에 더욱 적극적인 사업 전략을 구성해 고객이 원하는 새로운 경험을 제공해야만 한다. 그리고 지금까지 우리가 살펴본 내용들을 기반으로 자신의 환경에 맞는 소셜 경험 전략을 마련해야 한다.

비즈니스의 성패를 가르는 소셜 경험 전략

비즈니스의 궁극적인 목적이 고객으로부터 제품이나 서비스의 구매를 이끌어낸다는 측면임을 고려해본다면, 구매 전후로 고객이 느끼게 되는 경험이라는 요소는 매우 중요하다.

스타벅스와 아이폰 같은 이미 잘 알려진 다양한 사례를 통해 기업의 제품 또는 서비스의 성공이 기존에 간과되던 감성적인 부분, 특히 경험이라는 요인에 의해 많은 부분 결정되고 있음을 확인할 수 있다. 이처럼 경험이 제품과 브랜드의 아이덴티티를 좌우하는 핵심 경쟁력으로 떠오를 수 있었던 데에는, 소셜을 통해 개인의 경험이 대중적인 신뢰와 사회적인 현상으로 확장될 수 있다는 배경이 존재한다.

아이폰은 스마트 기기의 대중화에 앞장섰고 스타벅스는 소셜 미디어에서 가장 많이 언급되는 키워드 중 하나다. 이들에게 느끼는 사람들의 감정은 나 혼자만의 것이 아니라 내 주변의 친구들과 사회가 함께 느끼는 문화적인 현상이다. 소셜 경험의 열린 가능성은 바로 개인을 포함한 사회와 집단이 함께 느끼는 동질적이고 확산적인 경험에 있다.

마케팅을 포함한 기존의 기업 활동에서 있어 정량화는 가장 중요한 요소였다. 측정이 쉽지 않은 감성적인 부분들은 소외되는 경향이 있었다. 그로 인해 경험이 중요하다는 사실을 깨달은 기업에서도 이를 어떻게 기획하고 제공할지에 대해 어려워하는 경우가 적지 않다. 단기적이고 맥락이 부족한 활동으로는 일방적인 메시지의 전달 그 이상을 벗어날 수 없었기 때문이다.

하지만 최근에는 KLM의 '행복은 어떻게 확산되는가' 캠페인처럼 소셜 미디어를 통해 고객 경험을 전략적으로 유도하는 기업의 움직임을 포착할 수 있다. 그리고 사회적 이슈와 변화에 민감한 소셜 미디어를 타고 급속히 퍼지는 기업에 대한 정보와 평판은 기업이 반드시 관리해야 할 중요한 대상이 된다.

소비자들은 기업의 윤리성과 사회적 책임을 구매 결정의 중요한 척도로 바라보기 시작했다. 이는 소비자들이 자신의 소비를 좁게는 주변

이웃에서 넓게는 사회 전체를 아우르는 큰 의미로 이어지는 경험으로 연결지어 생각하기 때문이다. 바로 윤리적인 소비에 대한 자의식 강화다. 이 자체가 기업에 있어서는 놓치지 말아야 할 중요한 트렌드이자 제품을 둘러싼 차별화된 스토리 제공이 필요한 까닭이다.

이윤을 목적으로 하는 비즈니스에서부터 정부와 비영리적 단체들이 펼치는 공공서비스와 사회적 가치 실현에 이르기까지, 사람들의 마음을 이해하고 그들이 원하는 가치를 제공하는 일은 그러한 활동의 성패를 가르는 중요한 판단 요소가 됐다.

점점 가속화되고 복잡해지는 비즈니스의 경쟁 속에서 그나마 다행인 부분은, 집단과 개인이 가지는 생각과 성향이 구체적인 데이터의 형태로 소셜 미디어에 남기 시작했다는 점이다. 넓게 퍼져있는 데이터를 분석하고 활용해 맞춤형 경험으로 만들 수 있다면 각각의 사람을 개별적으로 만족시킬 수 있다는 데 소셜 경험의 가능성이 있다. 따라서 다가오는 시대에 총체적인 경험을 만들기 위해서는 소셜을 간과할 수 없고 빅데이터를 기반으로 하지 않을 수 없다.

___ 큐레이션을 통한 경험 전달

빅데이터라는 용어는 이제 최신의 트렌드를 반영하는 상징적인 단어처럼 사용되고 있다. 다양한 업계에서 발표되는 중요한 핵심 전략요소로 빅데이터가 언급되는 것도 더이상 새로운 일이 아니다. 고객에게 개인적이고 차별화된 경험을 만들어주는 방법을 다룬 앞의 사례들에서도 소셜과 빅데이터는 빼놓을 수 없는 키워드다. 이처럼 급격히 증가하는 대량의 데이터를 분석해 맞춤형 경험을 제공한다는 개념을 설명하기 위한 핵심 키워드로 최근 자주 등장하는 용어가 바로 큐레이션 Curation이다.

큐레이션은 미술관이나 박물관에서 전시를 위해 전시품들에 대한 기획과 의미를 부여하는 큐레이터Curator라는 직업의 활동을 명사화 시킨 단어다. 큐레이터는 우리말로 학예사라고 불리운다. 일반적으로 자격조건을 취득하기 위한 공인 시험이 존재하며, 해당 분야의 전공 학위와 관련 업종에서 수년간의 경력이 기본 조건이 되는 전문적인 업무다. 큐레이터들이 하는 업무의 핵심을 보면 전시를 기획하는 일과 관람객들이 전시를 좀 더 잘 이해할 수 있도록 구성하는 일이라고 볼 수 있다. 최근 다양해진 큐레이션 서비스들은 이러한 전통적인 큐레이터의 역할과 성격을 충실히 반영한다.

다시 말해, 큐레이션은 쉴새 없이 주어지는 데이터 중에서 소비자들이 원하는 또는 원할 것이라고 생각되는 정보를 취사 선택해 포장하고 전달하는 서비스 및 활동이다. 여기서의 핵심은 큐레이션은 이를 행하는 당사자인 큐레이터가 가지고 있는 어떤 의도나 목적을 반영한다는 것이다. 그리고 그 목적을 성공적으로 달성하기 위해서는 큐레이터가 선택하는 정보와 대상이 이를 전달 받는 사람들에게 의미를 가지고 다가갈 수 있어야 한다. 그렇기 때문에 큐레이터는 누구보다도 자신이 큐레이션하려는 대상에 대해 잘 알고 있어야 하고, 또한 그것을 잘 알지 못하는 소비자들에게도 흥미를 이끌어 낼 수 있도록 효과적으로 설명할 수 있어야 한다. 앞서 소개한 핀터레스트 같은 서비스들은 마찬가지 관점에서 사용자가 자신의 취향에 맞는 정보를 취사선택해 수집하고 그 정보들을 다른 사용자들과 공유하는 과정에서 좀 더 고급의 정보를 스스로 선택할 수 있는 기회를 제공한다. 일부에서는 최근 이렇게 플랫폼화 된 서비스를 '디지털 큐레이션'이라고 이야기한다.

특정 분야의 전문가인 큐레이터를 통해 정보를 제공받든지, 플랫폼화 되어있는 정보의 수집과 필터링을 통해 사용자가 스스로 정보를 선택하든지 간에 빅데이터 시대에는 좀 더 잘 정돈된 정보의 분석과 관리가 반드시 필요한 개념이 됐다.

___ 경험은 반드시 비즈니스적으로 해석되어야 한다

언제나 그렇듯 비즈니스의 본질은 기본적으로 누가 얼마나 더 고객을 만족시키고 이를 통해 이윤을 창출할 수 있는가에 있다. 즉 고객이 진정으로 만족스러운 경험을 갖게 되었을 때 비로소 기업이 원하는 사업적 성과에 한발 더 가까이 다가설 수 있다. 소셜이라는 개념이 만들어낸 빅데이터는 고객을 더욱 깊이 파악해 좀 더 만족시키기 위한 도구로서 중요한 역할을 할 수 있다는 점에 우리는 주목해야 한다.

기업은 자신들이 만들어내는 서비스와 재화를 누구보다도 잘 이해하고, 멋지고 효과적으로 설명할 준비가 되어 있어야 한다. 때문에 큐레이션이라는 개념에 대한 이해는 기업에게 매우 중요하다. 그리고 고객들의 성향을 깊게 파악해 고객 스스로도 깨닫지 못했던 기대 이상의 만족스러운 경험을 만들어 제공할 수 있어야 한다. 이를 위해 존재하는 많은 소셜 서비스들을 통한 빅데이터의 수집과 분석이 점점 더 필요해진다. 결국 기대 이상의 경험을 제공받은 고객들은 다시 소셜 서비스를 통해 또 다른 잠재 고객들에게 자신의 경험이 더 많이 공유될 수 있도록 움직일 것이다.

소셜이라는 개념이 만들어낸 빅데이터를 활용해 큐레이션된 멋진 경험의 제공이 더욱 확장된 영역의 소셜로 이어지는 순환구조는 이 책에서 소개했던 많은 사례들을 통해 현재 진행형으로 활발하게 이루어지고 있다는 사실을 알 수 있다. 모두에게 전파되는 소셜 경험을 만드는 일이 그 어느 때보다 중요해지고 있는 이유다.

고객의 경험은 반드시 비즈니스적으로 해석되어야 한다. 소셜 경험은 지금까지처럼 단발적인 이벤트를 통해 바이럴 마케팅으로 활용되는 선에서 그치지 않을 것이다. 나아가 기업과 사회가 하나된 시각으로 사회적인 가치를 함께 만들어가는 과정에 이르게 될 때 비로소 경험은 모든 단계에서 비즈니스적으로 소통될 수 있으며, 기업의 성공과 함께 더욱 더 큰 가치를 창출해낼 수 있을 것이다.

1장

1 에드워드 N. 로렌츠, 'Deterministic non-periodic flow', Journal of the Atmospheric Sciences 20(2): p.130~141, 1963, 어떻게 보면 사람도 마찬가지다. 물론 의지가 없는 물리학의 연구대상보단 훨씬 복잡하지만, 사람도 일정한 규칙을 따르며 서로 관계를 맺는 행위의 주체다(참조: 『물리학으로 보는 사회』 필립 볼 지음, 이덕환 옮김, 까치글방, 2004 | Muaz Niazi & Amir Hussain, 2011, Agent-based Computing from Multi-agent Systems to Agent-Based Models: A Visual Survey, Springer Scientometrics, 89(2), p.479~499).

2 J. L. 모레노, 'An Approach to a New Political Orientation', Sociometry, Experimental Method and the Science of Society, Beacon House, 1951, 캐스린 M. 칼리, 마이클 K. 마틴, 브라이언 허쉬먼, 'The Etiology of Social Change', Topics in Cognitive Science, 1(4): 621~650페이지, 2009(참조: 필립 쉬시킨(January 27, 2009), 'Genes and the Friends You Make'. 월스트리트 저널 http://online.wsj.com/article/SB123302040874118079.html | J. H. 파울러, Dawes, CT; Christakis, NA(February 10, 2009), 'Model of Genetic Variation in Human Social Networks' (PDF), Proceedings of the National Academy of Sciences 106(6): p.1720~1724)

2장

1 PCWorld, 2009. 06. 17. http://www.itworld.co.kr/news/56816 |
   betanews, 2009. 7. 22. http://www.betanews.net/article/464871
   | newswire, 2008. 10. 9. http://www.newswire.co.kr/newsRead.
   php?no=364011) | zdnet, 2010. 9. 1. http://www.zdnet.co.kr/news/
   news_view.asp?artice_id=20100901151932 | zdnet, 2010. 12. 9. http://
   www.zdnet.co.kr/news/news_view.asp?artice_id=20101214144148

2 http://navantigroup.com/content/social-media-and-jasmine-
   revolution-twitter-3-3

3 http://www.aljazeera.com/indepth/features/2011/01/
   2011126121815985483.htht, http://www.aljazeera.com/indepth/featu
   res/2011/01/20111614145839362.html

4 http://www.aljazeera.com/news/africa/2010/12/2010122063745828931.
   html

5 http://www.kyobobook.co.kr/product/detailViewKor.laf?mallGb=KO
   R&ejkGb=KOR&linkClass=&barcode=9788936433703&orderClick=
   2009년 6월 출간 | 베스트셀러 순위-조선일보, 2009. 7. 1. http://books.
   chosun.com/site/data/html_dir/2009/07/10/2009071000604.htm

6 EBS 지식채널 '3의 법칙' http://youtu.be/qCG5rDUtL5A | TED talk
   Derek Siver 'how to start a movement' http://www.ted.com/talks/
   derek_sivers_how_to_start_a_movement.html

7 『(개정판) 소셜노믹스』 에릭 퀄먼 지음, inmD 옮김, 에이콘출판사, 2011

8 페이스북 http://www.facebook.com/note.php?note_
   id=161095650607905, | 트위터 http://www.facebook.com/note.
   php?note_id=161095650607905 | 싸이월드, 머니투데이, http://news.
   mt.co.kr/mtview.php?no=2012020808554424460 | http://www.
   newstomato.com/ReadNews.aspx?no=125839 | http://trends.google.
   com/websites?q=facebook.com%2C+twitter.com%2C+cyworld.

com%2C+me2day.net&geo=KR&date=all&sort=0

9   http://www.etnews.com/news/detail.html?id=200802040081 |
http://www.ohmynews.com/nws_web/view/at_pg.aspx?CNTN_
CD=A0000259481

10   http://news.etomato.com/Home/ReadNews.aspx?no=186316

11   소셜 미디어? 그게 뭔데? changeon.org. 다음세대재단

12   위필파인 사이트는 2012년 이후 기존과 같이 운영하고 있진 않으며, 위필파
인 관련 추가 내용은 위키피디아(https://en.wikipedia.org/wiki/We_Feel_
Fine)에서 참조할 수 있다.

13   https://www.research.ibm.com/deepblue/

14   Quinlan, J. R. (1987). "Simplifying decision trees". International
Journal of Man-Machine Studies 27 (3): 221. doi:10.1016/S0020-
7373(87)80053-6.

15   "Algorithmic trading, Ahead of the tape", The Economist 383 (June 23,
2007), p. 85, June 21, 2007, http://www.economist.com/node/9370718

16   https://www.teslamotors.com/presskit/autopilot, https://www.
google.com/selfdrivingcar/

17   https://www.facebook.com/help/122175507864081

18   https://developers.google.com/vision/

19   THE FUTURE OF EMPLOYMENT: HOW SUSCEPTIBLE ARE JOBS TO
COMPUTERISATION?, Carl Benedikt Frey, Michael A. Osborne (2013),
http://www.oxfordmartin.ox.ac.uk/downloads/academic/The_Future_
of_Employment.pdf

20   http://cvs.or.kr/kacs.php?mode=c1&cate=3%2F13

21   카페베네 660, 이디야 520, 엔제리너스 490, 스타벅스 360, 할리스 350, 탐
앤탐스 280, 커피빈 230, 투썸플레이스 160, 파스쿠찌 160 등 http://news.
chosun.com/site/data/html_dir/2011/09/13/2011091300057.html

22   http://www.wsj.com/articles/microsoft-to-acquire-linkedin-in-dealvalued-at-26-2-billion-1465821523

23 매일경제, 2011년 11월 8일 "빅 데이터 시대'···지배당할 것인가 vs 지배할 것인가', 조선비즈, 2011년 9월 23일 인터뷰 '뉴욕 최고의 세탁소는 어떻게 성공했나: 소셜 비즈니스 전도사 샌디 카터 IBM 부사장'

24 『욕망의 코드』롭 워커, 2011

25 http://ephtracking.cdc.gov/showHome.action

26 『슈퍼괴짜경제학』스티븐 레빗 지음, 안진환 옮김, 웅진지식하우스, 2009

27 http://www.wired.com/autopia/2012/02/boston-asks-for-the-publics-help-in-fixing-potholes

28 http://tucsoncitizen.com/arizona-news/2012/02/11/gilbert-free-phone-app-eases-reporting-of-problems/

29 http://kr.wsj.com/posts/2015/08/12/ibm-이제-헬스케어-사업이다/

30 https://www.ibm.com/analytics/watson-analytics/

31 http://youtu.be/IerrVhFbUls | http://www.ebn.co.kr/news/n_view.html?id=498819

32 http://en.wikipedia.org/wiki/Cloud_computing | 'The NIST Definition of Cloud Computing'. National Institute of Science and Technology. Retrieved 24 July 2011. | "Defining "Cloud Services" and "Cloud Computing"". IDC. 2008-09-23. Retrieved 2010-08-22.

33 http://www.ted.com/talks/kevin_kelly_on_the_next_5_000_days_of_the_web.html

34 http://setiathome.berkeley.edu/

35 Poslad, Stefan (2009). Ubiquitous Computing Smart Devices, Smart Environments and Smart Interaction. Wiley. ISBN 978-0-470-03560-3 | http://en.wikipedia.org/wiki/Ubiquitous_computing

36 http://www.bloomberg.com/news/2010-07-06/apple-studies-150-million-itunes-users-habits-to-hone-ads-combat-google.html

1 http://shindonga.donga.com/docs/magazine/shin/2011/11/23/20111
   1230500012/201111230500012_1.html

2 http://mobizen.pe.kr/1149

3 http://www.latimes.com/local/lanow/earthquake-26-quake-strikes-
   near-westwood-california-spuakg-story.html

4 http://finance.yahoo.com/news/apple-tops-street-1q-
   forecasts-213944804.html

5 Frey, C. B., & Osborne, M. A. (2013). The future of employment: how
   susceptible are jobs to computerisation. Retrieved September, 7, 2013.

1 W. Brian Arthur, February 1990, 'Positive Feedbacks in the Economy',
   Scientific American, Vol 262. No.2, p.80

2 『카오스에서 인공생명으로』 미첼 월드롭 지음, 김기식, 박형규 옮김, 범양사,
   2006, http://kyobobook.co.kr/product/detailViewKor.laf?ejkGb=KOR
   &mallGb=KOR&barcode=9788971671627&orderClick=LAG&Kc=SETL
   Bkserp1_5

3 The strength of weak ties, Mark S. Granovetter, American Journal of
   Sociology, Volume 78, Issue 6, May 1973

4 http://news.hankooki.com/lpage/economy/201112/
   h2011120921270521500.htm

5 『빅데이터 인간을 해석하다』 크리스티안 러더 지음, 이가영 옮김, 다른, 2015

6 http://www.theatlanticwire.com/business/2011/02/match-com-
   buys-okcupid-what-it-means-for-online-dating/21241/

7 http://www.bloter.net/archives/97155

8 http://www.hani.co.kr/arti/economy/economy_general/466648.html

9 http://mbn.mk.co.kr/pages/news/newsView.php?news_seq_no=1159391

10 An approach to Hang Seng Index in Hong Kong stock market based on network topological statistics P Li & Binghong Wang, CHINESE SCIENCE BULLETIN Volume 51, Number 5, 624-629, DOI: 10.1007/s11434-006-0624-4 | The Stock Market as a Complex Adaptive System with Self-reference -The Functional Role of the Index. Yoash Shapira, Dror Kenett*, Eshel Ben Jacob, School of Physics and Astronomy | Capturing Early Warning Signal for Financial Crisis from the Dynamics of Stock Market Networks: Evidence from North American and Asian Stock Markets, Ram Babu Roy, Uttam Kumar Sarkar* Indian Institute of Management Calcutta, Kolkata, India, 700 104 | Using Neural Networks to Forecast Stock Market Prices, Ramon Lawrence, Department of Computer Science, University of Manitoba, December 12, 1997. etc

11 MCMC Estimation of Levy Jump Models Using Stock and Option Prices, Haitao Li, Martin T. Wells, Cindy L. Yu, 2011

12 Amazon.com recommendations: item-to-item collaborative filtering, Linden G., Smith B., York J. Amazon, 2003, Internet Computing IEEE / Analysis of recommendation algorithms for e-commerce, B Sarwar, G Karypis, J Konstan. 2nd ACM conference, 2000

13 '쇼핑의 과학', 조선일보, 2011. 12. 9. http://biz.chosun.com/site/data/html_dir/2011/12/09/ 2011120901435.html

14 http://books.google.co.kr/books?id=W-kkeffNx5MC&printsec=frontcover&dq=Dunbar&hl=en&sa=X&ei=WDNJT4HAEcGwiQeJwOioDg&redir_esc=y#v=onepage&q=Dunbar&f=false

15 http://makiind.com/23

16 http://twitter.com/#!/GeorgeBray/status/50318850218131456

17 http://www.bloter.net/archives/66846

18 데이터시프트 http://datasift.com/, BBC뉴스 http://www.bbc.co.uk/news/technology-17178022

19 http://en.wikipedia.org/wiki/ELIZA)

5장

1 이 프로그램은 그 내용에 있어서는 2009년 방영된 슈퍼스타 K가 인기를 얻은 이후 경쟁적으로 국내에 소개되기 시작한 음악 서바이벌 프로그램의 하나다. 기존 프로그램과 달리 아마추어가 아닌 프로들의 경쟁을 보여준다는 점이 내용상 가장 큰 차별점을 가진다. '나는 가수다'에 이어 2012년 '나는 가수다2'에서는 기존과 다른 새로운 경연룰을 적용시키고 있다.

2 『큐레이션: 정보 과잉시대의 돌파구』 스티븐 로젠바움 지음, 이시은 옮김, 명진출판, 2011

3 http://nikerunning.nike.com/nikeos/p/nikeplus/ko_KR/

4 Foursquare.com, 2011년 1월

6장

1 Brin, S., Page, L. 'The anatomy of a large-scale hypertextual Web search engine'. Computer Networks and ISDN Systems 30: p. 107-117, 1998

2 http://www.searchenginehistory.com/

3 '쇼핑의 과학', 조선일보, 2011. 12. 9. http://biz.chosun.com/site/data/html_dir/2011/12/09/ 2011120901435.html

4 『경제학 콘서트』 팀 하포드 지음, 김영철 옮김, 웅진씽크빅, 2006

5 당신은 데이터의 주인이 아니다, 원제 Data and Goliath, 브루스 슈나이더, 반비 출판사 2016

6 http://m.mt.co.kr/renew/view.html?no=2013050910338060817#_adtep

7 Personalized social recommendations: accurate or private, Ashwin Machanavajjhala et. al. 2011 doi〉10.14778/1988776.1988780

8 http://www.whatafuture.com/2016/02/09/facebook-friend-suggestion-algorithm/

9 http://www.insight.co.kr/newsRead.php?ArtNo=51137

10 http://www.zdnet.co.kr/news/news_view.asp?artice_id=20120708084653

11 '소비자 구매결정의 잣대가 바뀌고 있다', 「LG 비즈니스 인사이트」, 2011. 11. 30

12 http://platum.kr/archives/20470

13 http://www.slideshare.net/pristones/growth-hacking-34983761

14 그로스해킹, 라이언 홀리데이 저, 고영혁 역, 길벗, 2015년

15 2010 Edelman Trust Barometer, Figure9, financial performance least important to corporate reputation, 2010

16 http://www.dailymail.co.uk/home/you/article-1246238/Emma-Watsons-fair-trade-fashion-Harry-Potter-star-unveils-new-clothing-range.html

17 공정 여행, 지속 가능한 여행을 만드는 사회적 기업 ㈜트래블러스맵(http://www.travelersmap.co.kr/info/info02.jsp)

18 『희망을 여행하라(공정 여행 가이드 북)』 임영신, 이혜영 공저, 소나무, 2009

7장

1 2010.11. 에델만의 'Goodpurpose 2010 consumer study' 중에서

2 『필립 코틀러의 CSR 마케팅』 필립 코틀러, 낸시 리 지음, 남문희 옮김, 리더스북, 2007

3 http://www.youtube.com/watch?feature=player_embedded&v=z2oS3zk8VA4

4 www.tomsshoes.co.kr, 탐스슈즈 기빙 리포트 2010

오랜 기간을 거쳐 다행히 이 책이 완성될 수 있었던 바탕엔 다양한 경로를 통해 보내 주신 많은 분의 고맙고 소중한 관심과 도움이 있다는 점, 저자 모두 잘 알고 있습니다. 책이 완성되는 동안 저자들이 늘 마음속에 품고 있었지만 제대로 표현하지 못했던 고마움을 다음과 같이 기록해 둡니다.

저자들과 책에 대한 관심은 물론 소중한 글을 작성해주신 유종일 교수님, 서봉원 박사님, 책 내용을 구성하는 데 자료와 함께 큰 도움을 주셨던 트리움의 손상원님, 탑스의 박유라님, IDEO의 Jessie Chamberlin, Max Havelaar의 Florie Marion, Royal Dutch Airlines @KLM 계정담당자, 유레카 목장, 그리고 작업하는 기간 동안 늘 격려를 아끼지 않았던 이준환 교수님께 다시 한 번 감사드립니다.

배성환_ 현명하고 유쾌한 동환, 듬직한 오랜 지기 인호, 책임감 있는 용근, 함께할 수 있어 즐거웠던 저자들과 그들의 가족 분들께 우선 고마움을 전합니다. 학교와 직장에서 만난 소중한 친구들과 선후배님들, 늘 반가운 그림마당 사람들, TEDxSeoul과 UXCampSeoul 등 자발적 행사의 오거나이저로 만난 놀라운 분들, 경험 디자인 스터디 LEED와 eX salon의 부지런한 멤버들, 그 외에도 다양한 기회를 주신 많은 분들 모두 진심으로 감사드립니다. 언제나 응원을 아끼지 않는 친척 분들께도 고마움을 전합니다. 늘 힘이 되는 고마운 나의 가족들, 어머니, 민경, 정욱, 은솔, 은우, 그리고 은정과 재현, 재정 사랑합니다.

김동환_ 각자 맡은 일도 열심히 하면서 책도 쓰고 커뮤니티 활동도 열심히 하는 대단한 우리 저자들에게 이 자리를 빌려 그동안 미뤄뒀던 감사의 인사를 건넵니다. 항상 응원해주고 배려해줘서 고맙습니다. 인생의 멘토에서 학문의 멘토로 오랜 기간 저를 이끌어주시는 이준환 교수님께도 감사드립니다. 학교와 직장, TEDxSeoul, UXCampSeoul에서 만나 지금까지 교류를 이어오는 많은 선후배님들 감사합니다. 언제나 넘치는 사랑으로 힘이 되어주는 세상에서 가장 소중한 와이프 민진이에게 가장 큰 고마움을 전합니다. 사랑합니다! 항상 힘이 돼주시고 희생하시는 부모님께도 죄송하고 또 감사드리며, 사랑의 마음을 전합니다. 마지막으로 눈에 넣어도 아프지 않은 우리 아이들 세린이와 태민이에게도 함께해줘서 고맙다는 말을 전합니다. 다들 사랑합니다!

곽인호_ 고양이보다도 도움이 안될 것 같은 나를 붙잡아다 개정판까지 함께 작업하게 해준 공저자들에게 이 자리를 빌려 감사를 보냅니다.

그림마당의 오랜 인연들과, TEDxSeoul을 통해 인연이 되어 지금까지 언제나 즐겁게 만날 수 있는 친구들이 있어 행복합니다. 가장 사랑하는 아내 희선에게. 잘 표현을 못하지만 항상 힘이 되어주어 고마워요.

송용근_ TEDxSeoul부터 오늘까지 저를 이끌어준 성환, 동환, 인호 형에게 그리고 항상 함께해주신 에이콘출판사 관계자 여러분께 깊이 감사드립니다. 또한 책을 쓰고 개정하기까지 함께 지냈던 리켄 BSI 타쿠미랩과 디메이저 관계자 여러분께도 감사드립니다. 마지막으로 부모님께 진심으로 고마운 마음을 전합니다.

더 좋은 생각과 아이디어에 대한 제안과 함께 이 책에 대한 애정을 저자들에게 항상 애정을 보여주신 권성준 사장님을 비롯한 모든 에이콘출판사 가족 분들께 다시 한 번 감사한 마음을 전합니다.

무엇보다 이 책을 선택해주신 독자 여러분께 감사드리며 조금이나마 도움이 될 수 있길 바랍니다. 저자 모두 각자의 영역에서 펼쳐 나가게 될 깊고 넓은 배움의 시간을 통해 여러분들과 다시 새로운 이야기로 만날 수 있길 기대합니다.

찾아보기

에이콘출판의 기틀을 마련하신 故 정완재 선생님 (1935-2004)

빅데이터와 SNS 시대의 소셜 경험 전략 2판

서비스와 제품의 경쟁력을 높이는 비즈니스 큐레이션

인 쇄 | 2016년 10월 21일
발 행 | 2016년 10월 28일

지은이 | 배성환 · 김동환 · 곽인호 · 송용근

펴낸이 | 권 성 준
편집장 | 황 영 주
편 집 | 나 수 지
디자인 | 이 승 미

에이콘출판주식회사
서울특별시 양천구 국회대로 287 (목동 802-7) 2층 (07967)
전화 02-2653-7600, 팩스 02-2653-0433
www.acornpub.co.kr / editor@acornpub.co.kr

한국어판 © 에이콘출판주식회사, 2016, Printed in Korea.
ISBN 978-89-6077-911-2
http://www.acornpub.co.kr/book/social-experience-strategy2

이 도서의 국립중앙도서관 출판시도서목록(CIP)은 서지정보유통지원시스템 홈페이지(http://seoji.nl.go.kr)와
국가자료공동목록시스템(http://www.nl.go.kr/kolisnet)에서 이용하실 수 있습니다.(CIP제어번호: CIP2016025223)

책값은 뒤표지에 있습니다.